WORKSHOP

LANDSCHAFTS FOTOGRAFIE

TIMM ALLRICH

humboldt

INHALT

VORWORT

Herzlich willkommen zum Workshop Landschaftsfotografie! Ich finde es toll, dass ich dich auf deinem Weg zum perfekten Bild begleiten darf.

Als ich vor ca. 15 Jahren als Ausgleich zum Medizinstudium die Liebe zur Natur mit der Fotografie zu verbinden begann, gab es immer und immer wieder diese eine, zentrale Frage, die mich in meinen ambitionierten Anfängen fast um den Verstand brachte: Warum sehen die Bilder vieler Profifotografen – egal was ich machte und versuchte – immer um Längen besser aus als meine? Ich kaufte das nötige Equipment, kannte die Grundbegriffe der Fotografie und konnte mit der Kamera umgehen, reiste zu tollen Orten und sah die Wunder der Natur durch meinen Sucher – nur eben nicht auf meinen Bildergebnissen.

Diese Tatsache wurde mein unnachgiebiger Antrieb auf dem Weg zum perfekten Bild. Immer und immer wieder habe ich obsessiv alle Herangehensweisen und Mittel hinterfragt, um mich kontinuierlich zu verbessern. In der Rückschau weiß ich, dass nur durch praktische Anwendung die theoretischen Kenntnisse zu Fähigkeiten werden, die dir die Sicherheit geben, im richtigen Moment auch das Richtige zu tun.

Dieses Buch ist mein Versuch, dir praxis- und beispielorientiertes Wissen an die Hand zu geben, damit du anders als ich ohne ernüchternde Umwege schnell und sicher deine gewünschten Bildergebnisse erzielen kannst. In meinen Workshops werden wir uns nicht an theoretischen Betrachtungen, sondern fast ausschließlich an praktischen

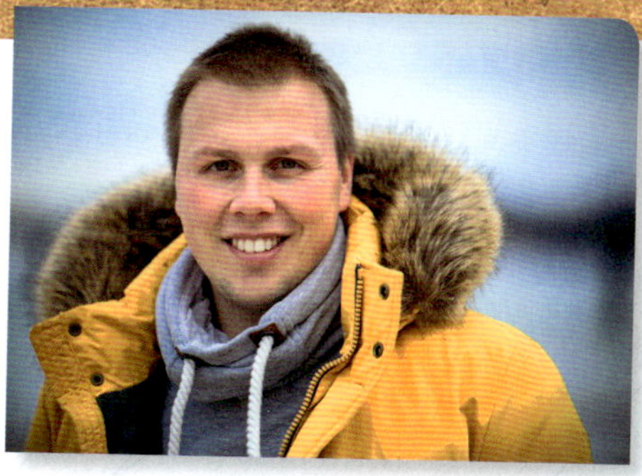

und einfach für dich umsetzbaren Herangehensweisen orientieren. Du sollst keinen rauchenden Kopf, sondern Spaß und Lust darauf bekommen, deine Fotografie voranzubringen.

Es gibt unzählige Praxisanleitungen, die in nüchterner Perfektion allumfassend technische Aspekte und Grundlagen beleuchten. In mir kam nicht selten beim Studieren solcher Bücher das Gefühl auf, wieder die Schulbank drücken zu müssen. Aus unzähligen Workshops und Gesprächen auf Multivisionsshows, Ausstellungen und Festivals weiß ich, dass diese überbetont theoretische Herangehensweise an das Fotografieren für viele abschreckend wirkt.

Ich möchte dir darum auf Augenhöhe meine wertvollsten Ratschläge und Kniffe ohne Hintertürchen offen in die Hände legen und wünsche mir, dass sie sich in vielen wunderbaren Landschaftsfotografien und Geschichten widerspiegeln mögen. Ich möchte dich einweihen in meine Arbeit und dir zeigen, wie ich Fotografie fühle und lebe!

Allzeit gutes Licht!

Dein

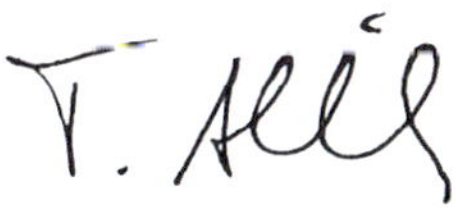

Timm Allrich

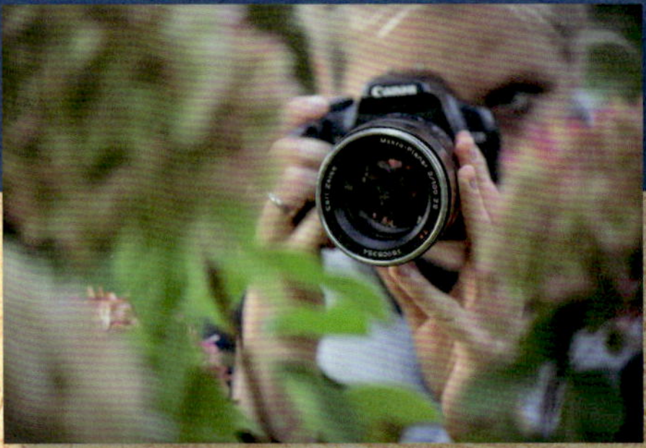

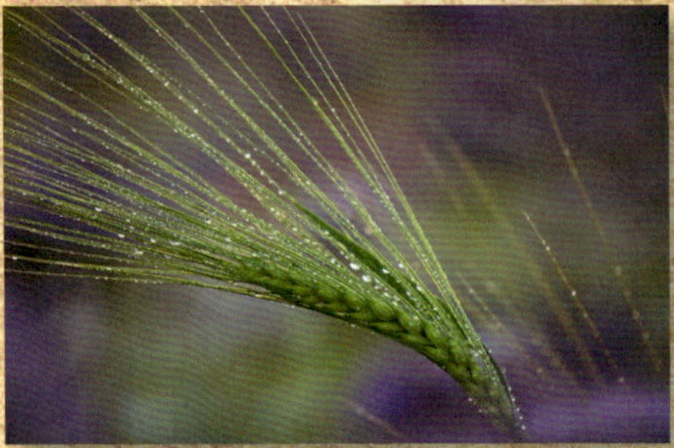

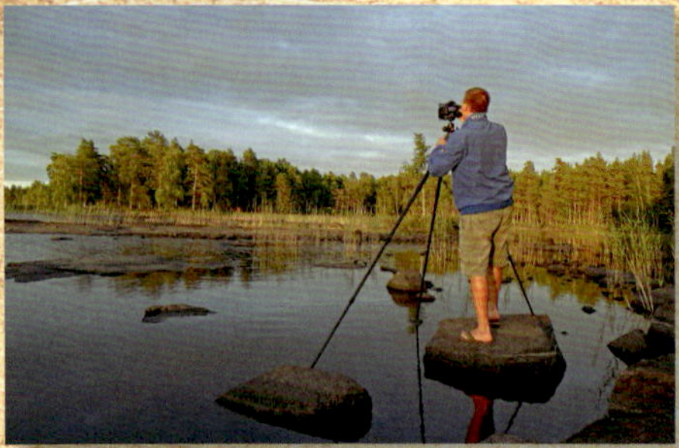

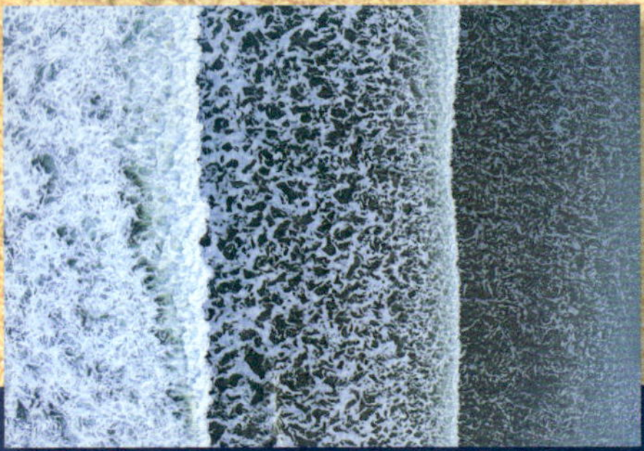

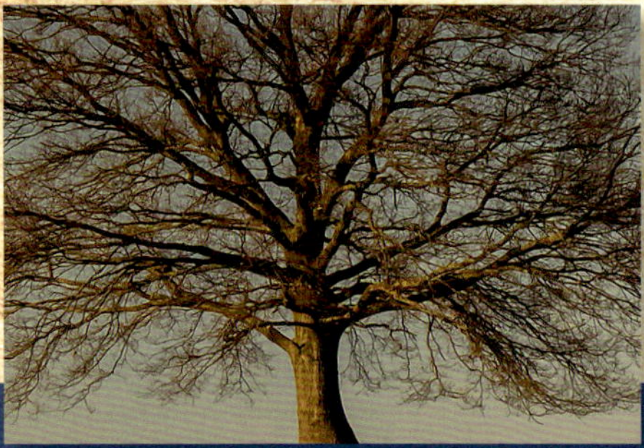

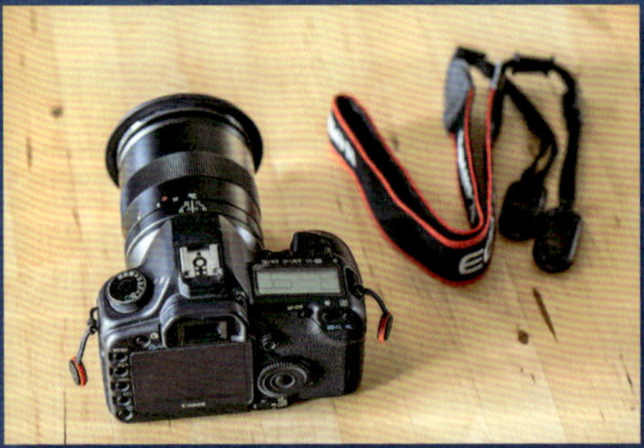

EQUIPMENT UND TECHNIK

Das Kameraequipment ist dein unabdingbares Werkzeug, um aus deinen Bildideen und deiner eigenen Kreativität Bilder entstehen zu lassen. Ganz gleich, mit welcher Technik du auf fotografischen Beutezug gehst: Nur wer seine Ausrüstung perfekt beherrscht und nicht mehr über Einstellungen und Handhabung nachdenken muss, kann sich voll und ganz auf die eigentliche Kunst der Fotografie konzentrieren. In diesem Kapitel helfe ich dir, alle Unklarheiten im Umgang mit der Kamera und dem Rest deiner Ausrüstung zu beseitigen, damit du dich auf das Wesentliche fokussieren kannst: deine Bilder!

Vorbereitung ist alles

Vorbereitung und Planung sind auch in der Fotografie *die* Schlüssel zum Erfolg. Was wie eine abgedroschene Phrase klingt, ist bereits im ersten Satz des Buches einer meiner wichtigsten und wertvollsten Tipps. Ich werde in nahezu allen Kapiteln diesen zentralen Punkt erwähnen und dich schrittweise an die perfekte Vorbereitung und Durchführung einer Bildidee, eines Fotoausflugs oder gar einer gesamten Reise heranführen.

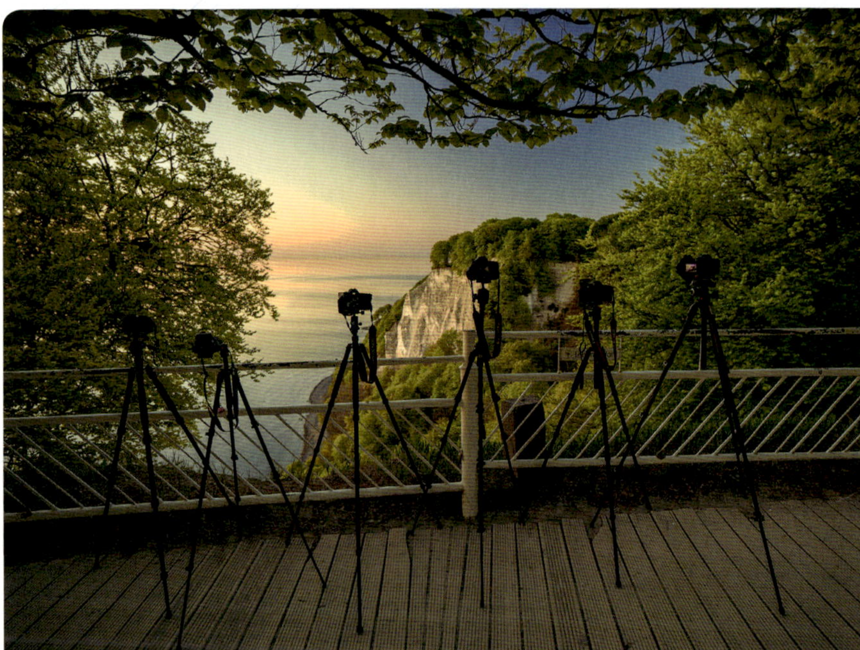

Es gibt mittlerweile so viele Kameras und Hersteller am Markt, dass es beinahe unmöglich geworden ist, pauschale Kauftipps zu geben und den Überblick zu wahren.

Was kaufe ich bloß?

Alles beginnt mit der Frage „Was benötige ich überhaupt, um ein gutes Landschaftsbild machen und eine Fotoidee umsetzen zu können?“ Natürlich eine Kamera. Es gibt mittlerweile eine derartig große Anzahl an Modellen und Herstellern, dass selbst der gewiefte Insider von Zeit zu Zeit den Überblick verliert.

Ich werde ausnahmslos in jedem Workshop gefragt, welche Kameras und Objektive ich empfehlen kann. Mein Tipp an dieser Stelle: Um unnötige Kosten und späteren Ärger zu vermeiden, sollte ein System gewählt werden, bei dem zukünftige Anschaffungen aufeinander aufbauen können. Bei der Wahl des Herstellers solltest du nur darauf achten, dass ein breites Spektrum an Objektiven verfügbar ist, damit du deine fotografischen Bedürfnisse in der Zukunft anpassen und ausbauen kannst. Die Objektivanschlüsse der Hersteller sind meist über viele Jahre eine feste Größe, sodass sich die erworbenen Linsen einfach in die nächste Kamerageneration mitnehmen lassen.

OBJEKTIVE KOMPATIBEL HALTEN

Wenn du aktuell eine Kamera mit APSC-Sensor nutzt, perspektivisch aber vorhast, auf eine Vollformatkamera umzusteigen, solltest du bei der Anschaffung von Objektiven bereits darauf achten, dass diese am Vollformat kompatibel sind. So vermeidest du doppelte Anschaffungen, und es erleichtert dir irgendwann die Entscheidung, auf eine neue Kamera umzusteigen.

Kameras mit Klappdisplays erleichtern dir bei außergewöhnlichen Standpunkten oft die Arbeit, auch wenn dieses Feature unverständlicherweise viele der teuren Profimodelle zumindest im DSLR-Segment nach wie vor nicht vorhalten.

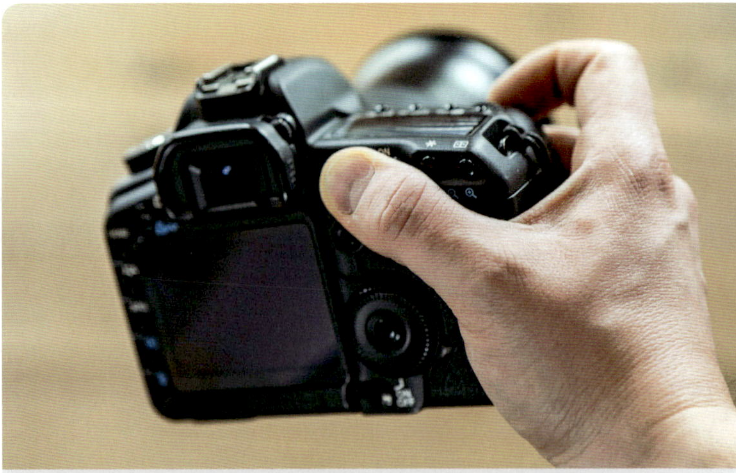

Du kannst tausend Testberichte lesen, keiner ersetzt jedoch den direkten Kontakt zum Produkt mit der Möglichkeit, zu sehen und zu fühlen.

Die Frage, welches grundsätzliche System man sich zulegt, kann und will ich nicht beantworten, da es für die fotografische Flexibilität und die damit verbundenen Möglichkeiten nachrangig ist. Mir ist wichtig, dass ich ein ausgereiftes und bewährtes Kamerasystem nutze, das bedingungslose Bildqualität liefert, eine einfache Menüführung aufweist, wie ich sie bei meiner Canon schätze, und eine breite Palette an Wechselobjektiven vorhält.

Probieren geht über studieren

Gerade bei kostenintensiven Anschaffungen bin ich ein großer Freund davon, z. B. eine Kamera vor dem Kauf eigenhändig zu testen. Nimm dir eine Speicherkarte mit in den Fachhandel oder auf eine Messe und lass dich dort nach deinen Bedürfnissen beraten. Probiere die Kamera aus und mache ein paar Bilder, die du in aller Ruhe zu Hause beschauen und auswerten kannst. Außerdem kann dir kein Testbericht der Welt verraten, ob du mit einer Menüführung klarkommst oder ob eine Kamera gut in deiner Hand liegt. Diese Testmöglichkeiten sind für mich im Übrigen auch heutzutage noch das ultimative Argument für den Kauf im Fachhandel vor Ort oder auf Messen.

WORAUF DU BEIM KAMERAKAUF ACHTEN SOLLTEST

- bewährtes und robustes System
- breite Palette an verfügbaren Wechselobjektiven
- Schwenkdisplay
- Faustregel: je größer der Sensor, desto besser die Bildqualität (natürlich vom Budget abhängig)
- Rauschverhalten des Sensors
- Dynamikumfang (lass dich diesbezüglich im Fachhandel beraten)

Der Fotorucksack

Der Fotorucksack bzw. die Fototasche ist deine Schatztruhe. Du solltest ihn genauso hochwertig wählen wie deine Kameraausrüstung. Wasserfestigkeit und möglichst geringes Eigengewicht sollten Grundvoraussetzungen sein. Ein stoßfestes, klar strukturiertes Innenleben bieten mittlerweile alle namhaften Hersteller an, ebenso Langlebigkeit und Robustheit. Viele Firmen haben sich auf individualisierte Lösungen spezialisiert und passen das Innenleben der Taschen exakt deinen Vorgaben an (z. B. bei Koenig-Fotobags).

Ich bin ein großer Freund von günstigen Lösungen, wenn diese sich bewähren. Bei der Fototasche setze ich jedoch seit jeher auf Qualität. Genauso, wie man sein Baby in einen Kinderwagen setzt und nicht in der Schubkarre herumfährt, gehört teures Fotoequipment in speziell dafür ausgestattete Aufbewahrungen und nicht lose in irgendeine Tasche. Letzteres birgt Gefahren für die Technik und bietet vor allem nur selten einen schnellen und gezielten Zugriff auf die benötigte Ausrüstung.

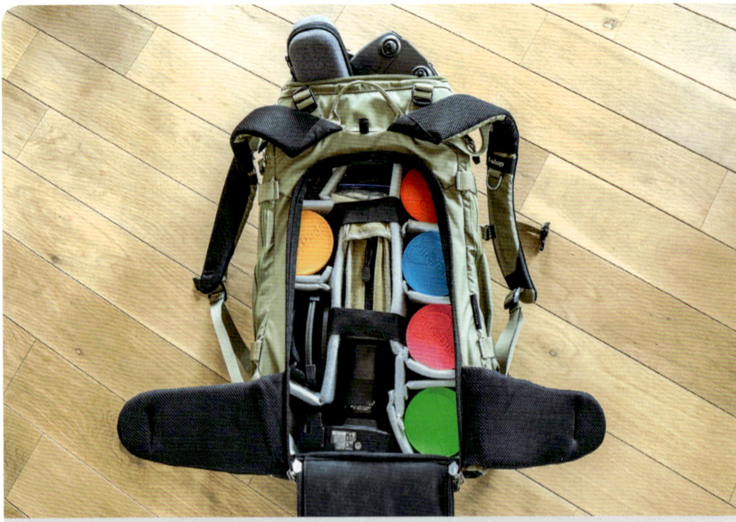

Mein Fotorucksack hat einen praktischen Eingriff am Rücken, um Diebstahl effizient vorzubeugen. Der wasserdichte Überzug macht es möglich, den Rucksack in jeder Situation abzulegen.

WORAUF DU BEIM TASCHENKAUF ACHTEN SOLLTEST

- geringes Eigengewicht
- Wetterfestigkeit und stabile Reißverschlüsse
- die Standard-Handgepäckgröße sollte nicht überschritten werden (55 x 40 x 20 cm bzw. 55 x 35 x 25 cm)
- praktischer bzw. diebstahlsicherer Zugriff (z. B. Zugriff nur über die am Körper anliegende Seite der Tasche)
- robuster und passgenau individualisierbarer Innenaufbau

Wenn ich losziehe, befinden sich in meinem Rucksack nur die absolut notwendigen Basics, damit das Gewicht möglichst gering bleibt. Nach einigen Kilometern auf dem Rücken durchs Gelände merkst du jedes Gramm und freust dich über alles, was du zu Hause gelassen hast. Dinge, die du nicht direkt vor Ort brauchst, kannst du auch im Hotelzimmer oder im Kofferraum zwischenlagern.

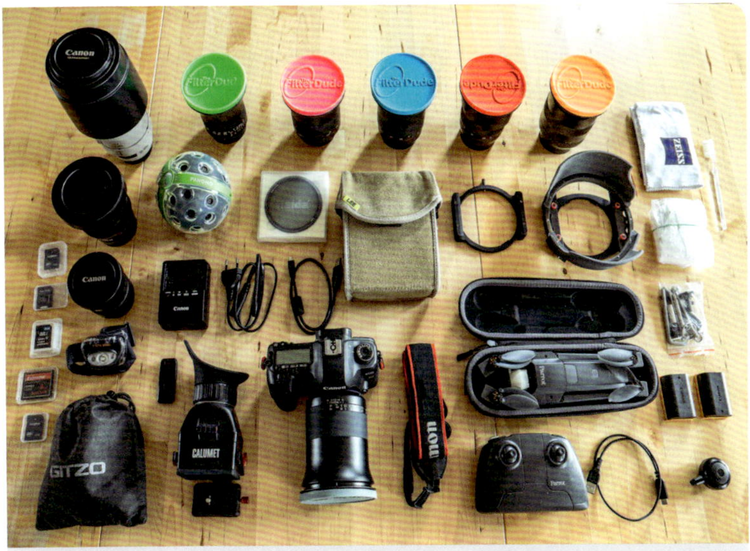

Wer soll das alles schleppen? Überlege dir vor jedem Ausflug, was du wirklich brauchst und was nicht.

Basics – was sich immer in meinem Fotorucksack befindet:

- Kamera mit Ersatzakkus (mindestens zwei)
- Objektive (je nach Wegstrecke sorgfältig ausgewählt)
- Filterhalter und Einschubfilter (dazu später mehr)
- Stativ – zur gleichmäßigen Gewichtsverteilung meist vorne am Rucksack befestigt

Nützliche Tools, die ich ebenfalls dabei habe:

- Funkfernauslöser – ich habe das kleinste, leichteste und günstigste Einsteigermodell
- große Duschhaube oder Ähnliches zum raschen Abdecken der Kamera auf dem Stativ bei plötzlichem Regen
- mehrere Putztücher für die Linsen und die Filter, gerade auch bei Regen

- kleine Werkzeugtasche mit den gängigen Anschlüssen (Sternbit, Inbus etc. für alle Schrauben an Kamera und Stativ)
- Stirnlampe (mit Rotlicht für Nachtfotografie)
- Moskitonetz für den Kopf je nach Region und Jahreszeit
- Minidrohne (je nach Ziel)

Was ich zu Hause/im Auto lasse:

- Ladegeräte
- größere Reinigungskits
- Ersatzteile/Erweiterungsfüße für das Stativ
- alles, was ich nicht unmittelbar für die Entstehung der Bilder benötige

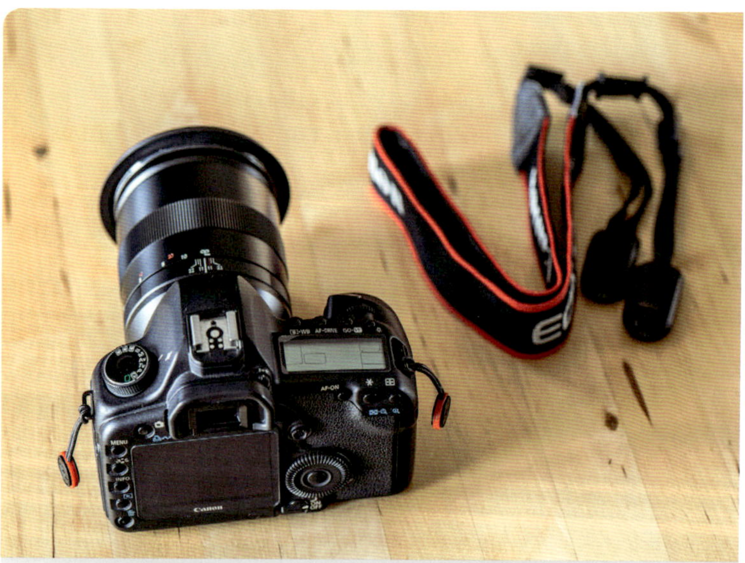

Tools wie dieses finde ich toll: Mit einem Klick kann man den Kameragurt entfernen. Wenn ich vom Stativ arbeite, stört er mich gerade bei Wind recht häufig.

Das 1 x 1 der Brennweiten

Welche Brennweiten brauche ich heute? Eine Frage, die ein Landschaftsfotograf sich selbst und anderen nur schwer beantworten kann. Was für den Tierfotografen die lange Brennweite ist, ist für uns ganz allgemein gesprochen der Weitwinkel. Aber auch Telebrennweiten bis ca. 300 mm sowie die Standardlinsen zwischen 35 und 55 mm (jeweils am Vollformat) sind für die Landschaftsfotografie durchaus reizvoll. Fast jeder Fotograf hat seine Lieblingsbrennweite. Wenn du z. B. weißt, dass du gerne weitwinklig fotografierst und dramatische Perspektiven schätzt, macht es durchaus Sinn, z. B. in ein lichtstarkes Weitwinkelobjektiv zu investieren. Wenn du gerne Makromotive fotografierst, ist eine abbildungsstarke Festbrennweite für Nahaufnahmen sinnvoll.

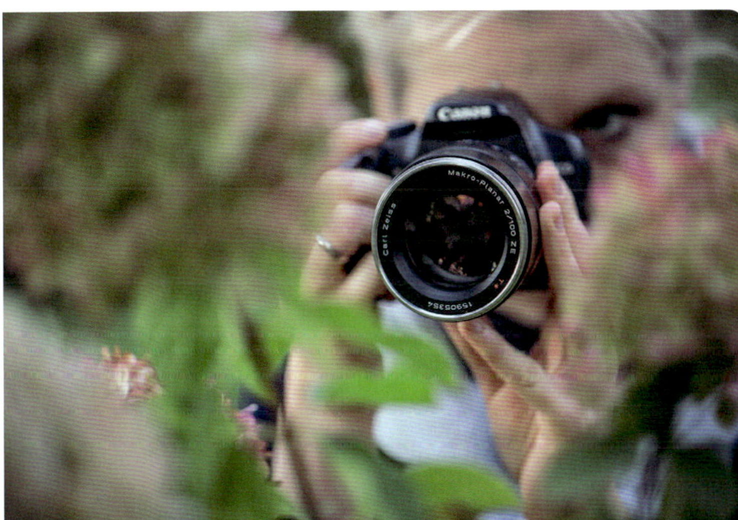

Wenn du spezielle Vorlieben beim Fotografieren hast, solltest du dir dafür ein gutes Objektiv kaufen. Viele Naturfotografen lieben beispielsweise Makroaufnahmen, für die du Objektive mit einer geringen Naheinstellgrenze benötigst.

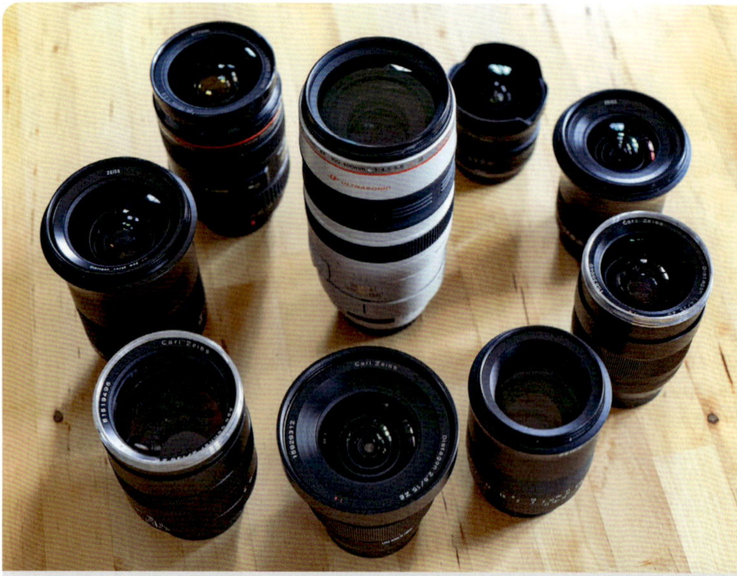

Einige meiner Objektive nutze ich nur äußerst selten, einen Teil würde ich sogar als übereilte Fehlkäufe bezeichnen. Gerade zu Beginn empfehle ich dir daher, lieber wenige Objektive mit großen Zoombereichen anzuschaffen. So kannst du ohne zu viel Geld auszugeben herausfinden, welche Brennweiten du häufig und gerne nutzt.

Im Gegenzug könntest du die Brennweitenbereiche, die du seltener benutzt, in Zoomobjektiven zusammenfassen. So sparst du bei akzeptabler Qualität Geld und vor allem auch Gewicht auf Exkursionen und Reisen. Dein Rücken wird es dir (und mir) danken.

Gütekriterium Lichtstärke

Ein sehr wichtiges Kriterium von Objektiven ist die Lichtstärke. Je größer die maximal mögliche Blendenöffnung ist (also die Öffnung im Objektiv, durch die Licht auf den Sensor der Kamera fallen kann), desto lichtstärker ist ein Objektiv. Auf jedem Objektiv ist die maximale Offenblende vermerkt. Je kleiner die Zahl, desto lichtstärker das Objektiv. Dadurch kannst du deutlich kürzere Belichtungszeiten

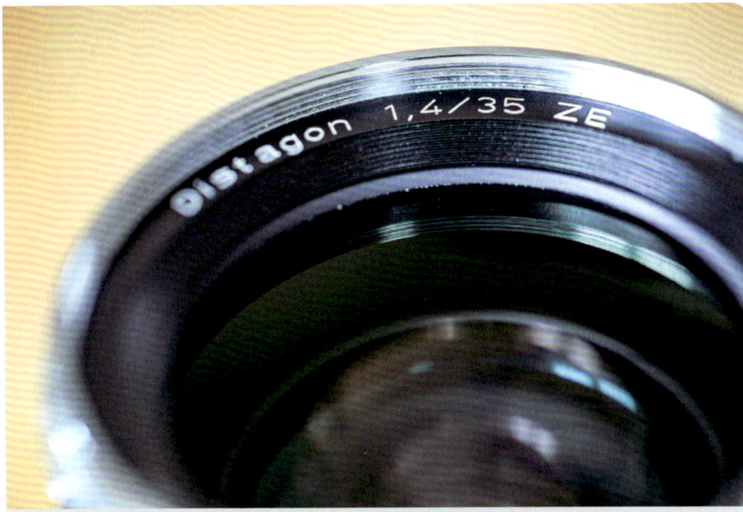

Im Fall dieses 35-mm-Objektivs liegt die maximale Offenblende bei f/1.4 (ZE kennzeichnet bei Zeiss-Objektiven den Canon-Anschluss).

erreichen und mitunter noch bei sehr dunklen Bedingungen fotografieren, ohne den ISO-Wert zu sehr anheben zu müssen.

Einen weiteren Einfluss nimmt die große Blendenöffnung auf den Schärfebereich im entstehenden Bild, der bei Offenblende jeweils im Bereich des Fokuspunktes liegt. Du könntest also Objekte freistellen und sie vom Vorder- bzw. Hintergrund optisch lösen. Vielmehr als in der Landschaftsfotografie findet diese Technik jedoch bei Tier-, Porträt- oder auch Sportaufnahmen ihren Einsatz. Der einzige Nachteil lichtstarker Objektive: Sie sind teuer.

Für und Wider von Festbrennweiten

Für die Art meiner Fotografie spielt noch eine andere Eigenschaft eine wichtige Rolle: die kompromisslose Abbildungsleistung. Ich möchte bis in die äußerste Bildecke absolute Schärfe und korrekte Farbdarstellungen haben. Zudem schätze ich es enorm, wenn abgebildete

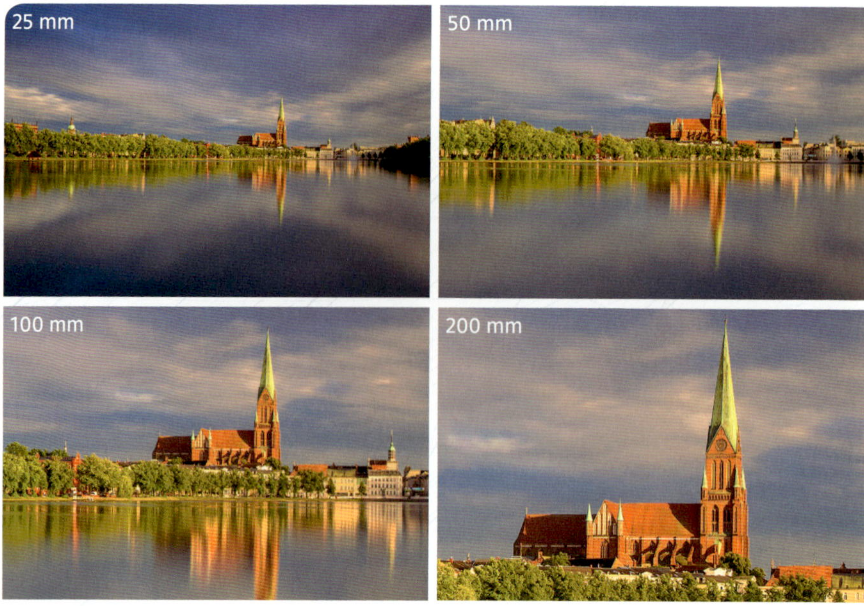

Die Aufnahmen zeigen, wie sich mit der Brennweite der Blickwinkel ändert.

Objekte verzerrungsfrei dargestellt werden. Hierfür sind Festbrennweiten das Mittel der Wahl. Du erkaufst dir die Tatsache der fehlerfreien Darstellung allerdings damit, dass du deutlich mehr Objektive benötigst, um die gängigen Brennweitenbereiche abzudecken. Dies ist zum einen recht kostspielig, zum anderen bedeutet es mehr Gewicht beim Tragen.

Lerne zu sehen

Ich liebe Festbrennweiten allerdings noch aus einem anderen Grund: Sie zwingen einen, sich über den Bildaufbau und den Bildwinkel Gedanken zu machen. Während man mit einem Zoomobjektiv schnell der bequemen Versuchung erliegt, einfach rein- oder rauszuzoomen, muss man bei einer Festbrennweite für den gewünschten

Bildausschnitt regelrecht arbeiten. Es sieht von außen betrachtet sicherlich manchmal putzig aus, wenn erwachsene Menschen einen Schritt vor und einen zurück machen, aus dem Stand in die Hocke gehen und gleich wieder retour, während sie angestrengt durch die Kamera schauen. Aber genau so lernt man zu fotografieren und bekommt ein Gespür für den Bildaufbau und -ausschnitt. Über Jahre intensiver Fotografie kommt es dann irgendwann ganz automatisch, dass du Landschaften in Bildausschnitte und Brennweiten unterteilst. Ich sage dir: Das ist Fluch und Segen zugleich ...

Was passt zu dir?

Im Folgenden möchte ich dir für verschiedene Ansprüche drei Varianten vorschlagen, wie du mit nur drei Objektiven ein breites, qualitativ ordentliches Spektrum an Brennweiten abdecken und sinnvoll kombinieren könntest.

Wenn du **kurze Brennweiten** bevorzugst (weitwinklige Bilder, dramatische Perspektiven):

- **15 mm Festbrennweite, gute Lichtstärke**
- 24–70 mm Standardzoom, gute Lichtstärke
- 70–300 mm Zoom, moderate Lichtstärke

Wenn du **mittlere Brennweiten** bevorzugst (entspricht dem menschlichen Sehen)

- 16–35 mm Weitwinkelzoom, gute Lichtstärke
- **50 mm Festbrennweite, sehr gute Lichtstärke**
- 70–300 mm Zoom, moderate Lichtstärke

Wenn du **Telebrennweiten** bevorzugst (Tier- und Porträtfotografie)

- 24–70 mm Standardzoom, gute Lichtstärke
- 85 mm Festbrennweite, sehr gute Lichtstärke
- 100–400 mm Zoom, ordentliche Lichtstärke

MEINE OBJEKTIVE IM GEPACKTEN „STANDARDRUCKSACK"

- Zeiss Milvus 2.8 18 mm Festbrennweite
- Zeiss Milvus 1.4 25 mm Festbrennweite
- Zeiss Classic 1.4 35 mm Festbrennweite
- Zeiss Milvus 1.4 50 mm Festbrennweite
- Zeiss Milvus 2.0 100 mm Festbrennweite
- Zeiss Classic 2.0 135 mm Festbrennweite
- Canon EF L 4.0–5.6 70–300 mm Zoom

Relevante Kameramodi

Auch wenn du dich schon auskennst, möchte ich dir in diesem Abschnitt noch einmal ganz grundlegend die praktische Relevanz der verschiedenen Modi aufzeigen. Du wirst dabei schnell feststellen, dass sich alle Einstellungen und Möglichkeiten auf nur drei Faktoren herunterbrechen lassen, nämlich Blende, Verschlusszeit und ISO-Empfindlichkeit. Alle drei Faktoren haben gemeinsam, dass sie Einfluss auf die Belichtungszeit und damit die Bildaussage nehmen.

Welcher Modus passt zu dir?

Im **Automatikmodus** der Kamera hast du weder Einfluss auf die Bildaussage (lange oder kurze Belichtungszeit, offene oder geschlossene Blende) noch auf die qualitativen Merkmale deines Bildes (ISO-Empfindlichkeit). Die Kamera bevormundet dich und entscheidet, mit welchen Parametern dein Bild belichtet wird. Ich gebe zu, dass die meisten Kameras das heutzutage recht gut können, dennoch sind kreative Einflüsse deinerseits extrem begrenzt. Wenn du also mitbestimmen und gestalten möchtest, musst du zwangsläufig die **halbautomatischen** oder **manuellen Modi** verwenden.

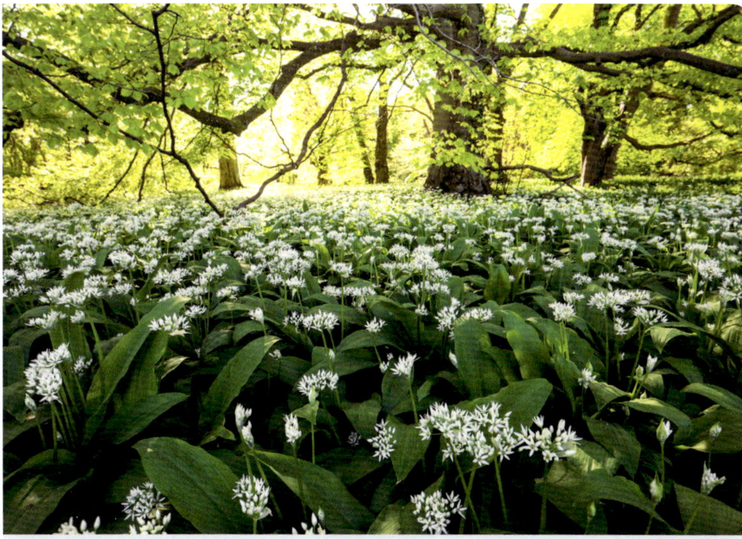

18 mm, f/10, 1/80 s, ISO 100, +1,0 Überbelichtung – Für die optimale Belichtung eines solchen Motivs musst du aktiv eingreifen. Die Kamera würde dieses Motiv immer zu dunkel belichten und auf hohe ISO-Werte zurückgreifen. Im manuellen Modus bzw. in den Halbautomatiken kannst du vom Stativ ohne Qualitätsverlust die perfekte Belichtung realisieren.

Oft höre ich von ambitionierten Fotobegeisterten, dass sie komplett manuell beim Belichten arbeiten. Das ist grundsätzlich natürlich absolut in Ordnung, dauert aber länger als das Verwenden der Halbautomatiken und birgt außerdem einige Fehlerquellen, die nicht selten im Nachhinein zu Ärger und Frust führen. Ich bin ein großer Verfechter der **Halbautomatiken**, bei denen ich der Kamera entweder die Blende oder die Zeit vorgebe. Der jeweils andere Wert wird durch die Kamera entsprechend der Belichtungssituation errechnet und automatisch umgesetzt. Die Kamera tut also mit dem zweiten, nicht durch mich gewählten Wert das Gleiche, was ich im manuellen Modus selbst auch tun müsste, um eine korrekte Belichtung zu erreichen. Man spart sich also das Einstellen eines Wertes und vor allem Zeit.

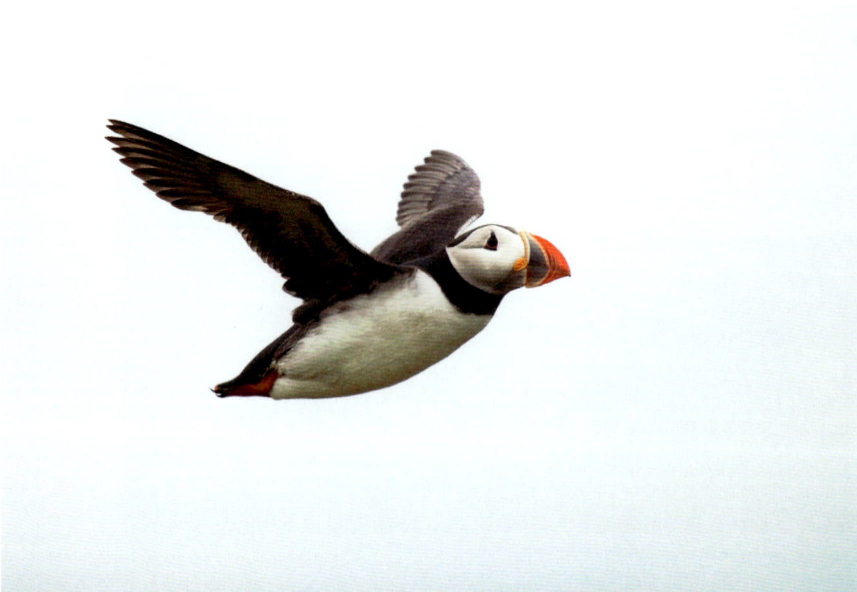

Nur mit extrem kurzen Belichtungszeiten bekommt man in solchen Situationen halbwegs scharfe Bilder. Hier hat mir die Blendenautomatik geholfen: Die Zeit habe ich bei 400 mm auf 1/6400 s gestellt, die ISO auf 1000. Die Kamera hat für eine optimale Belichtung f/5.6 bestimmt.

Die ISO-Empfindlichkeit kann man in allen manuellen und halbautomatischen Modi grundsätzlich selbst bestimmen. Da in der Landschaftsfotografie die Blende meist das führende gestalterische Element ist, um u.a. Schärfebereiche zu definieren, arbeite ich fast ausschließlich mit der **Zeitautomatik**. Das bedeutet: Ich stelle die Blende manuell ein, wie ich sie haben möchte, und die Kamera errechnet die notwendige Zeit zur optimalen Belichtung automatisch. Seltener ist die Zeit das entscheidende Element, z.B. bei Wellen oder auch in der Tierfotografie. Hast du mal versucht, einen fliegenden Papageitaucher zu fotografieren? Die an Land so unbeholfen wirkenden Vögel schießen wie kleine Torpedos durch die Luft. In diesem Fall verwende ich die Blendenautomatik, bei der mir die Kamera die Blende entsprechend meiner manuell gewählten Belichtungszeit ermittelt.

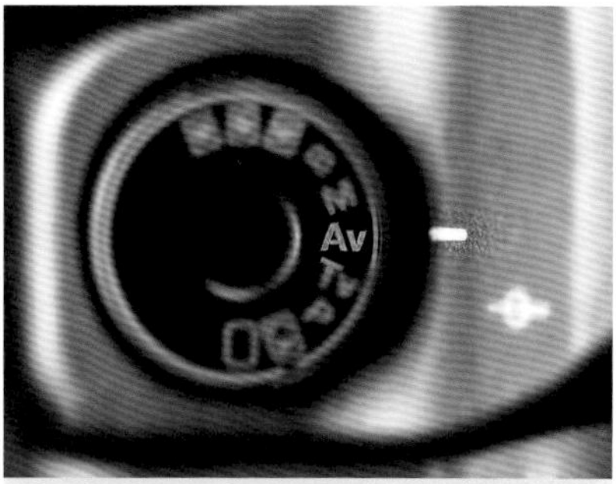

Die Zeitautomatik Av/A

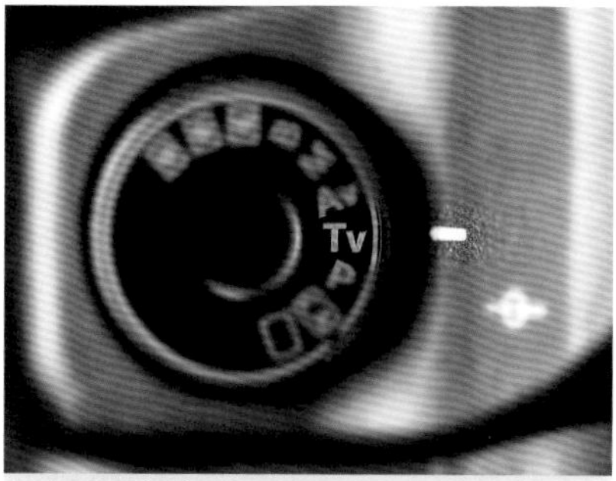

Die Blendenautomatik Tv/S/T

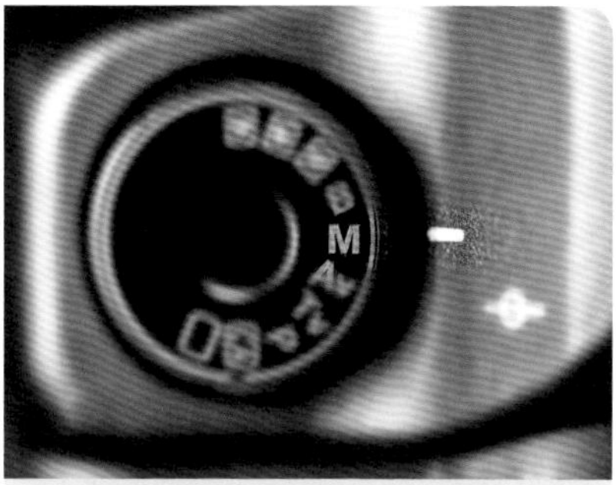

Der manuelle Modus M

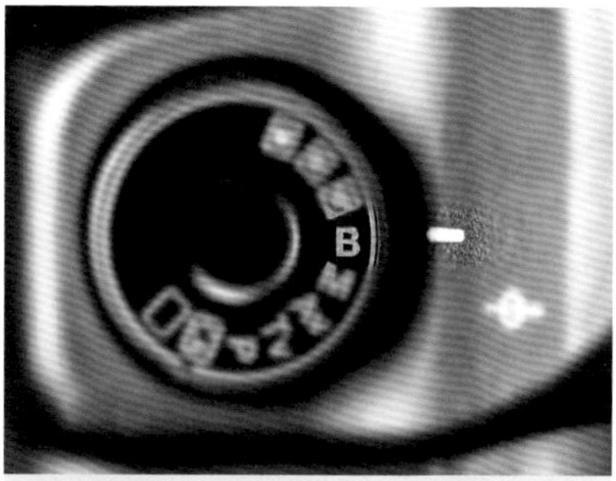

Der Bulb-Modus B (manchmal als Unterpunkt im manuellen Modus M)

Die Automatiken der Kamera noch einmal zusammengefasst:

- Bei der **Zeitautomatik Av** (auch **A** – je nach Hersteller) bestimmst du die **Blende f** (sowie die ISO-Empfindlichkeit), und die Kamera berechnet automatisch die zur optimalen Belichtung notwendige Zeit t. Somit obliegt dir die Gestaltung der Schärfebereiche im Bild als wichtiges Stilmittel der Landschaftsfotografie.
- Bei der **Blendenautomatik Tv** (auch **S**, **T** – je nach Hersteller) bestimmst du die **Belichtungszeit t** (sowie die ISO-Empfindlichkeit), und die Kamera berechnet automatisch die zur optimalen Belichtung notwendige Blende f. Somit obliegt dir die Gestaltung von Dynamik und Bewegungen im Bild als wichtiges Stilmittel der Landschaftsfotografie.

- Im **manuellen Modus M** legst du die **Belichtungszeit t** *und* die **Blende f** (sowie die ISO-Empfindlichkeit) fest. Es gilt darauf zu achten, eine optimale Belichtung durch die korrekte Kombination der Parameter zu erzielen, da diese nicht durch die Kamera berechnet oder geprüft werden.
- Im **BULB-Modus B** (bei einigen Herstellern als Unterpunkt im manuellen Modus M geführt) bestimmst du die **Blende f** (sowie die ISO-Empfindlichkeit). Die Kamera belichtet nach dem Auslösen so lange, bis du erneut den Auslöser betätigst. So kannst du extrem lange Belichtungszeiten realisieren, die über die Standardzeiten von 30 s oder auch 60 s hinausgehen – ein essenzielles Tool in der Nachtfotografie sowie für Langzeitbelichtungen.

MEINE PERSÖNLICHEN GRUNDEINSTELLUNGEN

Meine ganz persönlichen Grundeinstellungen, auf die ich die Kamera nach jeder Nutzung zurücksetze, damit ich unter Zeitdruck unverzüglich mit dem Fotografieren beginnen kann und immer weiß, was voreingestellt ist, sind folgende:

Av bzw. A, f/10, ISO 200

Achte auch darauf, dass du z. B. den Selbstauslöser nach Nutzung immer wieder zurücksetzt, da du sonst bei der nächsten Nutzung unter Zeitdruck nicht gleich losfotografieren kannst (ein Klassiker, der mir schon so oft passiert ist ...).

Lichtempfindlichkeit und Bildrauschen

Der ISO-Wert, der seinen Ursprung in der Lichtempfindlichkeit von Filmrollen zu Zeiten analoger Fotografie hat, gibt an, wie sensibel der Sensor auf einfallendes Licht reagiert. Je sensibler er eingestellt ist, desto schneller wird die notwendige Lichtmenge zur optimalen Belichtung des Motivs erreicht. Kurzum: Du kannst kürzer belichten. Der Nachteil liegt im höheren Rauschverhalten der Sensoren bei steigenden ISO-Werten, was sich wiederum negativ auf die Bildqualität auswirkt.

Im Umkehrschluss bedingt eine niedrige ISO-Empfindlichkeit ein sehr geringes Bildrauschen und somit eine gute Bildqualität bei jedoch entsprechend längerer Belichtungszeit. Diese Variante bevorzuge ich, da für mich die Bildqualität als Argument überwiegt und ich ohnehin mit einem Stativ arbeite, sodass längere Belichtungszeiten kein technisches Problem darstellen.

DIE ISO-EMPFINDLICHKEIT

Die ISO-Empfindlichkeit gibt an, wie sensibel der Sensor auf einfallendes Licht reagiert. Faustregel:

- ISO-Wert ↑, Belichtungszeit ↓, Bildrauschen ↑
- ISO-Wert ↓, Belichtungszeit ↑, Bildrauschen ↓

In Situationen, in denen wenig Licht und die Notwendigkeit kurzer Belichtungszeiten trotz Ausschöpfung der maximalen Blendenöffnung zusammenfallen, erhöhe ich den ISO-Wert auch mal deutlich und vertraue auf die modernen Möglichkeiten der Nachbearbeitung in puncto Entrauschung.

Das Stativ

Die Komposition einer guten Fotografie ist meist eine Sache, die Ruhe und Geduld erfordert. Wenn ich mich an die Anfänge meiner Fotografie zurückerinnere, fällt mir vor allem eine Sache auf, die ich damals absolut falsch angegangen bin. Bei eigentlich jeder Location bin ich wie von der Tarantel gestochen durch die Gegend gelaufen und habe die Motive im Laufschritt erlegt. Erst zu Hause habe ich mich dann regelmäßig darüber geärgert, dass ich Fehler beim

Bildaufbau gemacht habe, die ich natürlich im Nachhinein nicht mehr beheben konnte. Irgendwann habe ich dann damit begonnen, besser und überlegter an Fotolocations heranzugehen: Was gibt es dort zu fotografieren? Wann muss ich da sein? Aus welcher Richtung kommt das Licht?

Dein dreibeiniger Freund und Helfer

Wenn ich heutzutage an einem Spot ankomme, laufe ich zuerst einmal ohne Kamera alles ab, um mir den perfekten Blickwinkel und Bildausschnitt zu überlegen. Wenn ich einen Platz gewählt habe, baue ich alles auf, wähle eine Brennweite und mache erste Testbilder, die einzig und allein der Kontrolle des Bildaufbaus dienen. Hierfür arbeite ich immer mit dem Stativ, da man aus der Hand nie die Ruhe besitzt, sich über jeden Winkel des Bildes Gedanken zu machen. Egal wie ruhig du stehen und die Kamera halten kannst – du bist so sehr auf das Stillhalten fixiert, dass du den Bildaufbau nicht hundertprozentig umsetzen kannst. Vom Stativ hast du hingegen alle Zeit der Welt: Du kannst kleinste Änderungen fein justieren, auf eine korrekte Ausrichtung des Horizonts achten und deinen Bildaufbau in Ruhe betrachten. Einmal positioniert, gibt dir das Stativ die Sicherheit, deinen Wunschbildaufbau beizubehalten.

Wenn mir der Ausschnitt gefällt, fange ich an, Filter zu setzen und die Belichtungseinstellungen zu perfektionieren. Dann gilt es zu warten, und zwar so lange, bis das passende Licht aufkommt und das Bild auf die Speicherkarte gebannt wird. Du kannst die Wartezeit gegebenenfalls damit füllen, dass du ohne Kamera nach weiteren Standorten für ein Foto in der unmittelbaren Umgebung Ausschau hältst.

Wenn nach der konzipierten Wunschaufnahme noch Licht und Zeit ist, versuche ich natürlich, einen weiteren Bildaufbau umzusetzen, keineswegs aber gebe ich verfrüht meinen zuerst gewählten Standpunkt auf.

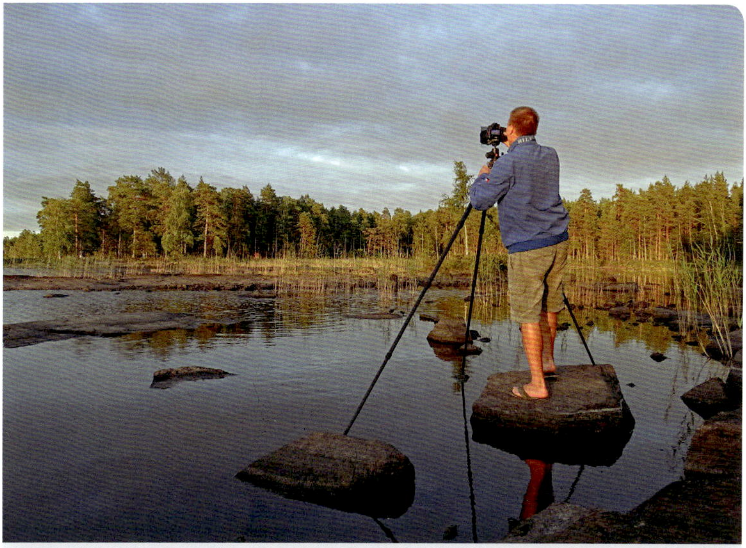

Gerade bei hohen Perspektiven oder wackeligen Standorten gibt dir die Nutzung eines Stativs zusätzliche Sicherheit.

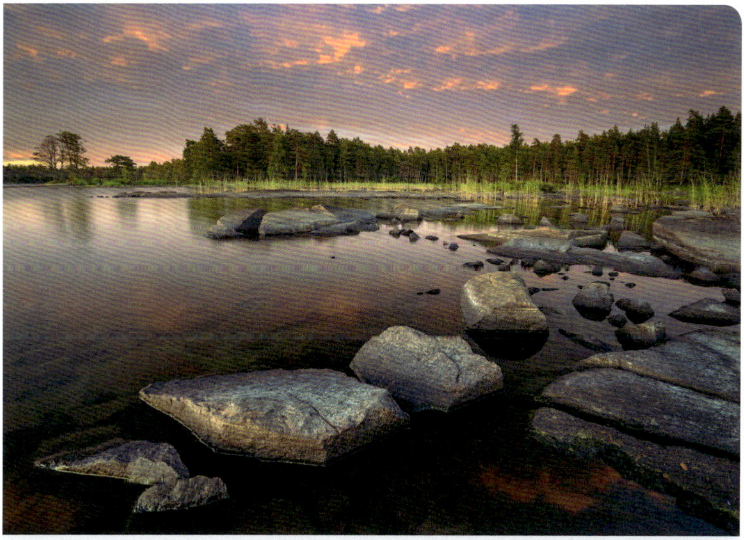

Das resultierende Bild rechtfertigt die Mühe.

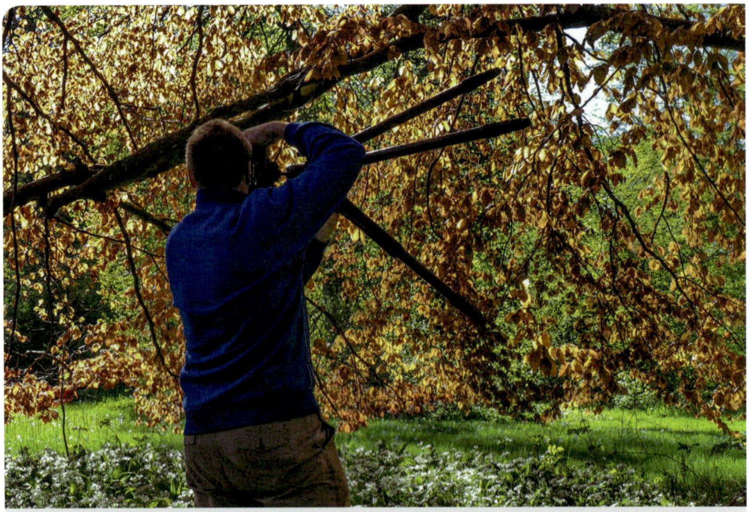

Als Landschaftsfotograf fotografiere ich IMMER mit Stativ ... ;-)
(Danke an Wolfgang Gründer für diesen wunderbaren Schnappschuss)

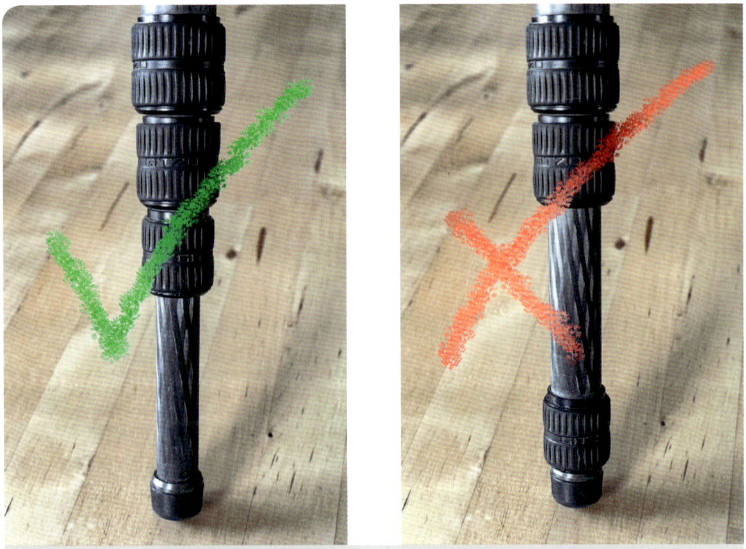

Wertvoller Praxistipp: Zieh vor allem beim Fotografieren im Sand immer das unterste Segment ein Stück aus. So verhinderst du, dass schwer entfernbare Verschmutzungen in die Mechanik des Stativs gelangen.

Vorteil: Längere Belichtungszeiten

Die eigentliche Funktion des Stativs liegt freilich darin, dass du längere Belichtungszeiten bei perfekter Schärfe hinbekommst. Alle Belichtungszeiten, die länger sind als 1/100 s, fotografiere ich ausschließlich vom Stativ.

Wie im vorangegangenen Kapitel bereits erwähnt, nehme ich eine längere Belichtungszeit gern in Kauf, wenn dafür die Qualität des Bildes verbessert werden kann. Die ISO-Empfindlichkeit ist bei mir darum grundsätzlich so niedrig wie möglich eingestellt. Die Blende wähle ich je nach Motiv, zumeist liegt diese aber irgendwo im Bereich zwischen 8 und 13, um die gewünschte Schärfe im gesamten Bild zu erreichen. Gerade in der Dämmerung oder bei Dunkelheit erfordern solche Vorgaben lange Belichtungszeiten, die nur mit einem Stativ aufgenommen werden können. Auch das Sichtbarmachen von Bewegungen, z. B. die einer Welle, sind nur vom Stativ möglich.

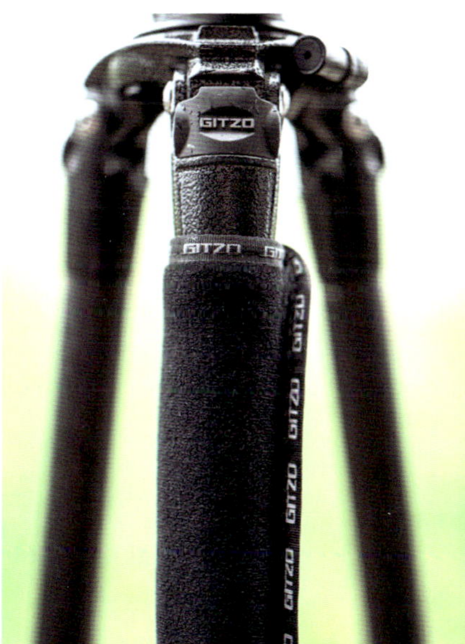

Für die kalte Jahreszeit lohnt sich die Anschaffung einer Ummantelung.

DAS RICHTIGE STATIV

- Karbonstative bieten bei minimalem Gewicht maximale Stabilität, zudem sind sie enorm robust.
- Der Stativkopf sollte nach Möglichkeit ein Kugelgelenk besitzen – so ist er mit nur einer Hand und die Kamera mit der anderen bedienbar.
- Die Auszüge sollten möglichst griffig sein, um sie auch mit Handschuhen bedienen zu können.
- Ich bevorzuge Drehverschlüsse, da diese kaum Angriffsfläche für Verschmutzungen wie z. B. Sand bieten.
- Je flacher man ein Stativ einstellen kann und je höher es sich ausfahren lässt, desto größer sind die gestalterischen Möglichkeiten (auf minimale und maximale Höhe beim Kauf achten).
- Bei Stativnutzung auf schlammigem oder sandigem Boden immer das unterste Segment ausziehen (zumindest ein Stück), damit in die untersten Gelenke/Auszüge kein Dreck gelangen kann.
- Von Zeit zu Zeit das Stativ und insbesondere die Auszüge mit klarem Wasser reinigen, da sie sonst durch den Karbonabrieb an Haltekraft verlieren und die Gefahr eines Sturzes droht.
- Nach Nutzung des Stativs in Salzwasser immer im Anschluss mit klarem Wasser abspülen und in ausgezogenem Zustand trocknen. Schraube dabei die Füßchen der drei Stativbeine ab, da in die Beine Wasser eingedrungen sein kann.
- Für die kalte Jahreszeit lohnt sich die Anschaffung einer Ummantelung eines der Stativbeine, sodass man beim Tragen keine kalten Hände bekommt (kostet wenig und hat mir schon wertvolle Dienste geleistet).

Scharfe Bilder

Irgendwas ist immer. Da machst du mal ein richtig schönes Bild, alles passt und gefällt dir, und dann entdeckst du zu Hause beim Betrachten am großen Monitor, dass es nicht ganz scharf ist. Verzweifelt versuchst du, die Schärfe durch gezielte Nachbearbeitung noch zu erreichen, wirst aber schnell feststellen, dass der Bildeindruck darunter leidet und das Bild mit diesem Makel nicht mehr so perfekt ist wie ursprünglich angenommen.

Das beschriebene Problem ist eines der zentralen Kernthemen eines jeden Workshops und wirft immer wieder Zweifel und Fragen auf. Was musst du also in Zukunft beachten, damit deine Fotos immer die gewünschte Schärfe haben?

Was hat Einfluss auf die Schärfe?

Du musst drei grundlegende Dinge unterscheiden, die Einfluss auf die Schärfe in deinem Bild nehmen:

- bauartbedingte Faktoren: Kamerasensor, Objektiv, Stativ
- einstellungsbedingte Faktoren: Blende und Belichtungszeit
- umweltbedingte Faktoren: Wackeln an Kamera bzw. Stativ, Wind, Wellen, unsicherer Stand

Zuerst einmal bestimmen der Sensor der Kamera und die Güte des verwendeten Objektivs die Schärfe eines Bildes. Dieser Fakt ist im hohen Maße abhängig von den technischen Voraussetzungen des Kamerasensors und des Objektivs. Grundsätzlich kann man davon ausgehen, dass perfekt vergütete, hochwertige Festbrennweiten in Kombination mit großen Kamerasensoren die besten Ergebnisse liefern. Mit der zusätzlichen Nutzung eines stabilen Stativs machst du alles richtig, um die **bauartbedingten Faktoren** für eine perfekte Bildschärfe auszureizen.

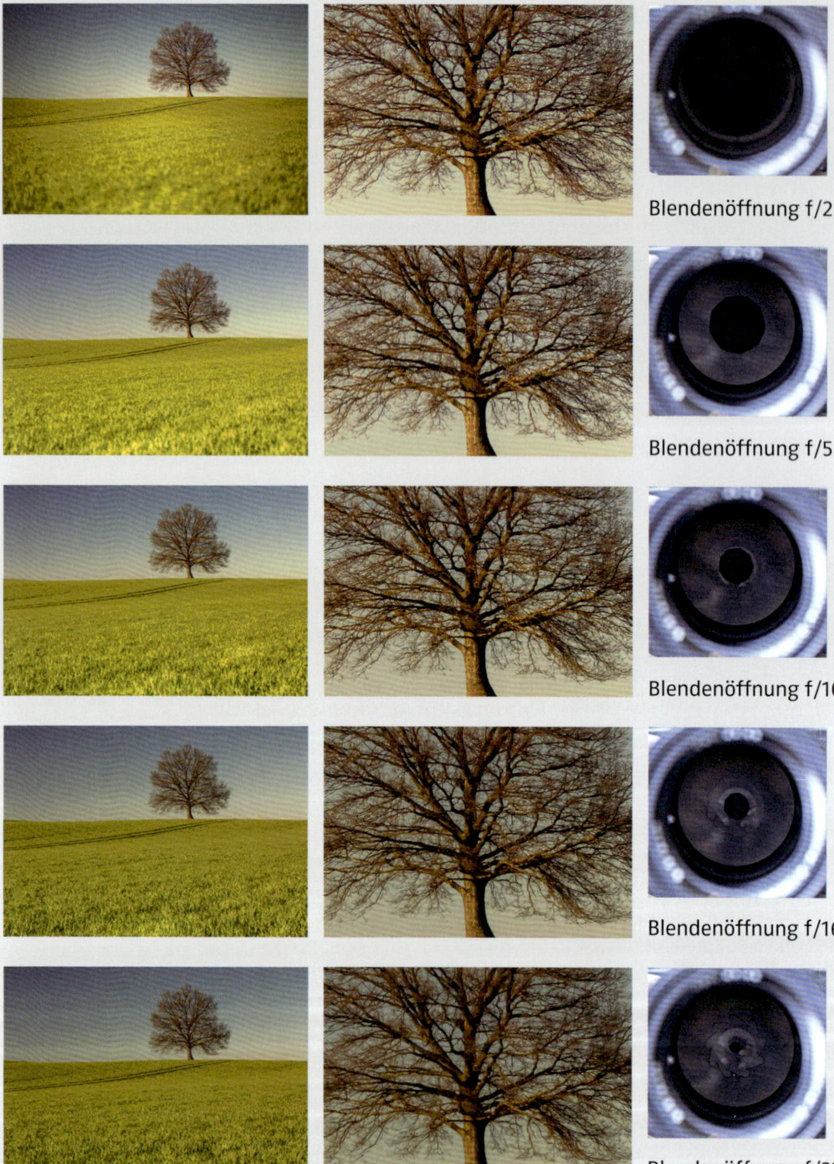

Totale

Ausschnitt bei 100 %

Blende

Wie du in der Bildreihe (s. gegenüberliegende Seite) sehen kannst, nimmt der Schärfebereich mit kleiner werdender Blende deutlich zu. Während im ersten Bild lediglich der Baum scharf abgebildet ist, kann man im letzten Bild bei geschlossener Blende deutlich mehr vom Vordergrund erkennen. Bei offener Blende ist der Baum vollkommen freigestellt, hinzu kommt die bauartbedingte Vignettierung, die den Fokus zusätzlich auf den Baum lenkt. Die Detailschärfe ist hingegen in den mittleren Blenden am höchsten. Achte hierbei auf die Details des Baumstamms, auf die ich den Fokuspunkt gelegt habe.

Detailschärfe vs. Schärfebereich

Kommen wir zu den **einstellungsbedingten Faktoren**. Ein wesentlicher Punkt, der sowohl die Detailschärfe als auch den Schärfebereich deiner Fotos beeinflusst, ist die Wahl der Blende. Ich muss an dieser Stelle einmal kurz theoretisch werden und zwischen diesen zwei Begriffen unterscheiden, da sie vollkommen unterschiedliche Dinge beschreiben.

- **Detailschärfe:** Die Detailschärfe beschreibt, wie exakt ein Objekt im Fokuspunkt bei Betrachtung in hundertprozentiger Vergrößerung dargestellt wird. Die optimale Detailschärfe im Fokuspunkt erreichst du im mittleren Blendenbereich eines Objektivs. Sowohl bei geschlossener als auch geöffneter Blende nimmt die Detailschärfe ab (die beste Detailschärfe der Beispielbilder liegt im Bereich zwischen f/5 und f/10).
- **Schärfebereich (Schärfentiefe):** In der Landschaftsfotografie ist es oft gewollt, dass vom vordersten Vordergrund bis zum hintersten Hintergrund alles gleichmäßig scharf abgebildet wird. Ein zunehmendes Abblenden (kleine Blendenöffnung, große Blendenzahl) führt dazu, dass der Schärfebereich größer wird. Je weiter du aufblendest (große Blendenöffnung, kleine Blendenzahl), desto kleiner wird der Schärfebereich.

Wenn du in der Abbildung unten die Graphen für die Detailschärfe und die Schärfentiefe in Abhängigkeit von der gewählten Blende betrachtest, wird dir sicher klar, dass der Punkt, an dem sich die Graphen schneiden, die perfekte Blende für einen maximalen Schärfemix zeigt. Bei Vollformat- und APS-C-Sensoren liegt dieser Blendenwert zwischen f/8 und f/11, bei MFT- (Micro-Four-Thirds-)Sensoren bei etwa f/4 und f/5,6. Nun ist dir hoffentlich klar, warum so viele Landschaftsfotografen die mittleren Blenden für ihre Bilder wählen.

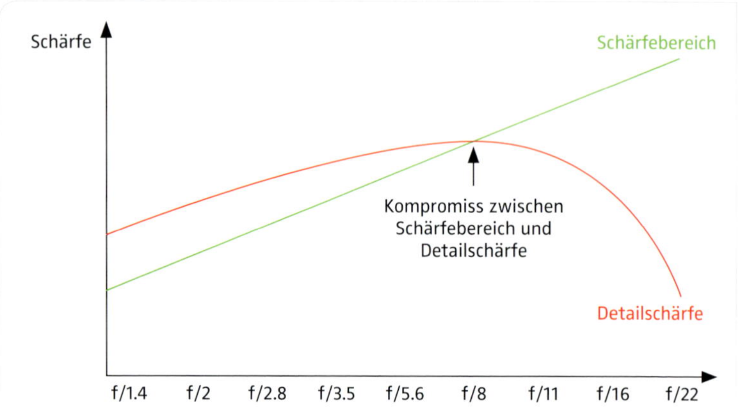

Der Zusammenhang zwischen Schärfebereich und Detailschärfe bei Vollformat- und APS-C-Sensoren. Bei MFT-Sensoren liegt der Schnittpunkt der Graphen schon bei kleineren Blenden um f/5.6.

Freeze!

Viel wichtiger für die Schärfe ist jedoch, dass du eine Fotografie verwacklungsfrei aufnimmst. Alle Belichtungszeiten, die über 1/100 s liegen, sind aus der Hand fotografiert meist mit einer gewissen Unschärfe behaftet, die du mehr oder weniger direkt sehen kannst. Darum habe ich bereits im vorigen Abschnitt das Stativ als eines der Allheilmittel der Landschaftsfotografie gepriesen, da es uns genau diese Möglichkeit bietet.

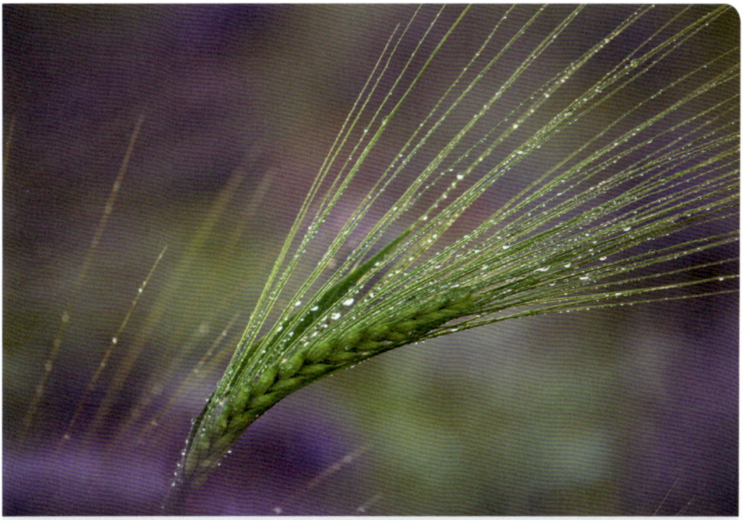

Solche Aufnahmen gelingen in der Regel nur vom Stativ. Selbst kleinste Erschütterungen und Bewegungen an der Kamera oder dem Stativ verändern den Fokuspunkt und führen zu ungewollter Unschärfe.

Das führt uns zum letzten Punkt, den **umweltbedingten Faktoren**. Wenn dein Stativ nicht stabil ist und sicher steht, wird es selbst zur Fehlerquelle. Ganz oft beobachte ich im Workshop Teilnehmer, die das Stativ während der Belichtung aus Versehen berühren oder gar während der Belichtung an der Kamera herumspielen und sich im Anschluss darüber wundern, warum das Bild unscharf ist.

Selbst kleinste Erschütterungen können zu Unschärfen führen (z. B. Herumlaufen auf einem Holzsteg während der Belichtung). Darum verwende ich bei Belichtungen vom Stativ (fast) immer einen Fernauslöser oder stelle alternativ den Selbstauslöser ein – so ist gewährleistet, dass im Moment der Aufnahme wirklich nichts die Kamera bewegt oder manipuliert. Es klingt sicherlich fast etwas freakig, aber manchmal halte ich bei bewegungsempfindlichen Standorten während der Belichtung sogar die Luft an.

FAUSTREGELN FÜR DIE PRAXIS

Achtung! Die folgenden Tipps sind sehr allgemein formuliert und klingen banal, werden dir aber in der praktischen Anwendung gute Dienste leisten. Probiere sie aus!

- Benutze für die optimale Mischung aus Schärfebereich und Detailschärfe mittlere Blendenwerte (f/8 bis f/11 an Vollformat- oder APSC-Sensoren, f/4 bis f/5.6 an MFT-Sensoren).
- Nutze ein Stativ.
- Nutze den Selbst- oder Fernauslöser und berühre die Kamera während der Belichtung nicht.
- Vermeide Verwacklungen am Stativ oder dem Untergrund.
- Nutze den Live-View zur sicheren Fokussierung.
- Fokussiere immer das Objekt im Bild, das in der Bildaussage am wichtigsten ist, damit dort die optimale Schärfe anliegt.

Eine letzte Möglichkeit, Einfluss auf die Schärfe zu nehmen, ist die Nachbearbeitung. Hier kannst du durch selektive Scharfzeichner noch einmal eine deutliche und sehr feine Verbesserung der Schärfe erzielen. Tutorials zum Scharfzeichnen sind für jedes Bearbeitungsprogramm auf z. B. Youtube verfügbar.

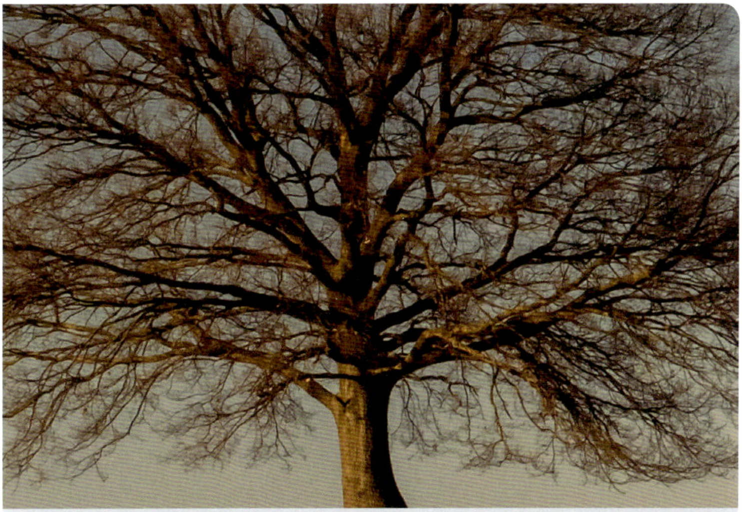

Noch einmal der Baum, der mit Blende f/22 aufgenommen wurde und in der 100 %-Ansicht eine reduzierte Detailschärfe aufweist, ...

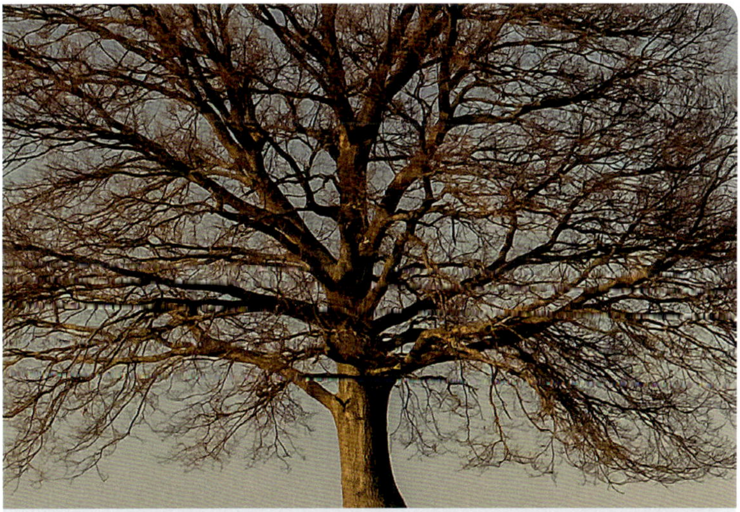

... die du durch den Einsatz eines Scharfzeichners in der Nachbearbeitung eindrücklich optimieren kannst, in diesem Fall mit Photoshop.

RAW

Wenn ich auf die Entwicklung meiner fotografischen Fähigkeiten zurückschaue, gibt es einige Erkenntnisse, die mich nachhaltig geprägt und beeinflusst haben. Die Anschaffung der ersten Spiegelreflexkamera und die damit verbundenen Gestaltungsmöglichkeiten, die Nutzung von Filtern, die Umstellung auf Festbrennweiten oder auch die Fähigkeit, das Wetter zu lesen und entsprechende Stimmungen vorauszusehen sind einige dieser persönlichen Meilensteine.

RAW vs. JPG

Der vielleicht größte Quantensprung in der Wirkung meiner Bilder ist vielleicht jedoch durch die Umstellung der gespeicherten Bilddaten von JPG auf RAW gekommen. RAW bedeutet auf Englisch „roh“ und sagt lediglich aus, dass die auf der Speicherkarte abgelegten Dateien die kameraspezifischen, nicht vorverarbeiteten Rohdaten darstellen. Diese lassen sich mithilfe von Fotobearbeitungsprogrammen wie Lightroom oder Photoshop (und den darin integrierten RAW-Konvertern) mit zahlreichen Bearbeitungsoptionen optimieren.

Wenn du zum ersten Mal im RAW-Format fotografierst, wirst du beim Betrachten der Bilder auf dem Kameradisplay überhaupt keinen Unterschied feststellen, da die Kamera zur internen Darstellung einen Standard-Algorithmus verwendet, der für JPGs und RAWs gleich ist. Wenn du dann jedoch die Daten auf dem Computer betrachtest, sehen die RAWs meistens sehr blass und grau im Vergleich zu den in der Kamera vorbearbeiteten JPGs aus. Das ist jedoch kein Grund zur Sorge, da die Daten in Standardbildbetrachtern einfach nicht korrekt dargestellt werden können. Beim Bearbeiten wirst du schnell feststellen und überrascht sein, wie unglaublich vielseitig die Bearbeitungsmöglichkeiten im Vergleich zum JPG sind.

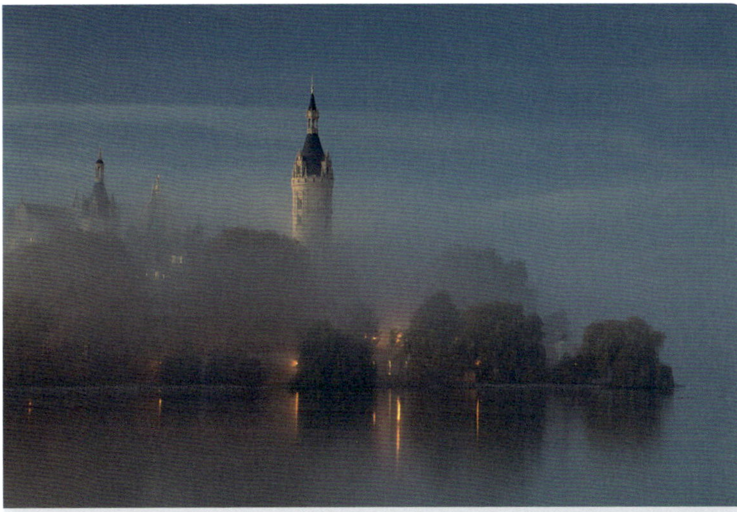

Dieses Bild ist ein komplett unbearbeitetes RAW und wirkt blass bzw. farblos.

Nach Anpassung des Weißabgleichs, selektiver Anhebung der Sättigung und Intensivierung der Kontraste von Höhen und Tiefen wirkt es deutlich mystischer und intensiver.

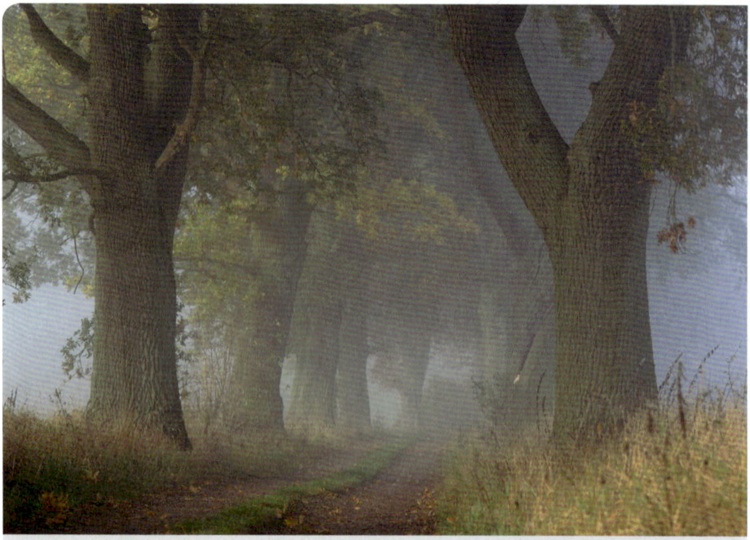

Unbearbeitetes RAW ...

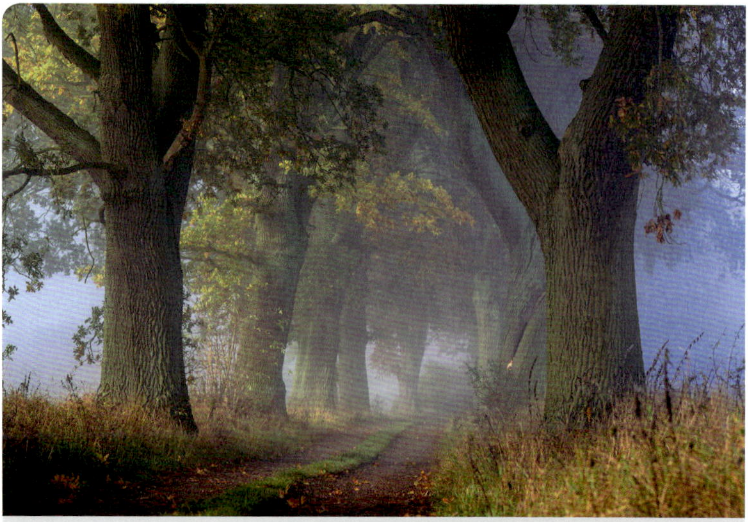

... und die Bearbeitung: Die Farben und Kontraste kommen nach selektiver Anpassung der Höhen und Tiefen sowie einer Erhöhung der Farbdynamik viel gefälliger und – was viele nicht glauben – realistischer rüber.

DIE VORTEILE DER BILDBEARBEITUNG VON RAW-DATEIEN

- Der Weißabgleich ist nachträglich veränderbar.
- Die Änderung der Belichtung von ca. +1,5 bis –1,5 Blendenstufen ist ohne nennenswerte Qualitätseinschränkungen möglich (abhängig natürlich von der Güte der Ausrüstung)
- Einzelne Farben sowie unterschiedliche Helligkeitsbereiche können selektiv bearbeitet werden.
- Der Dynamikumfang ist deutlich höher.
- Bilder können sehr gut „entrauscht" werden.
- RAW-Dateien sind in jedes Format verlustfrei konvertierbar.

Filter

Trotz sich stetig verbessernder Sensoren und der Möglichkeit, durch digitale Nachbearbeitung den Dynamikumfang einer Aufnahme nachträglich zu steigern, erfreuen sich Fotofilter zunehmender Beliebtheit. Mittlerweile gibt es eine Vielzahl an Anbietern, die mit Superlativen zu ihren Produkten um die Gunst der Kundschaft wetteifern. Verschiedene Filterhalter und -systeme sowie mitunter irreführende Benennungen der Produkte lassen jedoch bei genauerer Betrachtung erkennen, dass eigentlich alle Hersteller grundsätzlich die gleichen Produkte anbieten.

Der Filterhalter wird auf einem Adapterring, der im Objektivgewinde verschraubt ist, angebracht. Damit man die Ringe nicht jedes Mal abschrauben und zwischen den Objektiven hin- und herwechseln muss, habe ich für jedes meiner Objektive einen eigenen Adapterring. Auf diese passen wiederum die Standard-Objektivdeckel zum Schutz der Linse nicht. Um sie nicht nach jedem Gebrauch demontieren zu müssen, gibt es von Drittanbietern z. B. Silikondeckel, die den Verbleib der Adapterringe ermöglichen und das Objektiv dennoch optimal schützen.

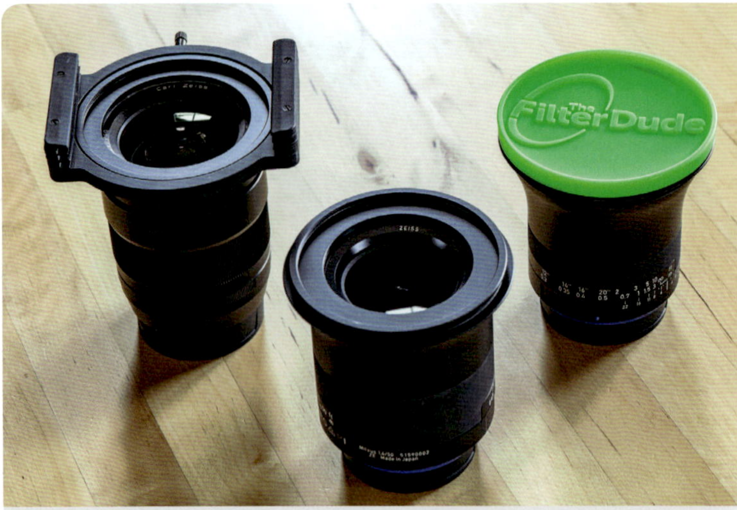

Ich habe alle Deckel in einer anderen Farbe gewählt und kann so einfach die Objektive beim Herausnehmen unterscheiden.

Verlaufsfilter – wozu?

Worauf musst du also beim Erwerb eines Filtersystems achten und wozu dienen dir diese Fotofilter überhaupt? Bei Aufnahmesituationen mit hohem Dynamikumfang – also z. B. einem sehr hellen Himmel und einem dunklen, schattigen Vordergrund – kann deine Kamera im Gegensatz zum Auge nicht beide Teilbereiche des Bildes korrekt darstellen. Entweder wird der Himmel bei gut belichtetem Vordergrund noch heller dargestellt, als er ohnehin schon ist, oder der Vordergrund ist bei korrekter Belichtung des Himmels zu dunkel. Beide Varianten sind ohne weiterführende Kenntnisse der Nachbearbeitung gestalterische Sackgassen, die schlechte Bildergebnisse nach sich ziehen. Ich kann mich nur zu gut an mein Dilemma in solchen Situationen zurückerinnern ...

Helligkeitsunterschiede ausgleichen

Welche Möglichkeiten hast du nun, um Helligkeitsunterschiede im Bild auszugleichen? Du könntest einerseits den zu dunklen Bereich (den Vordergrund) mit einem Blitz oder einer Lampe aufhellen. Dies gelingt oft nur ungleichmäßig und erfordert in der Landschaftsfotografie einen größeren technischen Aufwand. Zudem wirkt das Ergebnis nur selten natürlich.

Viel einfacher ist es da, den zu hellen Bildbereich „abzudunkeln", indem du direkt vor der Kamera einen hälftig grau gefärbten Filter montierst. So gewährleistest du, dass sich die Helligkeitsunterschiede zwischen Vordergrund und Himmel deutlich annähern und das Bild ausgeglichener wirkt. Je stärker die Helligkeitsunterschiede sind, desto stärker muss auch die Graufärbung des Filters sein, um einen Ausgleich zu gewährleisten. Auf diese Weise erreichst du einen Bildeindruck, der dem des Auges entspricht.

Das Bild auf der nächsten Seite zeigt zwei Grauverlaufsfilter mit der gleichen Intensität der Tönung am oberen Ende des Filters, mit jedoch unterschiedlichen Verläufen: Während der harte Verlaufsfilter für scharfe Übergänge von hellen zu dunklen Bildbereichen genutzt wird (z. B. Horizont über dem Meer), ist der weiche Verlauf für Situationen, in denen man den Übergang nicht so hart sehen darf (z. B. im Gebirge mit verschieden hohen Bergen).

Wenn du vorhast, viel mit Filtern zu arbeiten, solltest du dir einen vernünftigen Satz zulegen. Auch wenn die Zerbrechlichkeit ein schlagkräftiges Gegenargument darstellt: Vergütete Glasfilter liefern die beste Performance in Sachen Bildqualität. Firmen wie z. B. Haida haben mittlerweile sogar unkaputtbare Glasfilter im Sortiment, die den optischen Vorteil der Glasfilter mit der Stoßfestigkeit von Plastikfiltern vereinen.

Zwei Grauverlaufsfilter mit der gleichen Intensität der Tönung am oberen Ende des Filters, mit jedoch unterschiedlichen Verläufen.

Für erste Erfahrungen empfehle ich dir dennoch, dir vorerst ein sehr günstiges Starterset zu kaufen. Auf diese Weise sparst du nicht nur dann Geld, wenn die Filterfotografie nichts für dich ist und die Dinger irgendwann in der Ecke landen. Du lernst auch für den späteren Kauf eines hochwertigen Systems, was du wirklich benötigst und oft einsetzt. Teuren Fehlkäufen lässt sich so besser vorbeugen.

ENTSCHEIDE DICH FÜR HOCHWERTIGE FILTER

Denke immer daran: Das optisch schwächste Glied in der Kette bestimmt die maximal mögliche Qualität. Die Filter sollten also in ihrer Güte nie schlechter gewählt werden als die anderen Komponenten der Ausrüstung. Oder würdest du einen Ferrari mit den günstigsten Reifen oder dem billigsten Treibstoff auf die Piste schicken?

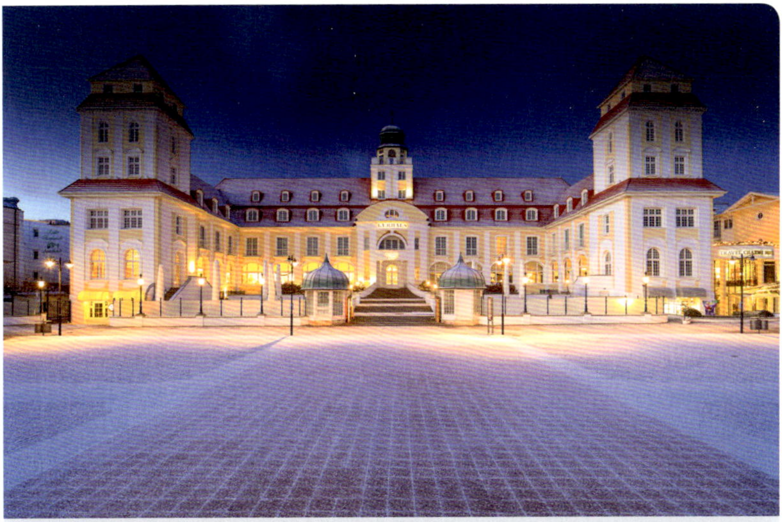

18 mm, f/8, 30 s, ISO 50 – Hier habe ich einen starken Verlaufsfilter (ND 0,9 hard) benutzt, der einen zu harten Verlauf aufweist. Dadurch ist die Abdunkelung des Filters an den hohen Abschnitten des Gebäudes deutlich zu sehen.

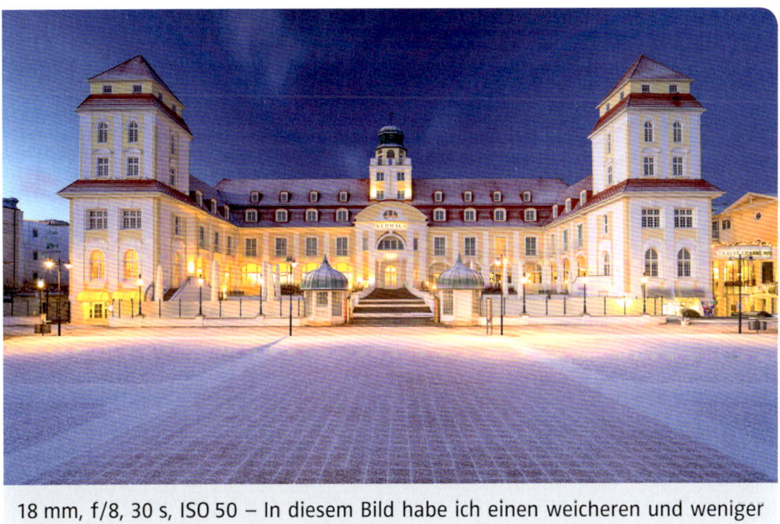

18 mm, f/8, 30 s, ISO 50 – In diesem Bild habe ich einen weicheren und weniger starken Filter (ND 0,6 soft) verwendet, sodass der Übergang nicht auffällt und das Bild harmonisch wirkt.

Steckfilter vs. Schraubfilter

Schraubfilter empfehle ich dir grundsätzlich nicht, da sie nur für eine Gewindegröße passend sind und du für alle Objektive mit unterschiedlichem Frontgewinde separate Filter anschaffen müsstest. Dazu kommt bei Steckfiltern der Vorteil, den Verlauf auf jede beliebige Höhe im Motiv schieben zu können, sodass du keinen gestalterischen Einschränkungen unterliegst.

Die zum Befestigen des Filterhalters am Objektiv notwendigen Adapterringe sind günstig. Ich habe für jedes meiner Objektive einen separaten Ring, sodass ich den Filterhalter immer rasch adaptieren kann. Größter Vorteil der Steckfilter ist also, dass man einen Filter für alle Objektive verwenden kann und sich nichts doppelt zulegen muss.

VOR DEM KAUF PRÜFEN!

Ausnahmen bestätigen die Regel: Einige Weitwinkelobjektive besitzen einen derart großen Bildwinkel, dass die Filterhalter zu Vignettierungen führen oder die Adapterringe gar nicht erst montierbar sind. Dann bleibt dir nur die Möglichkeit, auf ein noch größeres System oder spezielle Halter auszuweichen, was wiederum deutlich höhere Kosten aufwerfen und mehr Platz im Gepäck einnehmen würde. Also vorher informieren!

Für die Adapterringe, die ich immer auf den Objektiven montiert lasse, um im Fall der Fälle schnell aufbauen und fotografieren zu können, habe ich mir günstige Silikonabdeckkappen gekauft. Diese halten erstens bei besserem Schutz der Linsen auch noch deutlich sicherer am Objektiv als die originalen Deckel, zum anderen kann ich die verschiedenfarbigen Silikondeckel auch bei Dunkelheit gut voneinander unterscheiden und zuverlässig das richtige Objektiv greifen.

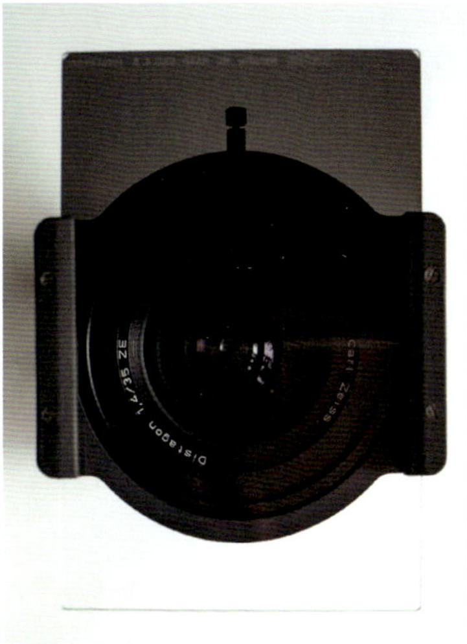

Ein Filterhalter für Filter mit einer Breite von 100 mm. Durch die Höhe von 150 mm ist es möglich, den Grauverlauf des Filters in jeder beliebigen Höhe des Bildes zu platzieren. Natürlich kannst du den Filterhalter auf dem Adapterring auch drehen, sodass du auch bei schräg durchs Bild verlaufenden Helligkeitsunterschieden den Filter einsetzen kannst.

Ein Muss: Der Polfilter

Mein Lieblingsfilter, den ich bei sehr vielen Aufnahmen einsetze, ist der Polfilter. Er ist ein absolutes Muss für Landschaftsfotografen. Im Gegensatz zu allen anderen Filtern ist sein Effekt auch bei perfekter Beherrschung der Nachbearbeitung nicht digital nachzuempfinden. Der Polfilter kann Reflexionen von spiegelnden Flächen nehmen und so Strukturen erkennbar machen, die du sonst nicht darstellen könntest, z. B. Sandstrukturen auf dem Boden eines flachen Gewässers, dessen Oberfläche sonst zu sehr spiegelt.

Neutralgraufilter verlängern die Belichtungszeit

Neutralgraufilter sind ein sehr nützliches Tool, wenn du die Belichtungszeit verlängern möchtest. Sie weisen keinen Verlauf auf und reduzieren gleichmäßig im gesamten Bild das einfallende Licht. Neutralgrau bedeutet, dass sie keinen Farbstich aufweisen dürfen, der ansonsten Einfluss auf den Bildeindruck nehmen würde, was leider bei einigen, insbesondere günstigen Filtern nicht selten der Fall ist.

Neutralgraufilter (links) benötigst du, wenn du die Belichtungszeit verlängern möchtest. Der Polfilter (rechts) kann Oberflächen entspiegeln und so farbintensivierend wirken.

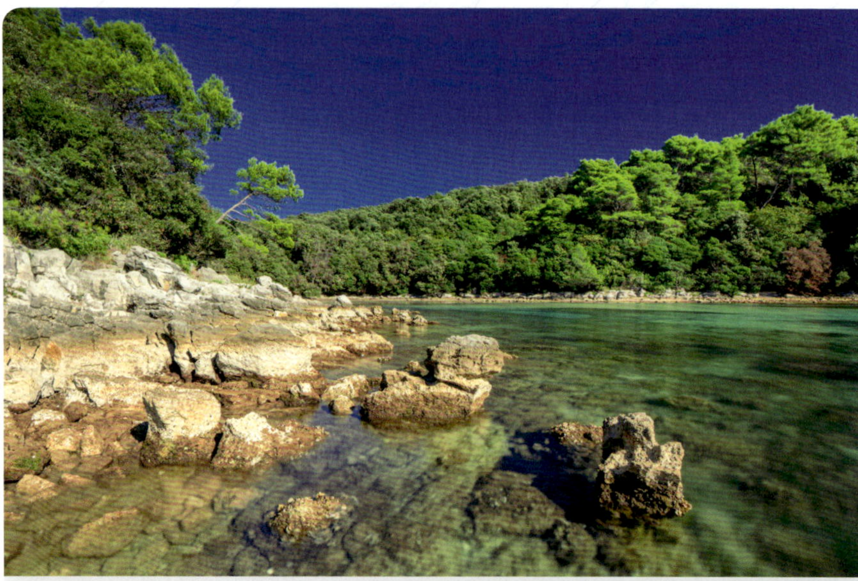

18 mm, f/16, 1 s, ISO 50, Polfilter, ND 64, ND 0,6 soft – Der Polfilter entspiegelt die Wasseroberfläche, sodass man alle Strukturen gut erkennen kann. Der Effekt wird durch die Nutzung eines Neutralgraufilters und die entsprechend lange Belichtung intensiviert, da jegliche Bewegungen zerfließen. Für den hellen Himmel wurde zusätzlich ein weicher, mittelstarker Grauverlaufsfilter mit den anderen Filtern kombiniert.

Natürlich kannst bzw. musst du Neutralgraufilter auch mit Grauverlaufsfiltern kombinieren, wenn du starke Helligkeitsunterschiede im Bild hast. Aus diesem Grund haben alle Filterhalter minimal zwei Filtereinschübe, die meisten sogar drei.

Ich werde bei den Langzeitbelichtungen noch einmal ausführlich auf die Neutralgraufilter eingehen.

TIPPS ZUM KAUF EINES FILTERSYSTEMS

- Kaufe Steckfilter, keine Schraubfilter: Sie sind für alle Objektive parallel nutzbar und bieten mehr kreative Freiräume.
- Nimm vergütete Glasfilter für eine optimale Qualität.
- Besorge für jedes Objektiv einen Adapterring, um schnell starten zu können (ggf. gleich mit passenden Abdeckungen, die die originalen Objektivdeckel ersetzen).
- Wähle die Breite der Filter so, dass sie mit deinem weitwinkligsten Objektiv funktioniert, ohne Vignettierungen zu erzeugen. Als Standard haben sich Filter mit 100 mm Breite durchgesetzt.
- Kaufe einen Polfilter, der mit dem Filtersystem kompatibel nutzbar ist, um ihn parallel zu den Verlaufsfiltern nutzen zu können.
- Zum Einstieg empfehle ich dir jeweils einen mittelstarken Grauverlaufsfilter mit weichem und einen mit hartem Verlauf (ND 0,6 soft und hard), da diese am häufigsten einsetzbar sind. Durch deren Anwendung findest du zudem schnell heraus, welche weiteren Filterstärken du eventuell noch benötigst.
- Zusätzlich kannst du dir als Einstieg einen Neutralgraufilter mittlerer Stärke zulegen, z. B. einen Filter, der die Belichtungszeit um das 64-fache verlängert.

Die richtige Kleidung

Warum in Gottes Namen komme ich in einem Ratgeber, in dem es um knapp formulierte und wertvolle Tricks zur Landschaftsfotografie gehen soll, nun auf das Thema Gummistiefel? Ganz einfach: weil es eines meiner vielleicht besten und gleichzeitig bedeutendsten Geheimnisse ist, um spektakuläre und perspektivisch besondere Bilder zu machen. Die Gummistiefel stehen hierbei stellvertretend für alle Mittel, die es mir ermöglichen, den einen notwendigen Schritt weiter als normalerweise möglich zu gehen, um (unter anderem) näher an das Medium Wasser heranzukommen.

Pack die Gummistiefel ein!

Wenn du an der Küste unterwegs bist und fotografierst, sind Wellen ein bestimmendes und wichtiges stilistisches Mittel, um Spannung und Dynamik in deine Fotos zu bekommen. Wenn du jedoch nicht weißt, wie weit die nächste Welle kommt und du Angst vor nassen Füßen haben musst, ist es dir nicht möglich, nah genug an den Vordergrund „Welle“ heranzukommen. Je weiter du dich in das Element Wasser hineinwagst, desto spezieller und spektakulärer wird deine Perspektive. Du haust heutzutage niemanden mehr mit einer Standardperspektive um, die alle tausendmal mit eigenen Augen genauso gesehen haben. Gehst du jedoch an den Vordergrund heran bzw. wie in meinem Beispiel sogar in den Vordergrund hinein, wird dein Bild dynamisch und interessant (ich werde später beim Bildaufbau noch genauer auf die Gestaltung des Vordergrundes eingehen).

Mittlerweile kommen viele meiner Workshopteilnehmer, die bereits zuvor einen Kurs bei mir besucht haben, automatisch beim nächsten Mal mit Gummistiefeln, weil sie erkannt haben, welche immensen fotografischen Vorteile das mit sich bringt.

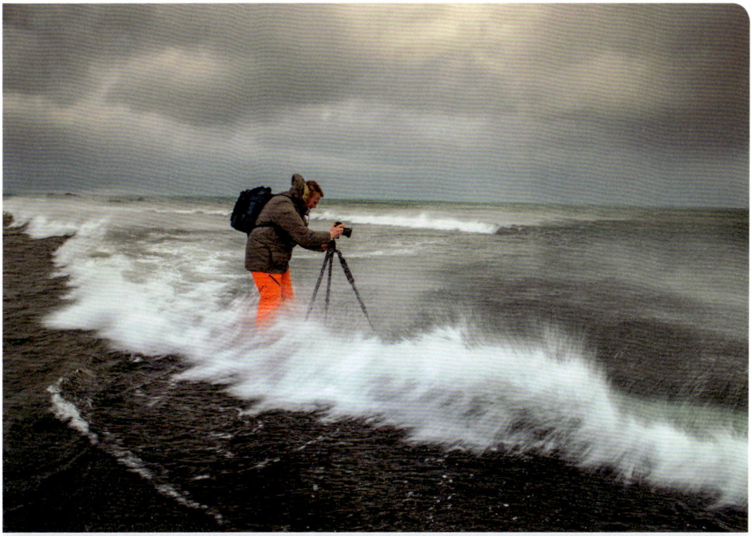

Gummistiefel und eine wasserdichte Hose machen es möglich, ...

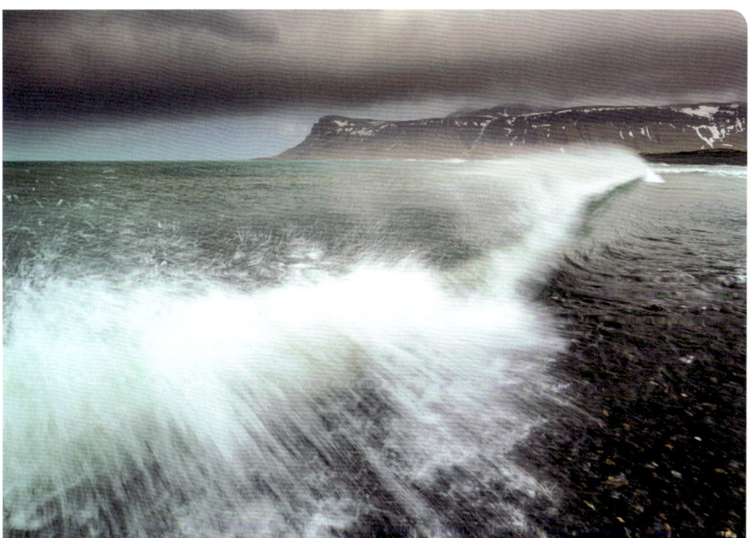

... im zwei Grad kalten Polarmeer zu stehen und Wellen zu fotografieren: 18 mm, f/10, 1/15 s, ISO 100, Polfilter, ND 0,6 soft.

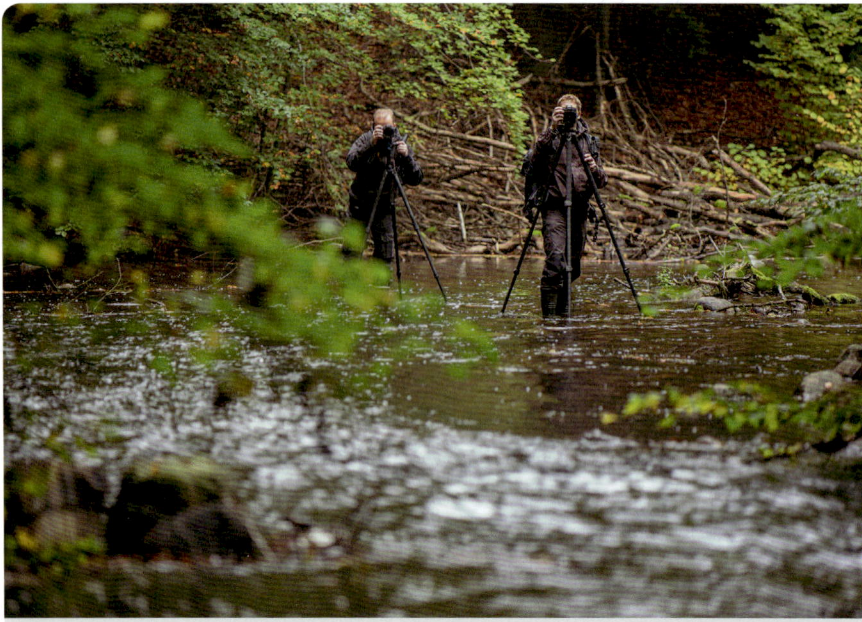

Aus dem Wasser heraus ändern sich die Perspektiven: Gummistiefel schaffen neue Sichtweisen.

Natürlich sind auch Wathosen und zur Not nackte Beine probate Mittel (letztere können aber gerade im Herbst und Winter lästige Erkältungen nach sich ziehen). Die Gummistiefel stehen jedoch sinnbildlich für eine bessere und spannendere Fotografie und sollten bei jedem Fotoausflug – so er nicht in die Wüste geht – Bestandteil deiner Packliste sein.

Es gibt mittlerweile viele Anbieter, die sich auf ultrabequeme und für alle klimatischen Ansprüche geeignete Lösungen spezialisiert haben, die oft genauso praktisch und dabei deutlich günstiger als die sonst üblichen Alternativen sind. Dunlop z. B. hat Stiefel im Angebot, die die Füße bis –100 °C warmhalten (ich habe solche Gummistiefel vor meiner ersten Nordlichttour gekauft und schwöre seitdem auch bei arktischen Expeditionen darauf).

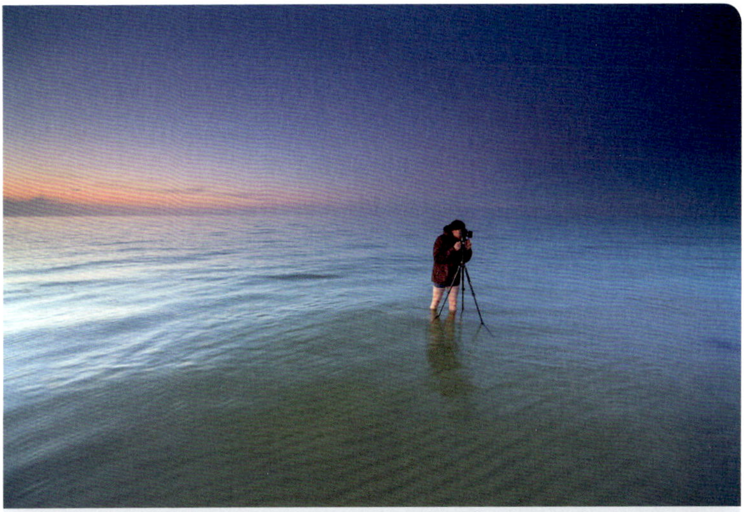

Wenn die Gummistiefel mal nicht dabei sind oder einfach nicht ausreichen, gehen zur Not auch die nackten Beine. Aber Achtung: Schwerer Männerschnupfen droht.

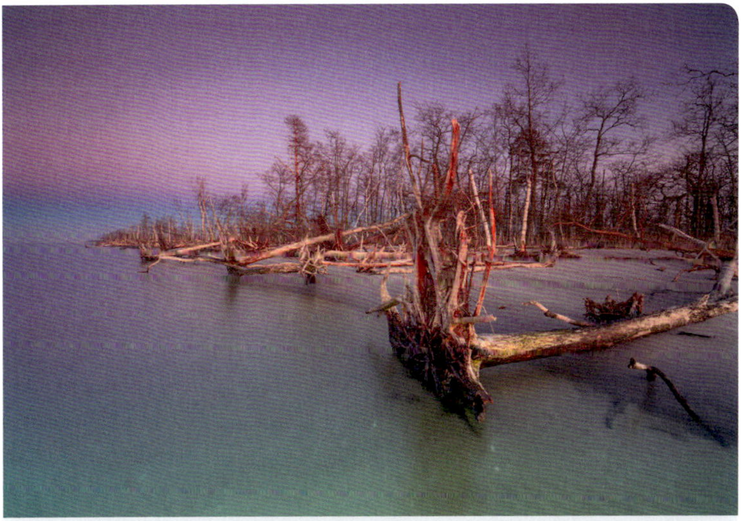

15 mm, f/18, 30 s, ISO 100, Polfilter, ND 0,6 hard – Dieser Einsatz im März wurde neben einem tollen Bild auch mit einer ordentlichen Erkältung quittiert.

Drohnen

In Zeiten von teils millionenfach abgelichteten *instagrammable places*, von Fotoreisen zu den entlegensten Regionen unserer Erde sowie dem Drang vieler Hobby- und Profifotografen, eben diese Winkel zu erreichen, ist es für uns alle schwierig geworden, mit neuen Fotos und Motiven zu überraschen oder gar zu beeindrucken.

Auch wenn besondere Lichtstimmungen und ein gutes fotografisches Vermögen nach wie vor die besten Zutaten für ein gelungenes Bild sind, können neue Perspektiven frischen Wind in bestens bekannte Motive bringen.

Eine neue Aufnahmetechnik

Die Suche nach alternativen Aufnahmetechniken und neuen Perspektiven ist in den letzten Jahren maßgeblich dadurch beeinflusst worden, dass der Markt mittlerweile eine breite Produktvielfalt an kleinen, leistungsstarken Drohnen bereithält, die für jedermann schnell und einfach zu bedienen sind.

Die mitunter ordentlichen Kamerasysteme der Fotodrohnen halten selbst in den kleinen Modellen, die oft weniger als ein Kilo wiegen, Sensoren mit hohen Auflösungen bereit. Sicherlich kann man über die Qualität der entstanden Aufnahmen diskutieren, da die Bilder allerdings im RAW-Format aufgenommen werden können, sind die Bearbeitungsmöglichkeiten im Nachgang passabel. Gerade bei guten Lichtbedingungen bieten daher kleine, leichte Drohnen auch für den Landschaftsfotografen tolle zusätzliche Optionen, beeindruckende Aufnahmen mit völlig neuen Perspektiven anzufertigen.

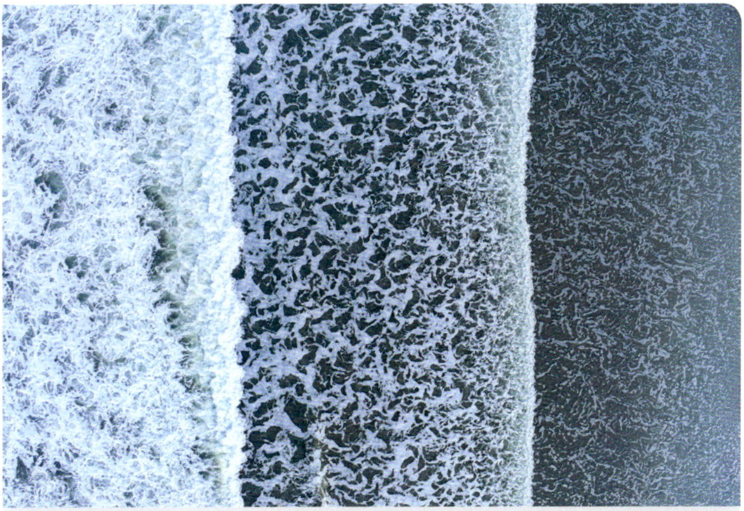

4 mm, f/2.8, 1/240 s, ISO 136 – Brandungswellen von oben, oder: die offizielle Flagge von Atlantis.

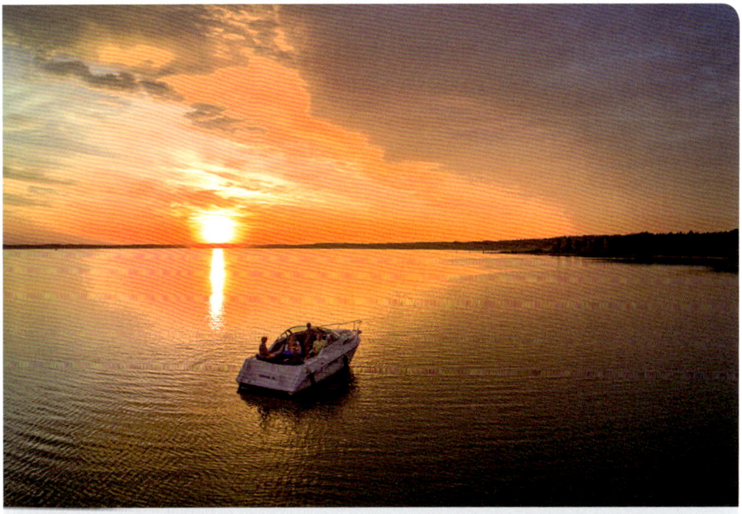

4 mm, f/2.6, 1/480 s, ISO 131 – Drohnen bieten einen außergewöhnlichen Blickwinkel, mitunter auch auf die eigene Situation, wie bei diesem Sonnenuntergang.

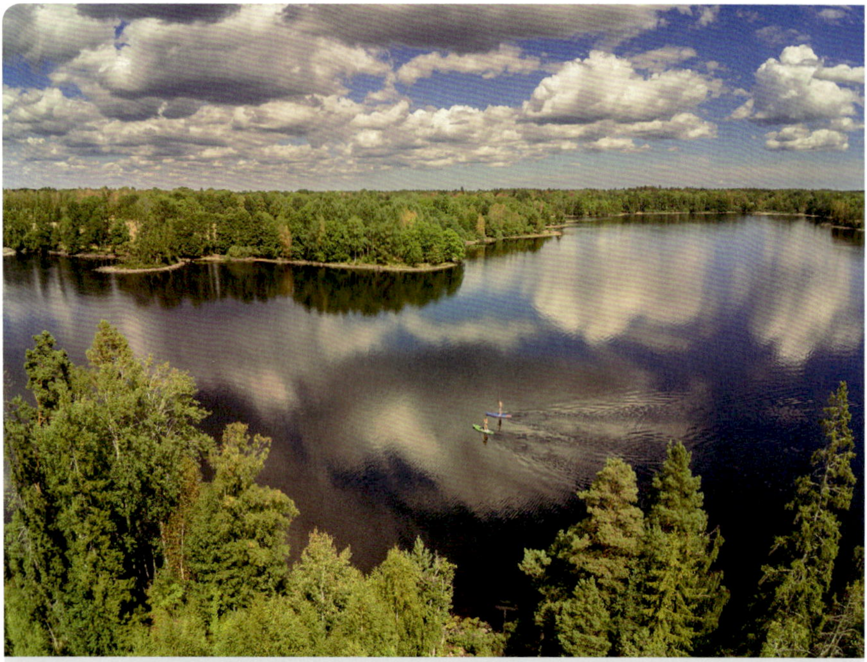

4 mm, f/2.6, 1/1900 s, ISO 165 – Zwei Stand-up-Paddler genießen die Einsamkeit auf dem Wasser.

DROHNENFLUG ERLAUBT?

Informiere dich im Vorfeld stets darüber, ob das Fliegen einer Drohne im jeweiligen Zielgebiet erlaubt ist, z. B. mit der kostenlosen App „Map2Fly", die dir für jeden Standpunkt exakt alle Auflagen sofort auflistet. Gerade in Deutschland gilt in den meisten Nationalparks und Naturschutzgebieten ein Flugverbot für Drohnen. Wenn du dennoch Aufnahmen anfertigen möchtest, musst du entsprechend begründete Anträge stellen und dir Genehmigungen einholen, da sonst bei Verstoß empfindliche Strafen drohen. Geh auf Nummer sicher!

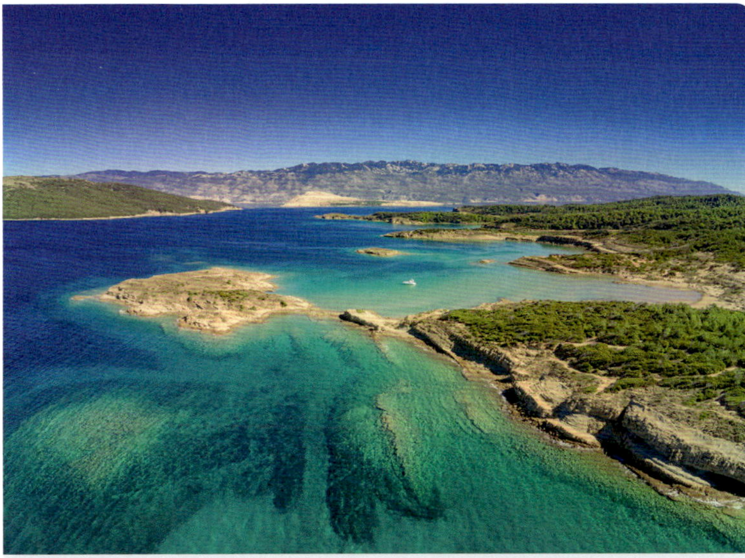

4 mm, f/2.4, 1/1050 s, ISO 100 – Manche Zusammenhänge und Größenverhältnisse sind vom Boden aus nur zu erahnen und werden erst aus der Vogelperspektive verständlich.

Worauf ist beim Drohnenkauf zu achten?

- Der Sensor sollte möglichst groß sein (auch im Hobbybereich sind mittlerweile CMOS-Sensoren erschwinglich).
- Die erzeugten Bilddaten sollten im RAW-Format abgespeichert werden können, da sonst die Nachbearbeitungs- und Entrauschungsmöglichkeiten erheblich eingeschränkt sind.
- Achte auf die Akkuleistung, die in Flugzeit angegeben wird und 20 Minuten nicht unterschreiten sollte (wenn du das nötige Kleingeld übrig hast, bestell dir gleich Ersatzakkus mit, sodass du immer flugbereit bist).
- Von Drittanbietern gibt es oft günstigere, ebenfalls passgenaue Taschen und Cases für die Drohnen, in denen du sie unbedingt transportieren solltest.
- Kaufe keine Re-Importe, um etwas Geld zu sparen, da für diese Produkte nicht die hiesigen Garantiebestimmungen gelten und im Falle eines Defekts die Garantie des Ursprungslandes gilt.

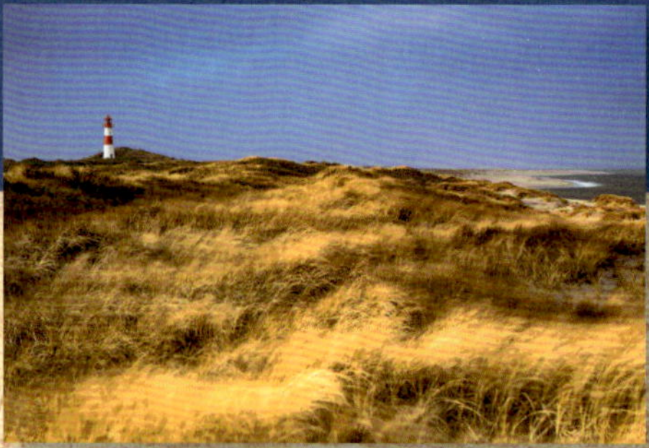

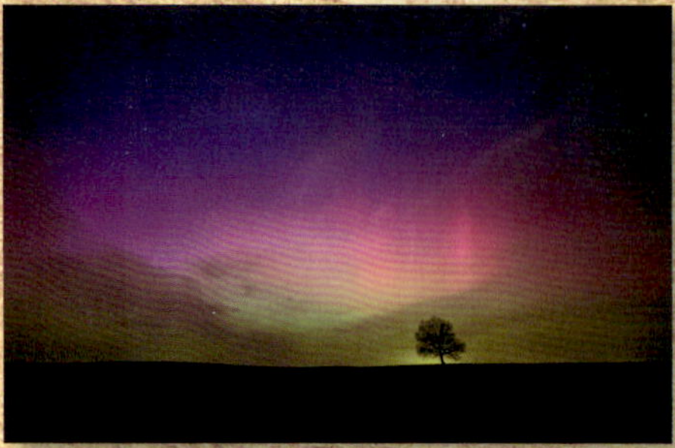

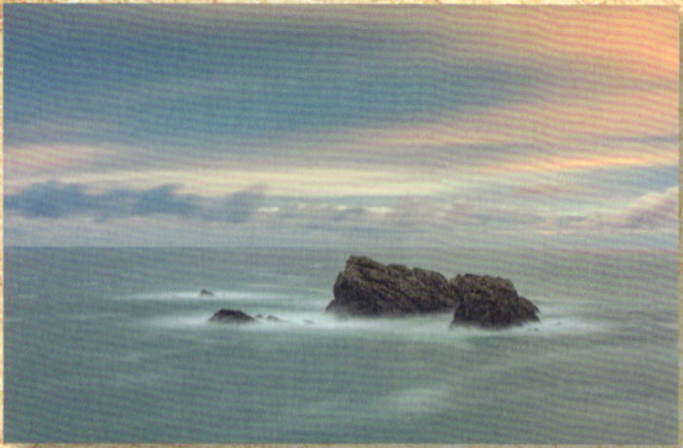

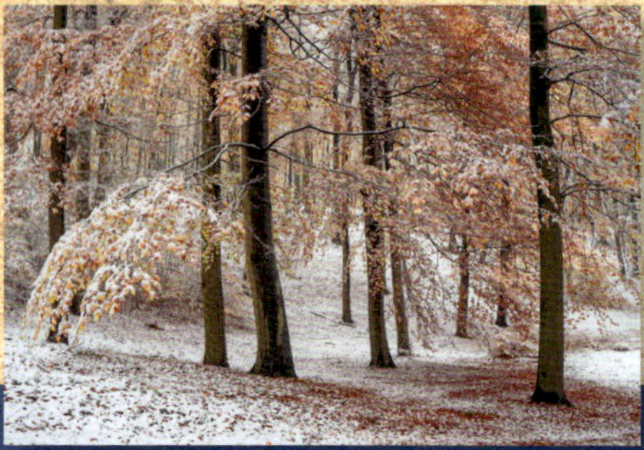

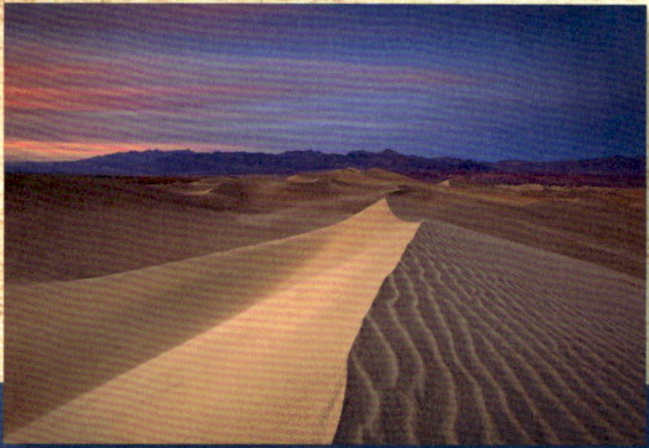

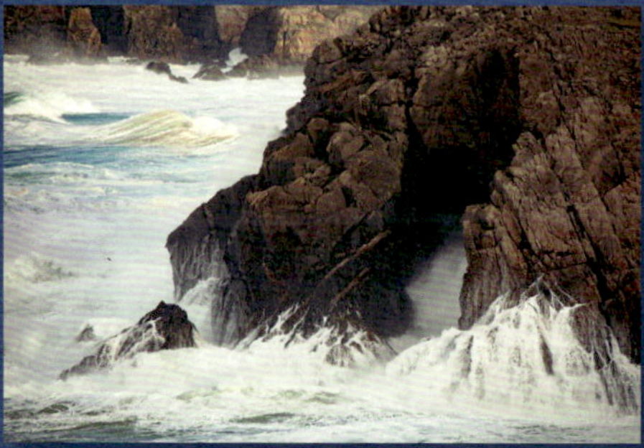

BILDGESTALTUNG UND BILDAUFBAU

Die Konzeption eines außergewöhnlichen Landschaftsfotos beinhaltet weitaus mehr als den reinen Bildaufbau. Im folgenden Kapitel skizziere ich dir neben Aspekten der Bildgestaltung einige meiner Arbeitsschritte, die dir dabei helfen werden, nicht nur deine knapp bemessene Zeit effektiv zu nutzen, sondern auch das Optimum aus den herrschenden Bedingungen herauszuholen.

Licht, Licht, wir brauchen Licht

Alles in der Fotografie steht und fällt mit dem Licht. Wir Landschaftsfotografen haben jedoch gegenüber allen anderen Disziplinen der Fotografie diesbezüglich einen entscheidenden Nachteil: Wir können unser Licht nicht selbst bestimmen und schon gar nicht exakt planen. Während z. B. ein Fashion- und Porträtfotograf sein Setting beliebig aufbauen und stets nutzen kann, liegen wir Landschaftsfotografen oftmals vergeblich auf der Lauer nach einer interessanten Lichtstimmung. Licht ist für die Landschaftsfotografie nicht das Salz in der Suppe, es ist die Suppe selbst.

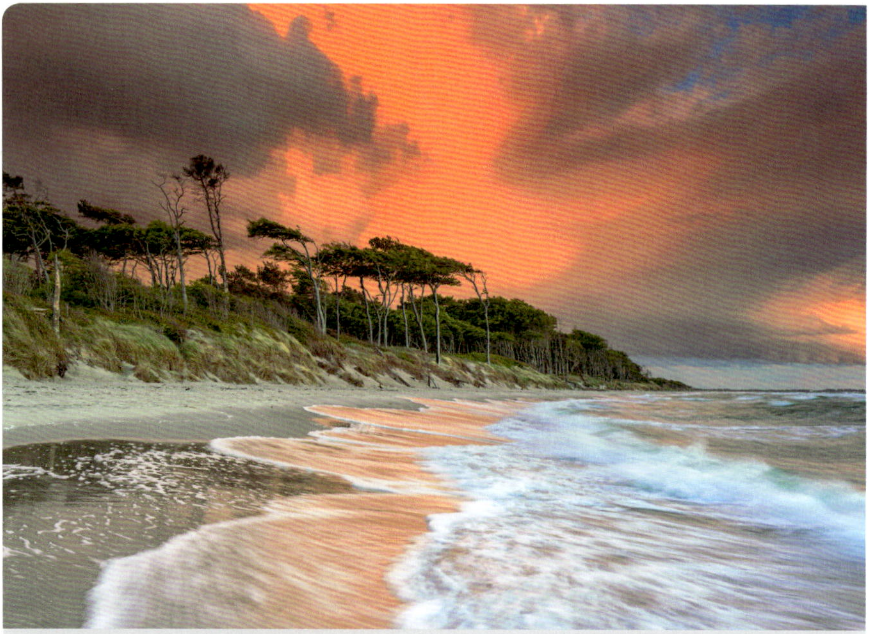

35 mm, f/10, 0,4 s, ISO 200, ND 0,9 soft – Bei Licht wie diesem kannst du eigentlich alles fotografieren, es wird (fast) immer ein interessantes Bild dabei herauskommen. Wenn zusätzlich der Bildaufbau gelingt, entstehen sensationelle Aufnahmen.

Das Licht ändert alles

Exakt gleiche Motive können durch unterschiedliche Wetter- und Lichteinflüsse manchmal einen gänzlich unterschiedlichen Charakter bekommen und vollkommen andere Emotionen beim Betrach-

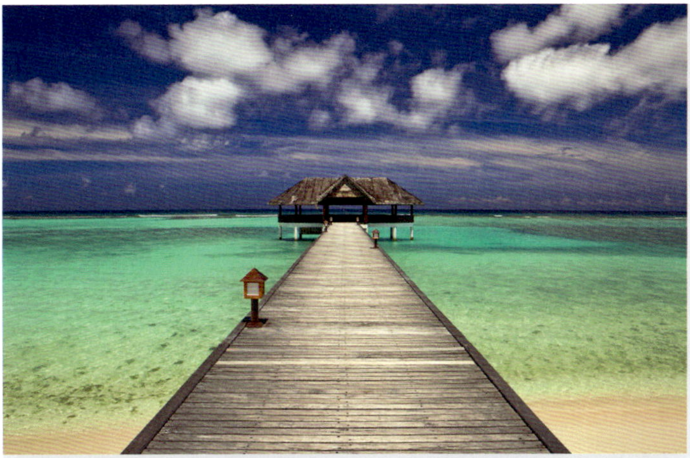

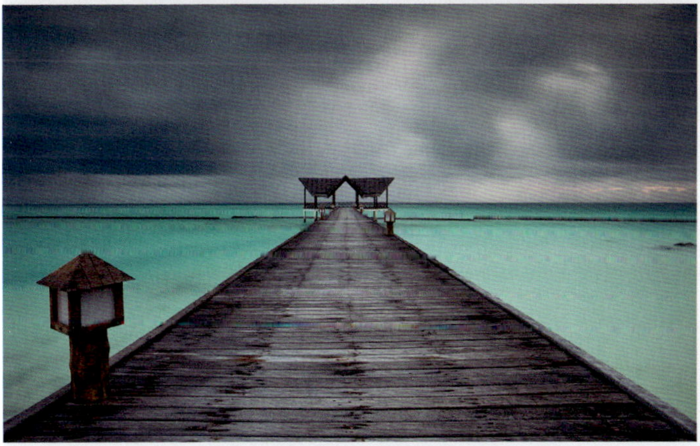

24 mm, f/10, 1/250 s, ISO 100, Polfilter – Beide Bilder wurden im Abstand von nur acht Stunden aufgenommen. Während oben die freundliche Abendaufnahme zum Baden und Verweilen einlädt und das typische Südseefeeling vermittelt, wirkt unten die Regensituation düster und bedrohlich: 18 mm, f/10, 25 s, ISO 50, Polfilter, ND 0,3 hard.

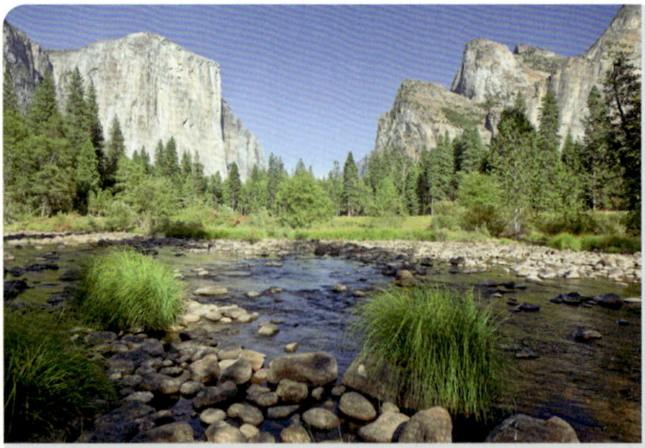

24 mm, f/5, 1/250 s, ISO 100, Polfilter – Der Blick ins Yosemite Valley um die Mittagszeit, …

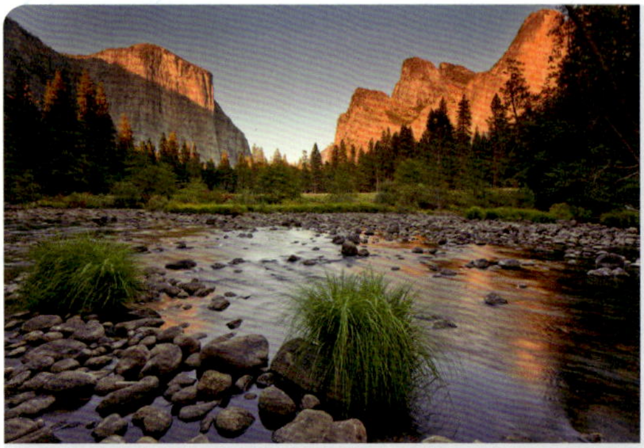

18 mm, f/22, 1s, ISO 100, ND 0,9 soft – … kurz vor Sonnenuntergang …

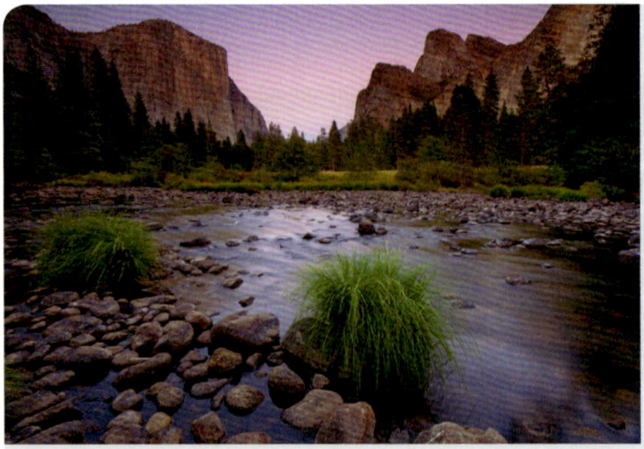

18 mm, f/10, 13 s, ISO 100, ND 0,6 soft – … und zur blauen Stunde.

ter auslösen. Das heißt, dass das Licht nicht nur das Motiv und die Belichtungssituation verändert, sondern auch maßgeblich die Bildaussage beeinflusst. Manche Fotografen warten wochenlang an einem Ort, um eine Bildidee, für die sie bestimmte Bedingungen benötigen, nach ihren Vorstellungen umzusetzen.

Für die Landschaftsfotografie eignen sich besonders die oft farbenfrohen Lichtstimmungen rund um Sonnenauf- und -untergang. Durch die tiefstehende Sonne ergeben sich harte Kontraste und warme Farbtöne, die unserem Empfinden schmeicheln. Genau umgekehrt verhält es sich in der blauen Stunde, dem Grenzbereich zwischen Tag und Nacht, der sich durch weiche Kontraste bei eher kalten Farbtönen auszeichnet. Besonders beliebt ist die blaue Stunde zur Darstellung von angeleuchteten Gebäuden, da sich das erste bzw. letzte Tageslicht wunderbar mit dem Kunstlicht ergänzt und einen ganz eigenen Bildcharakter entstehen lässt.

Welche Stimmung dir am besten gefällt, ist reine Geschmackssache. Schau dir die Bilder vom Yosemite Valley an und frage dich, welche Gedanken und Gefühle die verschiedenen Stimmungen in dir wecken.

LICHTQUALITÄTEN ERKENNEN

Um besondere Lichtstimmungen zu erkennen, musst du nicht Meteorologie studieren. Immer wenn das Licht anders ist als üblich, solltest du die Kamera zur Hand nehmen und fotografieren. Du wirst sehen, dass du schon nach einiger Zeit erkennst, welche Lichtqualitäten es gibt und wann sich Aufnahmen lohnen.

Beobachte das Wetter

Jedes Wetter besitzt einen fotografischen Reiz. Ich muss zugeben, dass dieser Reiz gerade beim typisch norddeutschen Nieselregen manchmal schwer zu finden ist, aber selbst dieser kann fotogene Seiten haben. Doch wann lohnt es sich eigentlich, loszufahren und Zeit in die Fotografie zu investieren? Und wie kannst du schon vor dem Sonnenaufgang sehen, ob dieser fotogen wird?

18 mm, f/4, 1/15 s, ISO 2500 (Testbild) – Ca. 40 Minuten vor Sonnenaufgang beginnt beim ersten Blick aus dem Fenster das Glühen am Horizont und lässt bereits erahnen, dass es ein lohnenswerter Sonnenaufgang werden könnte.

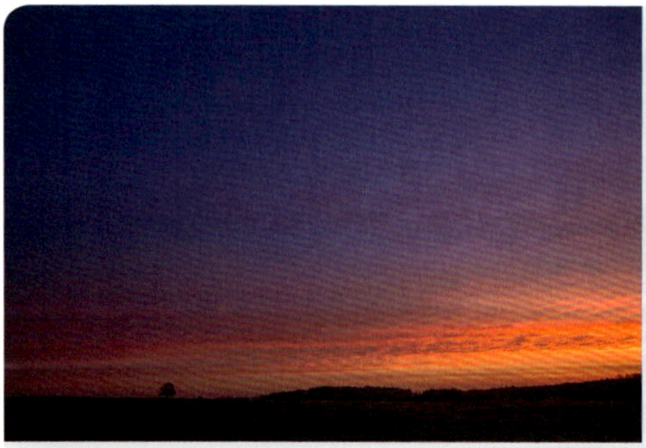

18 mm, f/5, 1/50 s, ISO 2000 (Testbild) – Fünfzehn Minuten später werden bereits erste, hohe Wolken in farbiges Licht getaucht. Spätestens jetzt wird es Zeit, den einsamen Baum auf dem Feld in der Ferne aufzusuchen und sich für den Sonnenaufgang zu postieren.

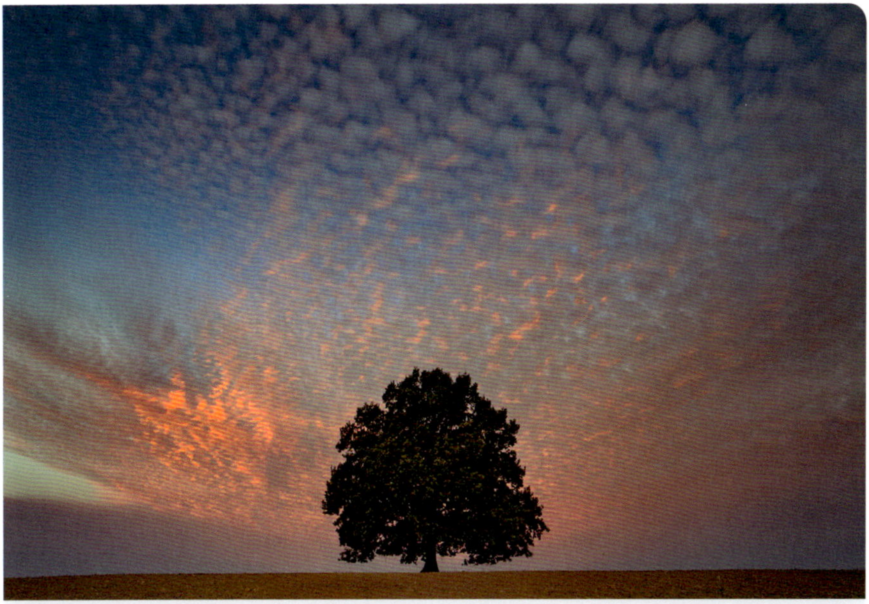

18 mm, f/16, 2 s, ISO 50, Polfilter, ND 0,6 soft – Zum Sonnenaufgang stellen sich wunderschöne, farbige Wolken dar, der einsame Baum wird nun wunderschön eingerahmt. Die mittige Perspektive ist beabsichtigt, um die Bedeutung des Baumes für das Bild nochmals hervorzuheben.

Wann sich frühes Aufstehen lohnt

Ich möchte dich an meinen Erfahrungen und Überlegungen rund um dieses spannende Thema teilhaben lassen. Als doppelter Familienvater und berufstätiger Arzt im Schichtsystem will frühes Aufstehen an freien Morgen gut überlegt sein. Umso wichtiger ist es für mich, das Wetter zu kennen und zu analysieren, um ertraglose Ausflüge zu vermeiden.

Meine wichtigste Quelle ist natürlich der Wetterbericht. Ich verwende den norwegischen Wetterdienst www.yr.no, der zwar etwas pessimistischer als die meisten anderen Wettervorhersagen prognostiziert, dafür aber meist auch näher an den Tatsachen liegt.

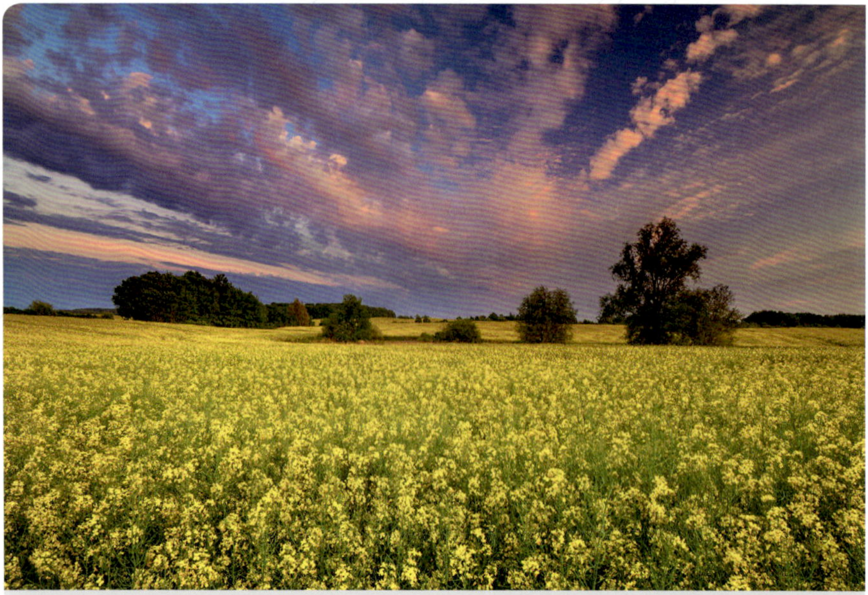

35 mm, f/11, 3,2 s, ISO 100, Polfilter, ND 0,6 hard – Solche Wolkenformationen versprechen gutes Licht und farbenfrohe Stimmungen. Die gelbe Rapsblüte ist ein herrlicher Kontrapunkt, der das Farbinferno abrundet.

Es gibt stundengenaue Vorhersagen, sodass du ziemlich exakt planen kannst. Je dichter der Zeitpunkt heranrückt, umso genauer und verlässlicher wird die Prognose.

Das bedeutet, dass ich – wenn ich mir einen morgendlichen Ausflug vorgenommen habe – alles vorbereite und abends direkt vor dem Schlafengehen noch einmal schaue, was die Vorhersage macht. Die endgültige Entscheidung treffe ich dann allerdings mit eigenen Augen am Morgen, nachdem der Wecker geklingelt hat. Wenn sich z. B. Wolken und sternenklare Abschnitte abwechseln, ich Bodennebel sehe oder gar schon einen Lichtstreif am Horizont, fahre ich immer los. Vollständig geschlossene Wolkendecken und gleichmäßiger Regen sind zumeist Ausschlusskriterien, es sei denn, du brauchst diese Bedingungen für eine Fotoidee.

Werde aktiv, wenn sich das Wetter ändert

Wetterumschwünge von Hoch- auf Tiefdruck und umgekehrt bieten pauschal formuliert fast immer spannendes Wetter mit abwechslungsreichen Bedingungen. Heranziehende Unwetterfronten und Sturmtiefs versprechen dir z. B. dramatische Wolkenformationen und sind bei Landschaftsfotografen entsprechend beliebt. Informationen hierzu bekommst du oft schon durch z. B. Unwetterwarnungen im Radio. Du solltest dir allerdings stets im Klaren darüber sein, dass Wolken, die dich in diesem Moment noch beeindrucken und fotogen wirken, im nächsten Moment über dich hinwegziehen und mitunter stärksten Wind und Niederschlag bringen können.

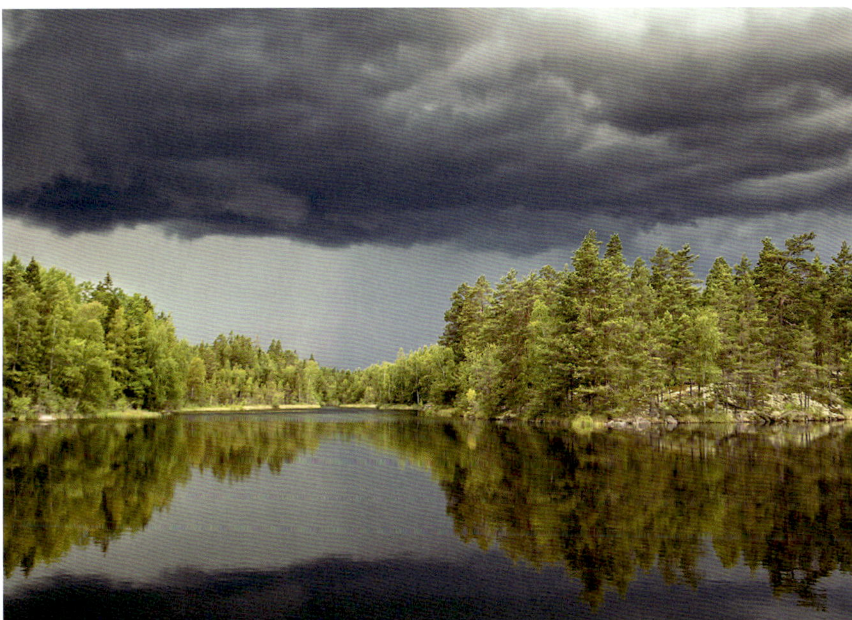

25 mm, f/5.6, 1/30 s, ISO 200, Polfilter, freihand – Eine Gewitterfront im Anflug – zehn Minuten später ging die Welt mit Hagel und Starkregen sprichwörtlich unter. Ein Glück, dass ein kleiner Unterstand für Wanderer nicht weit war.

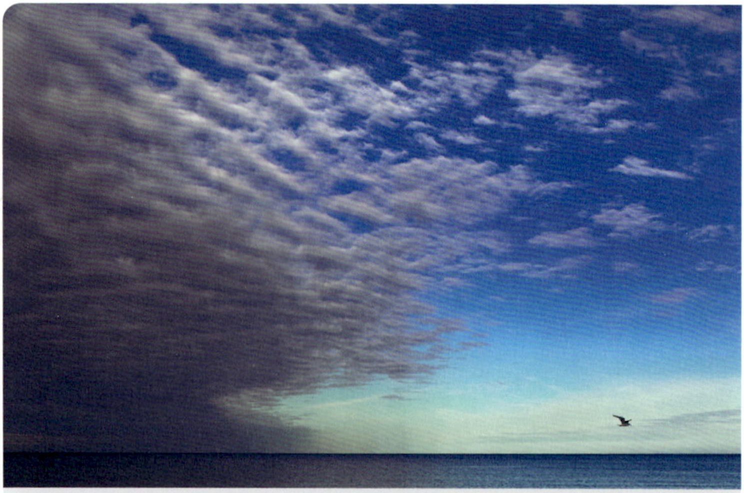

40 mm, f/10, 1/60 s, ISO 200, Polfilter, freihand – Über dem Meer lassen sich Großwetterlagen sehr gut einschätzen. Hier zieht nach mehreren Tagen Sonnenschein ein Tiefdruckgebiet ein. Solche Situationen kündigen äußerst fotogene Momente an.

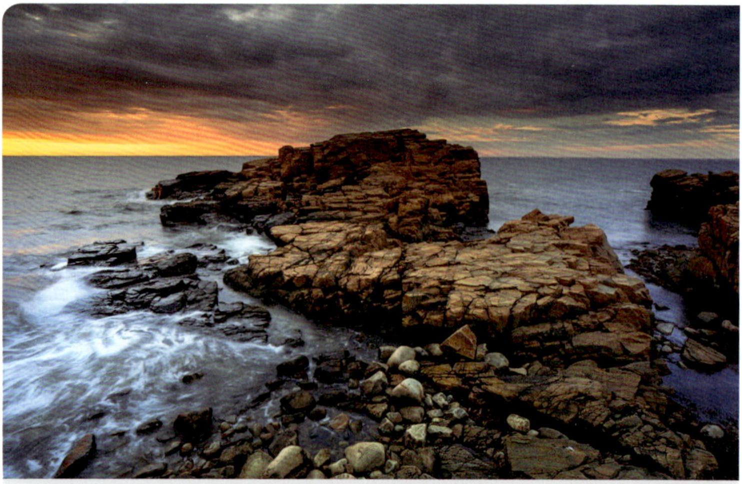

18 mm, f/10, 0,8 s, ISO 100, ND 0,9 hard – Wenn die Sonne kurz vor dem Untergehen oder direkt nach dem Aufgehen die Chance bekommt, die Wolkendecke von unten zu beleuchten, gibt es meist gutes Licht.

Sicherlich kennst du die Situation, dass du am Horizont trotz fast vollständiger Wolkendecke noch einen schmalen Lichtstreifen in Richtung der auf- oder untergehenden Sonne sehen kannst. In solchen Momenten solltest du deine Beine in die eine und deine Kamera in die andere Hand nehmen und dir schnellstmöglich ein schönes Motiv suchen, denn diese Situation verspricht bestes Licht. Wenn die Sonne dann für einen kurzen Moment in eben diesem Lichtstreifen zu sehen ist, beleuchtet sie die Wolkendecke von unten, was meist ein unglaubliches, diffuses und warmes Licht ergibt.

Wolken verraten dir viel über das Licht

Wenn du die relativ häufigen Cirrocumulus- bzw. Altocumulus-Wolken (einfach mal googlen) schon tagsüber am Himmel siehst, kann es ebenfalls spektakuläre Farben und Lichtsituationen geben.

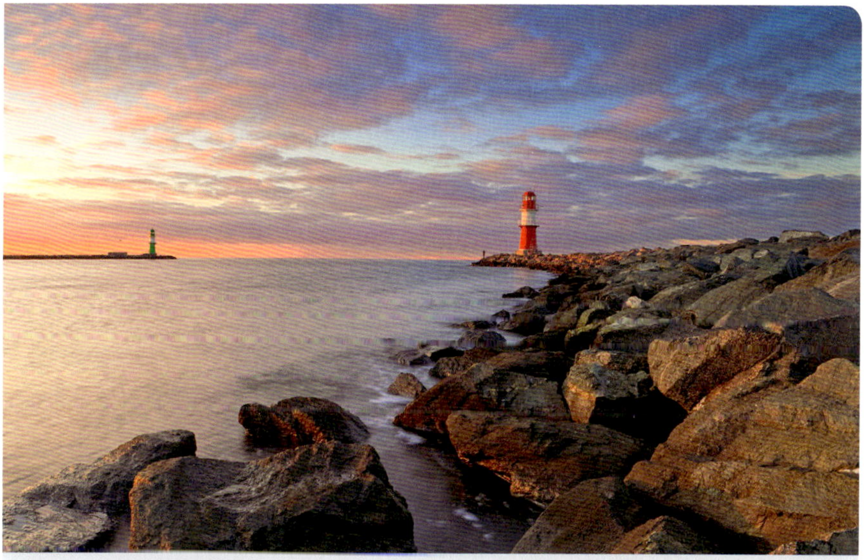

24 mm, f/20, 2 s, ISO 50, ND 0,6 soft, Polfilter – Cumulus-Wolkenformationen sind nahezu immer fotogen und besonders zu Sonnenauf- und -untergang durch ihre Färbung ein fotografisches Muss.

Die Farben rund um Sonnenauf- bzw. -untergang reichen dann oft von Glutrot über Orange bis Pink, was im Kontrast zum blauen Himmel einfach unfassbar schön aussehen kann. Auch an diesen Wolken reflektiert sich das erste oder letzte Licht des Tages und zaubert auf die Landschaft einen wunderbaren Schimmer.

Zeige nur, was du zeigen willst

Die zweidimensionale Fotografie besitzt eine fantastische Gabe, die unsere Gedanken beflügelt und die Fantasie anregt. Sie bringt uns zum Träumen und ist für den Bruchteil einer Sekunde (oder manchmal auch bedeutend länger) in der Lage, uns geistig komplett vom Hier und Jetzt zu entkoppeln. Das kannst du als Fotograf ausgezeich-

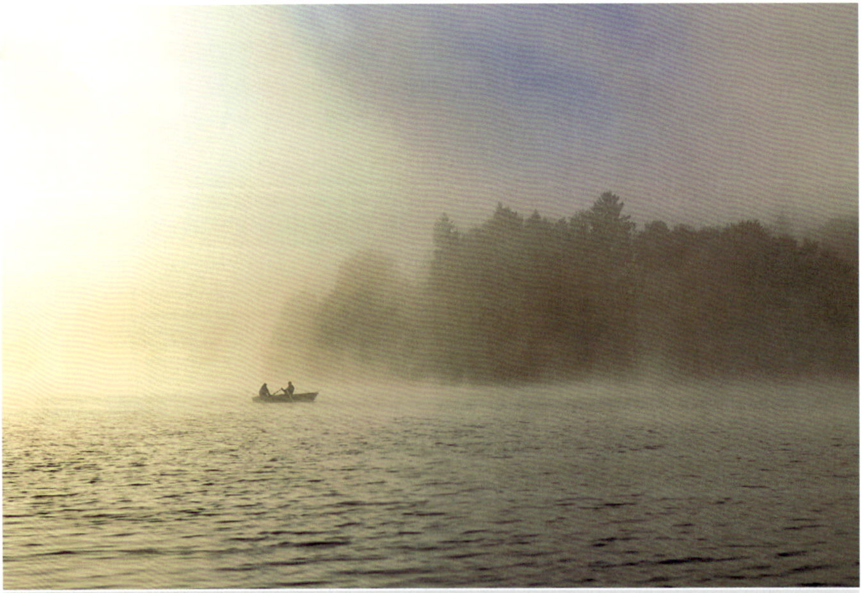

50 mm, f/1.8, 1/500 s, ISO 200 – Durch die Nutzung einer längeren Brennweite kannst du das Boot im Nebel deutlich besser freistellen. Die Situation wirkt entrückt und lässt viel Freiraum für Interpretation.

net nutzen, um mit deinem Bild eine Stimmung, Gefühle oder auch eine ganze Story im Kopf des Betrachters entstehen zu lassen.

WÄHLE AUS

Dir als Fotograf ist es überlassen, mit Perspektive und Brennweitenwahl zu entscheiden, was du dem Betrachter auf deinem Bild präsentierst – und was eben nicht.

Du kannst dir aus einem Wald nur einen Baum raussuchen oder eben den gesamten Wald darstellen. Du kannst mit einem Teleobjektiv ein einsames Segelboot auf dem brausenden Meer zeigen, obwohl es eigentlich in einer Regatta mit vielen weiteren Booten unterwegs ist,

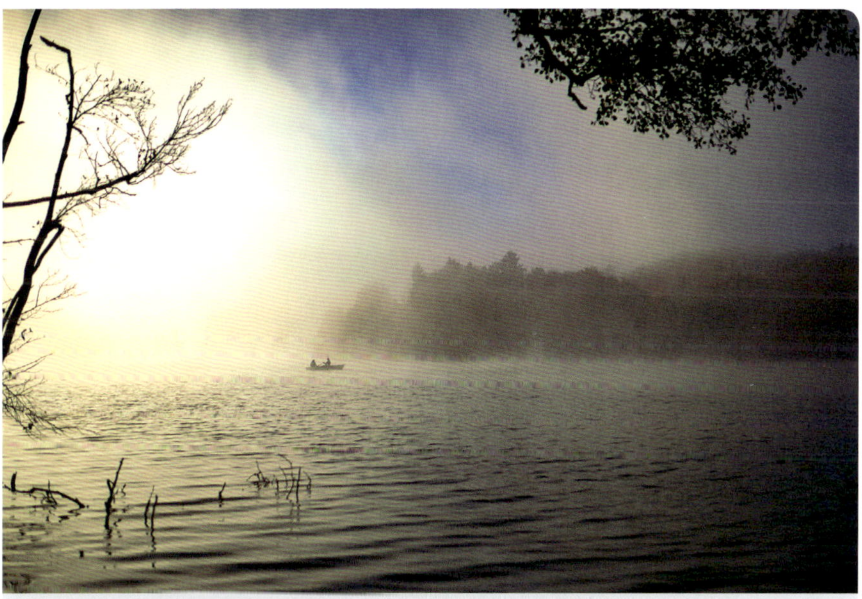

25 mm, f/2, 1/500 s, ISO 200 – Durch den Bezug des Bootes zum Ufer bei Nutzung eines Weitwinkels lässt sich die Szene gedanklich viel eindeutiger einordnen. Die surreale Stimmung geht dabei allerdings verloren.

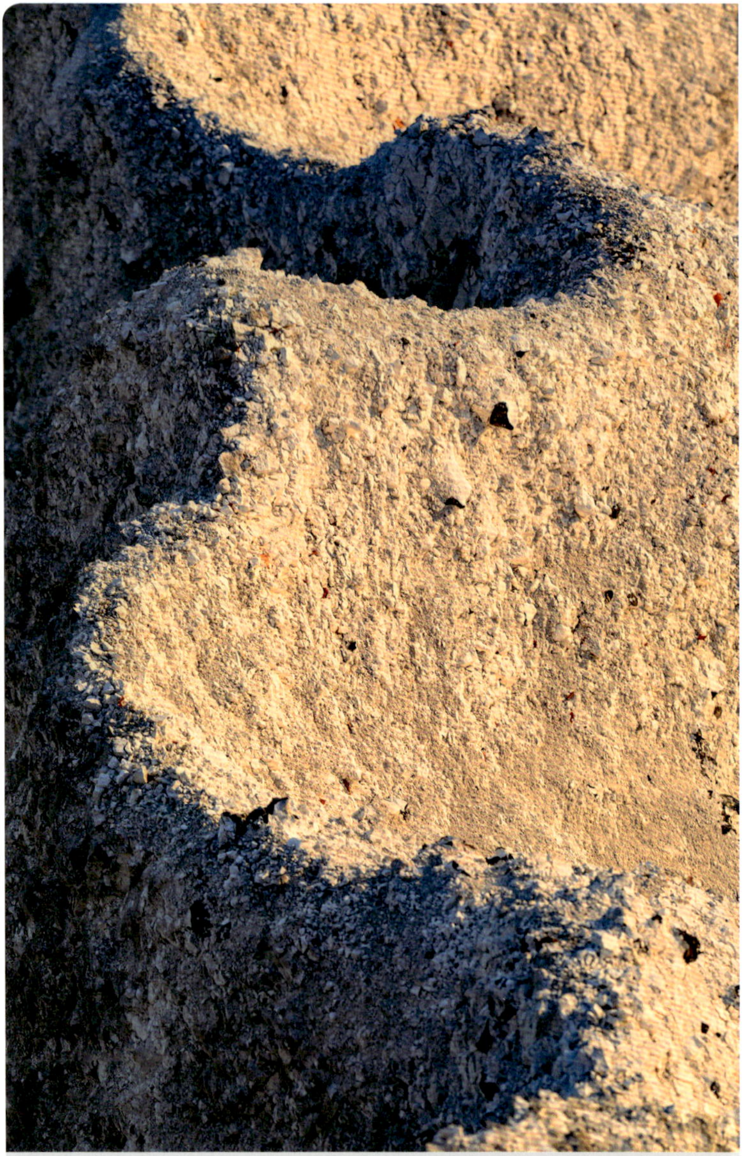

135 mm, f/5, 1/100 s, ISO 200 – Das Detail der Kreidefelsen auf Rügen wirkt im ersten Morgenlicht abstrakt und lässt den Betrachter im Unklaren, was hier fotografiert wurde.

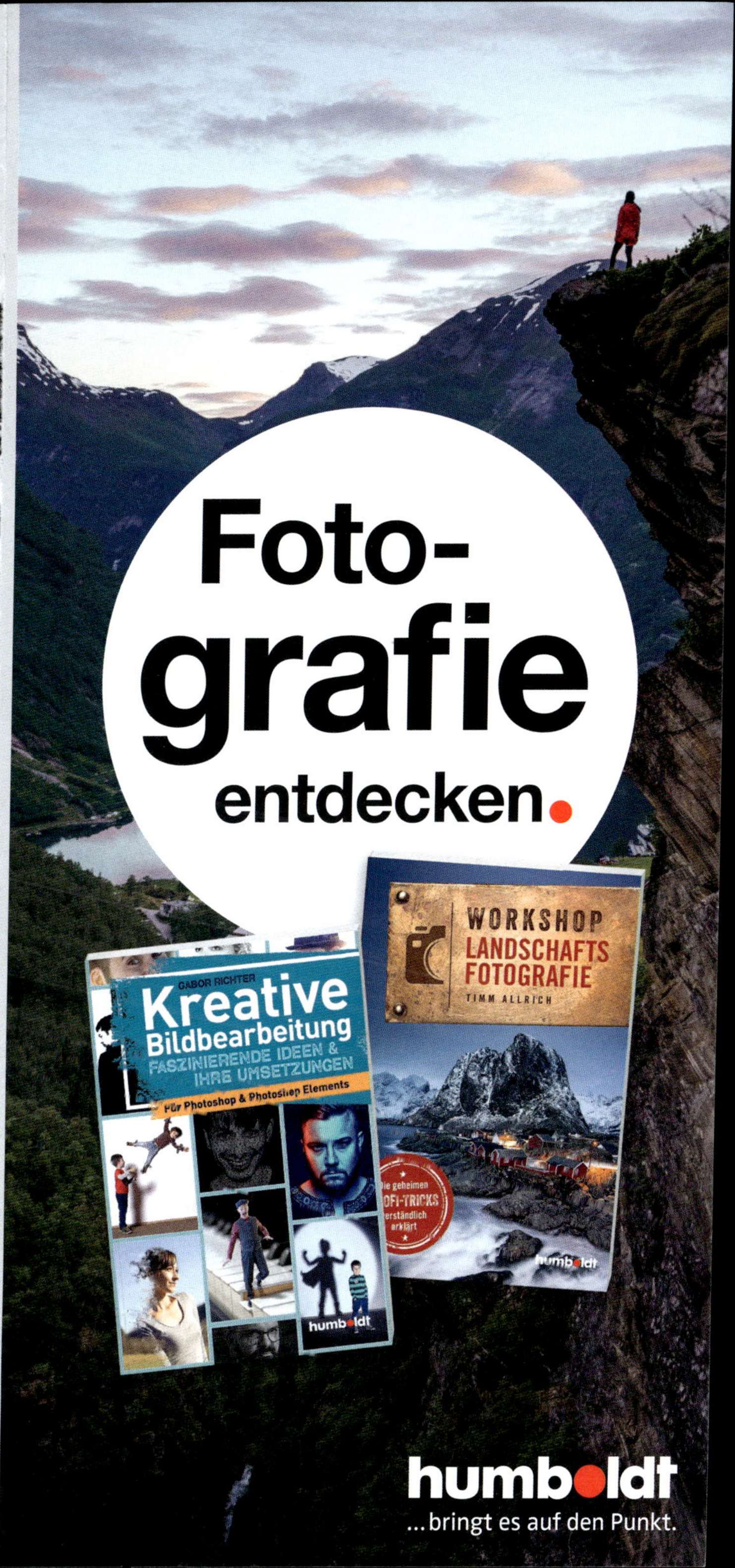
Foto-
grafie
entdecken.
GABOR RICHTER
Kreative
Bildbearbeitung
FASZINIERENDE IDEEN &
IHRE UMSETZUNGEN
Für Photoshop & Photoshop Elements
humboldt
WORKSHOP
LANDSCHAFTS
FOTOGRAFIE
TIMM ALLRICH
humboldt
humboldt
...bringt es auf den Punkt.

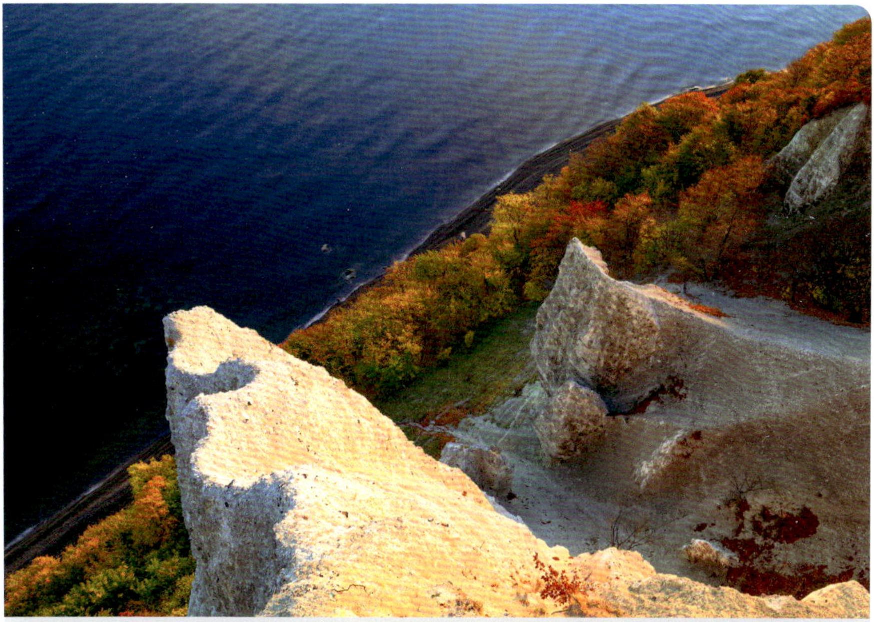

25 mm, f/14, 0,8 s, ISO 100, Polfilter – Erst durch die Totale lässt sich das Gesehene einordnen.

was man bei einer anderen Brennweite einfach hätte sehen können. Oder du fotografierst noch weitwinkliger und zeigst zusätzlich zu den anderen Booten auch noch, dass hunderte Schaulustige das Spektakel vom Land aus verfolgen. Aus einer einsamen, romantischen und vielleicht auch ein bisschen bedrohlichen Stimmung in einem Bild mit einem einsamen Boot wird so ganz schnell eine schnöde Volksteststimmung.

Obwohl deine Bilder also am gleichen Ort zur gleichen Zeit und unter gleichen Bedingungen entstanden sind, erzeugen sie im Kopf des Betrachters zwei vollständig andere Stimmungen mit komplett anderen Gedankengängen. Wenn du dir dieser Macht bewusst bist, wirst du mit deiner Fotografie Menschen erreichen und emotional lenken können.

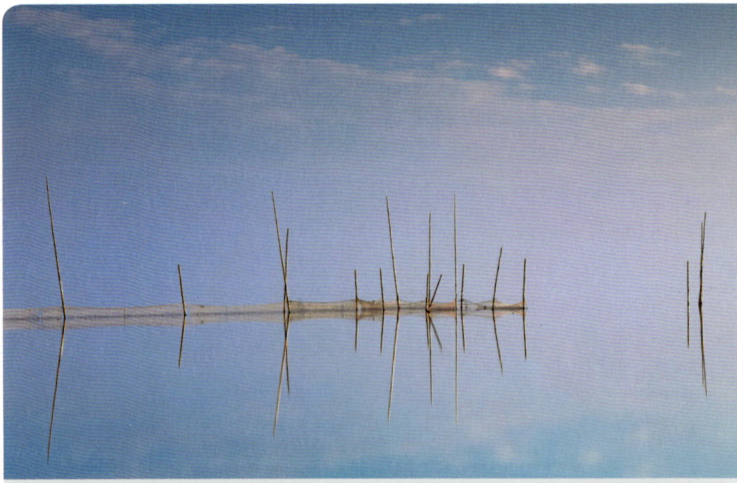

135 mm, f/5, 5 s, ISO 50, Polfilter, ND 0,3 hard – Die Reuse wird durch den Nebel wunderschön freigestellt, was du durch die Wahl einer Telebrennweite erreichen kannst.

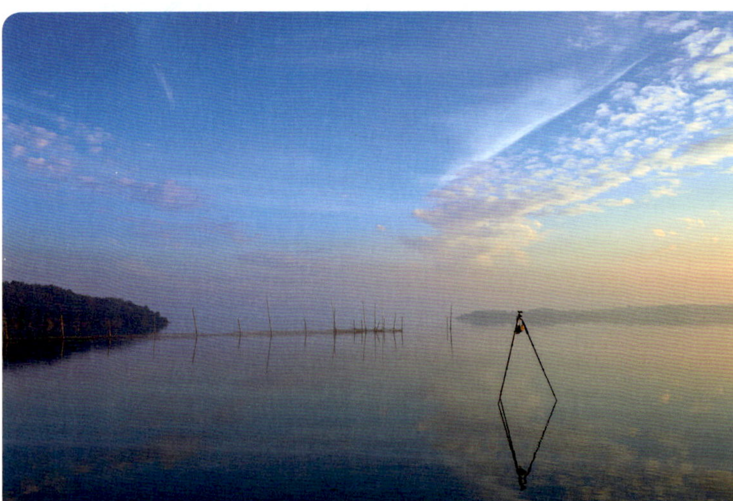

35 mm, f/5, 1/250 s, ISO 500, Polfilter – Die Totale zeigt die (durch die Perspektive nun) teilweise entzauberte Gesamtsituation mitsamt Aufnahmeposition.

Fühle die Landschaft und lass dich leiten

Wenn du also an einer Fotolocation ankommst, mach dir als Erstes darüber Gedanken, was genau du von der Szenerie zeigen willst und was nicht. Versetze dich in die Landschaft und finde heraus, was sie auszeichnet und was genau an diesem Ort besonders ist. Frage dich, was ein Fremder, der diesen Ort nicht kennt, am spannendsten und eindrucksvollsten finden würde. Dann nimmst du die Kamera und schaust durch den Sucher die Umgebung an.

Versuche verschiedene Brennweiten und achte dabei neben der grundsätzlichen Auswahl des Ausschnitts auch bereits auf den Bildaufbau. Ich werde später noch ausführlicher auf die Bildgestaltung eingehen, möchte dir aber bereits an dieser Stelle raten, dass deine Intuition mehr wert sein kann als alle klassischen Gestaltungsregeln zusammen. Frage dich, welcher Vordergrund das Auge zielsicher ins Bild hineinführt, ob es Strukturen gibt, die das Auge aus dem Bild herausleiten könnten oder ob Strukturen ungünstig angeschnitten werden.

Meine zentrale Aussage zum Thema Bildaufbau ist folgende: Das Auge des Betrachters muss sich im Bild wohlfühlen und aufhalten können. Es braucht optischen Halt an den gezeigten Strukturen. Es muss einen optischen Weg – ähnlich einem roten Faden in einer Erzählung – geben, der das Auge behutsam durch das Bild leitet und niemals aus diesem heraus. Beim Betrachter darf niemals die Frage aufkommen, wie es links, rechts, ober- oder unterhalb des Bildausschnitts weitergeht, da dies bedeuten würde, dass das Gezeigte nicht in der Lage ist, alle aufkommenden Fragen durch sich selbst zu beantworten und die Geschichte alleine zu erzählen.

Mir ist bewusst, dass nicht jedes Bild das Zeug dazu hat, eine wirkungsvolle Story zu entwickeln. Wenn du diesen Gedankengang jedoch nachvollziehen und für dich entdecken kannst, wirst du merken, dass deine Bilder klarer und strukturierter wahrgenommen werden.

Der besondere Vordergrund

Nachdem wir uns Gedanken darüber gemacht haben, was wir dem Betrachter grundsätzlich zeigen wollen, müssen wir nun überlegen, wie wir sein Auge durch das Bild führen und gleichzeitig darin halten können. Ein im wahrsten Sinne des Wortes guter Einstieg hierfür ist der Vordergrund. Er zeigt dem Betrachter, wo sich Kamera und Fotograf gerade befinden, und dient als Einführung in die Situation.

Der Vordergrund führt vom Mikro- in den Makrokosmos der Aufnahme. Er stellt einen Bezug zur umgebenden Landschaft her, klärt Dimensionen und lässt den Betrachter spüren, wie sich die Landschaft in diesem Moment angefühlt haben muss. War es beispielsweise kalt, warm, trocken, feucht, windig oder ruhig? Alle diese Fragen kannst du mit der Wahl des Vordergrundes beantworten. Er ist das Greifbare am Bild, das leicht und sofort Verständliche und darf keine Fragen offenlassen.

BIETE DEM AUGE EINEN HALT

Es ist unglaublich wichtig, dass der Vordergrund harmonisch wirkt und dem Auge Halt bietet. Ein winziger, abgeschnittener Kieselstein im Vordergrund kann mitunter störender wirken als ein angeschnittener Gebirgszug im Hintergrund. Betrachte also aufmerksam deinen Bildaufbau und frage dich selbstkritisch, ob dich etwas an deinem Vordergrund stört. Wenn etwas angeschnitten ist oder auch zu dominant wirkt, verändere die Perspektive, indem du einen Schritt vor, zurück oder zur Seite gehst. Es ist wie mit allen Dingen: Übung macht auch hier den Meister!

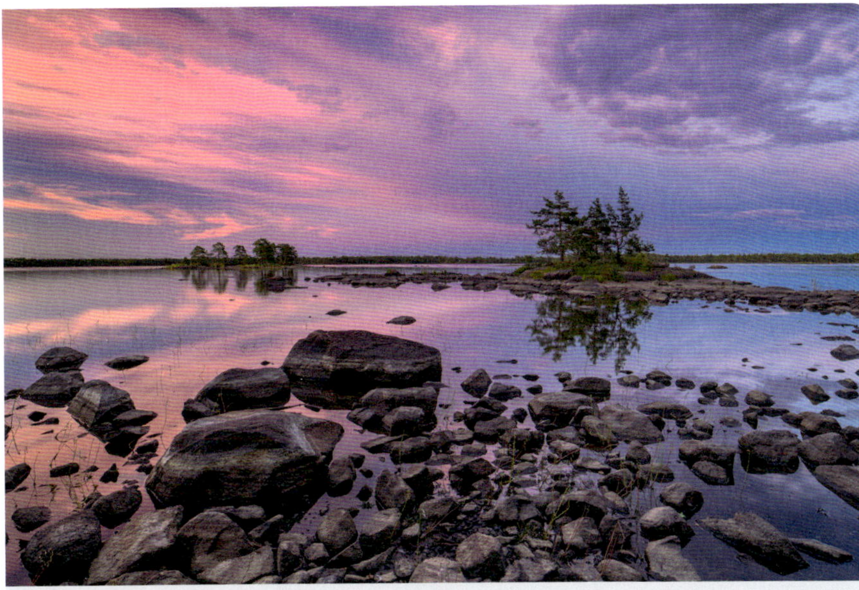

18 mm, f/10, 6 s, ISO 100, ND 0,6 hard – Der Vordergrund ist das Greifbare an einem Bild und muss dem Betrachter die Aufnahmesituation unmissverständlich erklären.

Der Vordergrund: Das Tor ins Bild

Bei der Wahl des Vordergrundes hast du zwei Möglichkeiten, den Betrachter zu faszinieren. Die erste besteht darin, einen für die Landschaft typischen Aspekt als Vordergrund zu wählen, der unmissverständlich und fesselnd damit beginnt, eine Geschichte um dein Bild aufzubauen. Gibt es z.B. besondere Pflanzen, die dem Betrachter bereits verraten, wo du dich gerade befindest? Bieten sich spezielle Steine oder Strukturen an, um die Landschaft zu charakterisieren? Ein Beispiel wären feine Sandriffel im Vordergrund, die den Betrachter ins Bild leiten und über hohe Dünenzüge in die Welt der Wüste entführen. Schon das Betrachten der Sandriffel reicht also, um das Thema Wüste typisch einzuleiten.

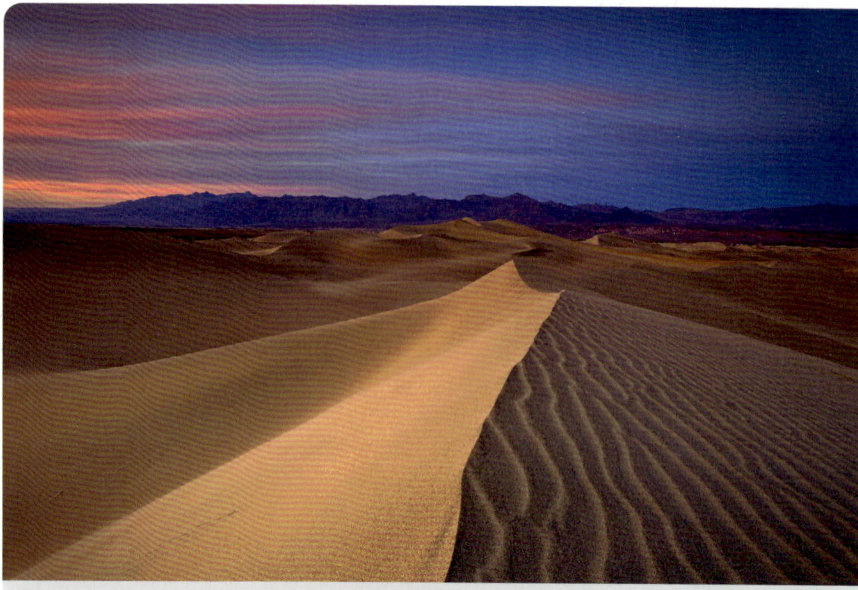

18 mm, f/10, 1/10 s, ISO 50, ND 0,6 hard, Polfilter – Ein Klassiker unter den Vordergründen sind Sandriffel, die den Betrachter ins Bild leiten.

Eine zweite Möglichkeit besteht darin, bewusst mit Gegensätzen zu arbeiten und einen Vordergrund zu finden, der den Betrachter durch seine Unwirtlichkeit fasziniert. Ein Beispiel hierfür wären Pflanzen inmitten der Wüste als Vordergrund, die den extremen Bedingungen widerstehen. Die Bildaussage und die Gedankengänge beim Betrachter wären dadurch völlig anders.

Erst überlegen, dann losgehen

Über die Wahl der Perspektive und der Brennweite ist fast alles umsetzbar. Wichtig dabei ist – darauf achte ich in jedem meiner Workshops penibel – dass du dir beim Suchen des Vordergrundes den besten Platz nicht bereits kaputt trampelst, weil du unvorsich-

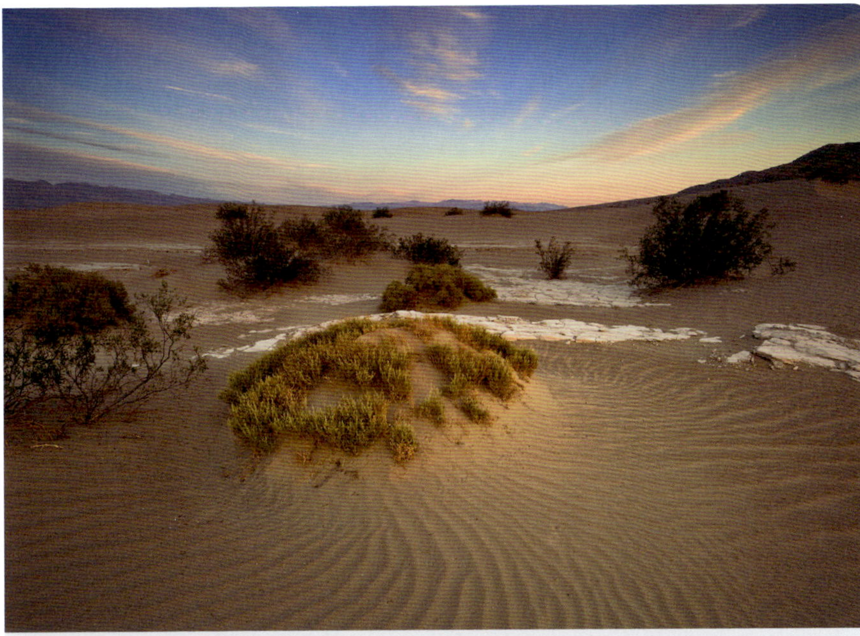

18 mm, f/10, 1/8 s, ISO 100 – Die Pflanzen bilden einen Kontrapunkt zur Wüste. Bei aller Dürre, die dieses Bild vermittelt, erzeugt der Bewuchs ein Fünkchen Hoffnung, ganz anders als im vorangegangenen Bild.

tig erst einmal alles abgelaufen bist. Sei daher behutsam und schau genau hin – in den meisten Fällen sind einmal abgeknickte Zweige oder Spuren im Sand nicht wieder rückgängig zu machen.

Auch beim Bildaufbau taste ich mich langsam an den ausgewählten Vordergrund heran und mache mehrere Bilder, bei denen ich jeweils immer ein Stückchen dichter herangehe. Manchmal sind dann die Bilder, die ich bereits im Kasten habe, perspektivisch doch besser als die zuletzt angefertigten. Weist dein Vordergrund in einer solchen Situation dann bereits Spuren auf, wirst du froh sein, dich schrittweise genähert zu haben.

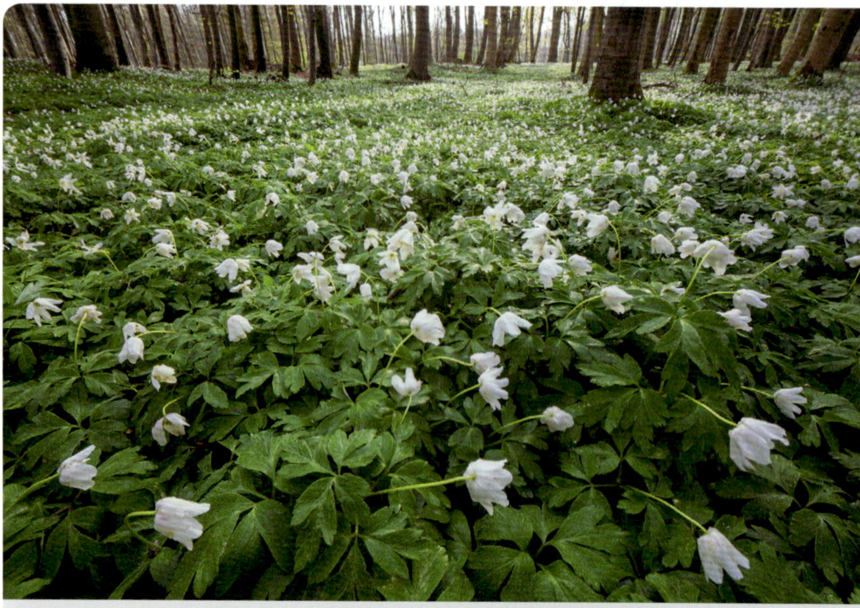

15 mm, f/22, 1/6 s, ISO 100 – Einmal zertreten kannst du diese zarten Buschwindröschen nicht mehr fotografieren. Da es fast unmöglich ist, sich gänzlich ohne Flurschaden inmitten solcher Frühblüher zu bewegen, überlege vorher, von wo du dein Bild aufnehmen möchtest.

Ein weiterer wichtiger Punkt bei der Gestaltung des Vordergrundes besteht darin, dass dieser den Blick ins Bild und in die Landschaft nicht versperren darf, es sei denn, der Vordergrund selbst ist die Kernaussage des Bildes. Wenn jedoch der Blick in die Ferne zu sehr durch den Vordergrund eingeschränkt oder gar verwehrt wird, beginnen beim Betrachter die Gedanken darum zu kreisen, wie es wohl in den nicht einsehbaren Bereichen aussehen mag und wie wohl der Blick ohne die störenden Strukturen im Vordergrund wäre – ein absolutes K.-o.-Kriterium für jedes Bild. Die einfachste Möglichkeit in diesem Fall ist, dir entweder einen geeigneteren Standpunkt

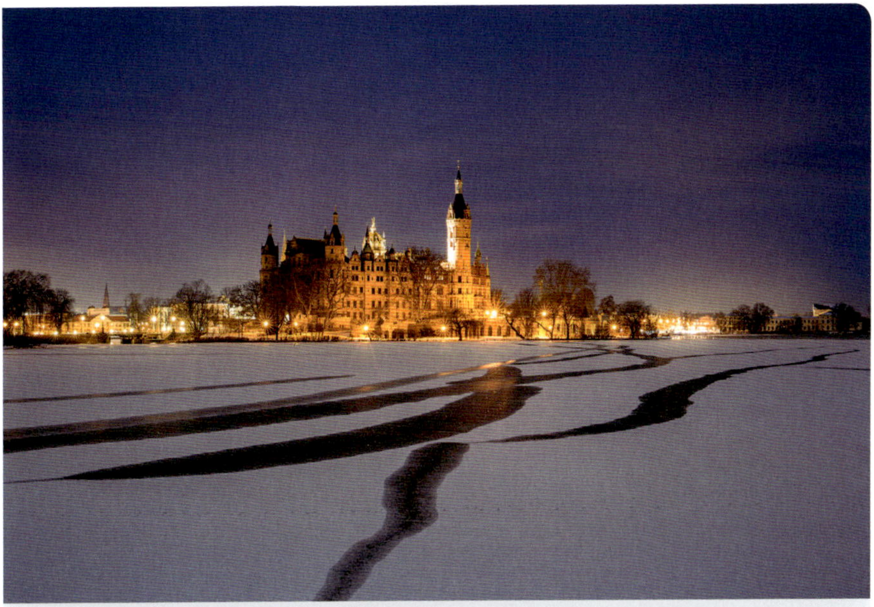

35 mm, f/10, 275 s, ISO 100 – Ein Vordergrund, den es so nicht wieder geben wird: Durch Risse und austretendes Wasser entstehen auf dem leicht beschneiten Eis skurrile Formen. Ohne diese Risse wäre es sicherlich auch ein nettes und technisch ordentliches Bild, es würde allerdings das Besondere fehlen, das den Betrachter fesselt und nachdenken lässt.

zu suchen oder die Perspektive etwas weiter nach oben zu verlagern, sodass du eine bessere Drauf- und damit auch Weitsicht in die Szenerie bekommst.

Übrigens geht es auch umgekehrt: Im bewussten Weglassen des Vordergrundes besteht die Möglichkeit, ein Bild für den Betrachter zu entfremden und ihn bewusst außen vor zu lassen, um so eine surreale Stimmung aufzubauen. Das Gezeigte rückt aus dem Greifbaren und wird abstrakt (dazu später mehr).

Gegensätze ziehen sich an

Besondere Umstände und Wetterphänomene sind der Goldstaub der Fotografie. Immer wenn es in der Natur ungewöhnlich wird und gegensätzliche, ja vielleicht sogar widersprüchliche Begebenheiten zusammenkommen, wird es für Landschaftsfotografen spannend. Wenn du über den Wetterbericht mitbekommst, dass z. B. im Mai oder im Oktober Schneefall angesagt ist und frisches Grün bzw. buntes Laub mit weißem Schnee eine surreale Symbiose eingehen, dann solltest du deine Kamera schnappen und losziehen. Die Natur überrascht uns immer wieder mit unerwarteten Umständen und Wetterphänomenen – ich erinnere nur an den unglaublich heißen und trockenen Sommer 2018. Bei aller Tragik für Flora und Fauna

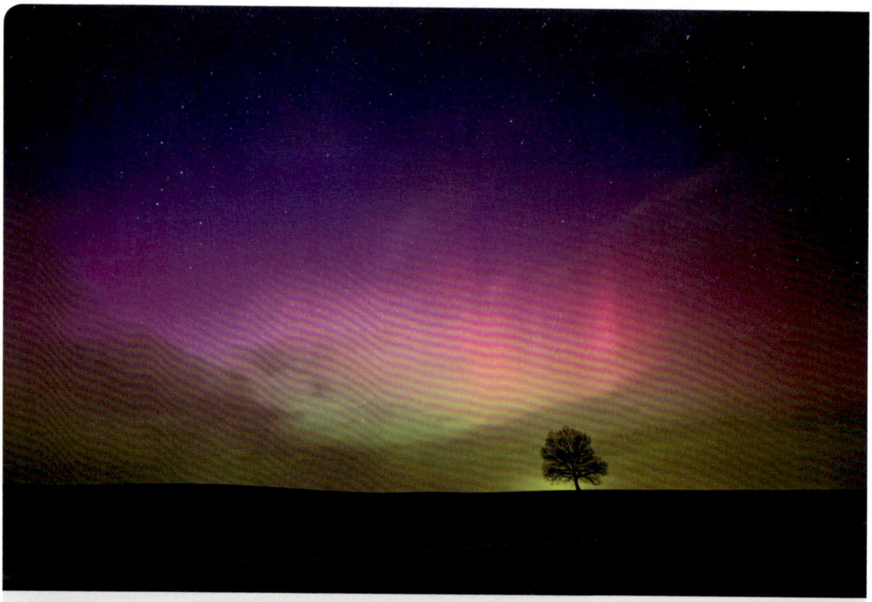

15 mm, f/3.2, 30 s, ISO 500 – Norddeutsche Kulturlandschaften und Nordlichter sind nichts, was man im Kopf miteinander verbindet. Umso mehr Erstaunen kann eine Aufnahme wie diese auslösen.

wurden dem Fotografen durch die tiefen Wasserstände vollkommen neue Zugänge zu Fotomotiven ermöglicht.

Doch nicht nur das Wetter ist in der Lage, Gegensätze ins Bild zu bringen. Auch krasse Farben in der Natur stellen fotogene Besonderheiten dar, etwa die unfassbar grellen Neontöne einiger Schwefelstaubflechten, die mitunter an schattigen Nordhängen im Nationalpark Sächsische Schweiz gedeihen und im Kontrast zum fahlen Sandstein wie von einem anderen Planeten wirken. Auch motivische Gegensätze können deine Fotografie zu etwas Besonderem machen. Diese gilt es für dich zu finden und gekonnt in Szene zu setzen. So ist z. B. eine kleine, zarte Pflanze an einer schroffen, wellenumspülten Felsenklippe das zerbrechliche Gegenstück zur Urgewalt der Natur.

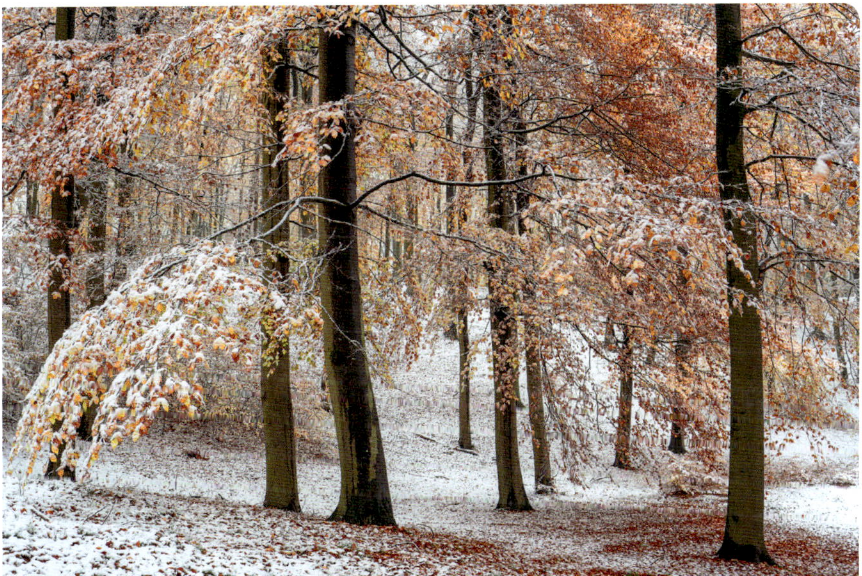

35 mm, f/10, 1,6 s, ISO 100 – Ein herbstlich gefärbter Buchenwald im Schnee ist selten und besticht allein durch die ungewohnten Kontraste.

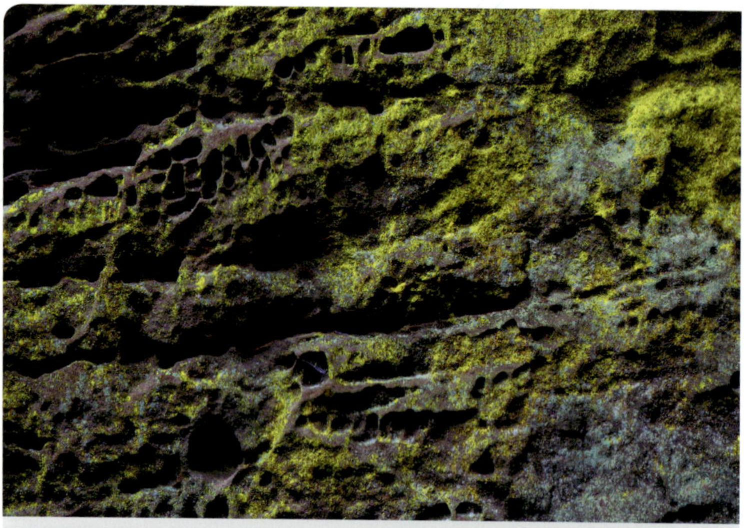

100 mm, f/5, 0,6 s, ISO 100, Polfilter – Ein Graffiti der Natur: Was wie ein Photoshop-Unfall wirkt, sind neongelbe Schwefelflechten auf schattigem Sandstein.

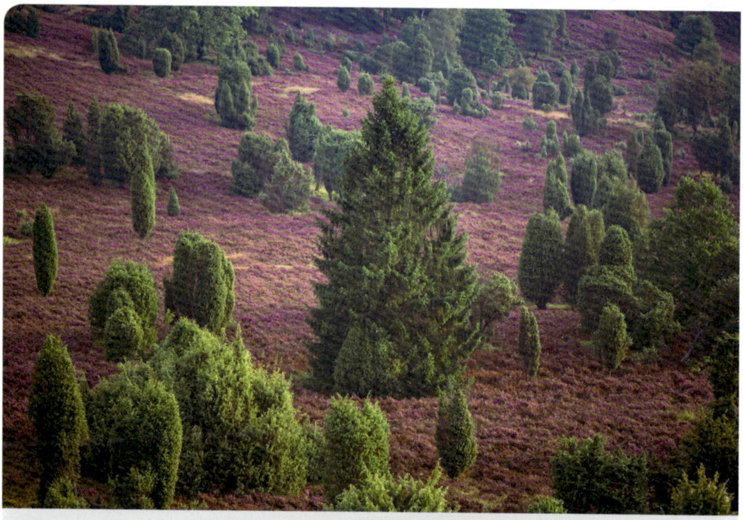

100 mm, f/2, 1/160 s, ISO 200 – Untypische farbliche Gegensätze und Besonderheiten erregen die Aufmerksamkeit des Betrachters und werfen Fragen auf, die das Bild interessant machen.

Drama, Baby!

Eine sichere stilistische Möglichkeit, ein Bild lebendig und ereignisreich erscheinen zu lassen, besteht darin, Perspektiven zu schaffen, die über das menschliche Blickfeld hinausgehen. Ich hatte eingangs erwähnt, dass weitwinklige Aufnahmen eine Art Standard in der Landschaftsfotografie darstellen. Es gibt Objektive, die das aktiv wahrnehmbare, menschliche Blickfeld mit ihrem Bildwinkel übersteigen und somit mehr auf einer Aufnahme zeigen, als wir mit den Augen sehen können. Die daraus resultierenden Perspektiven wirken dramatisch und fast surreal.

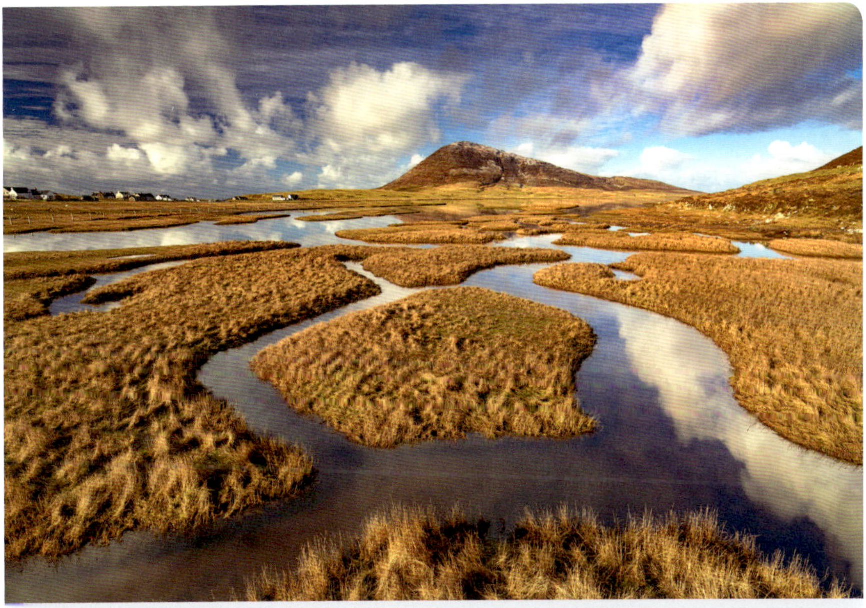

15 mm, f/10, 0,4 s, ISO 50, Polfilter, ND 0,6 hard – Eine Perspektive, die über das menschliche Blickfeld hinausgeht. Beachte die Verzerrungen in die Ecken: Insbesondere die Wolken scheinen aus dem Bild zu fliegen.

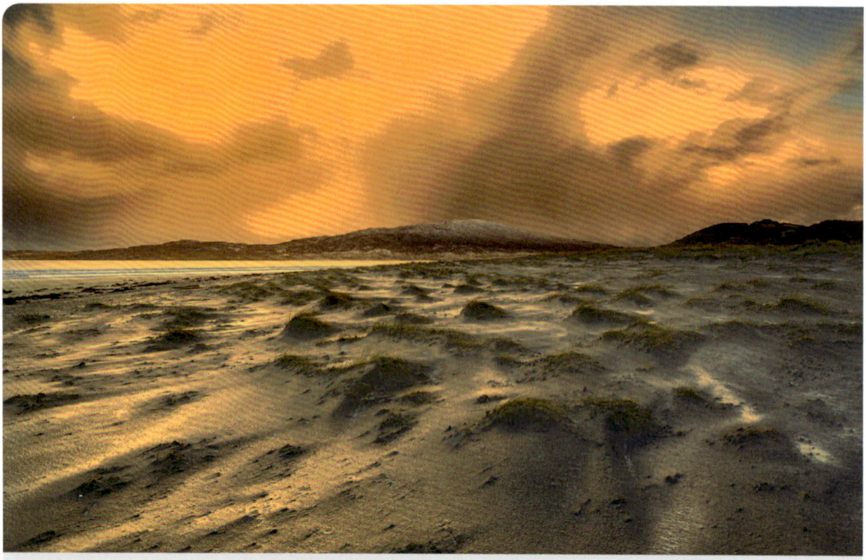

25 mm, f/10, 1/10 s, ISO 50, Polfilter, ND 0,6 soft – Kurz bevor der einziehende Schneesturm mit voller Kraft auf die Küste trifft, bietet er dieses infernalische Licht. Die Reflexionen im Vordergrund sind durch eine Eisschicht auf dem Sand bedingt.

Besonders bieten sich solche weitwinkligen Aufnahmen an, wenn du einen spannenden Himmel hast. Durch die perspektivischen Verzerrungen des Weitwinkels zu den Ecken hin wirkt es mitunter so, als würden die Wolken geradezu aus den Ecken deines Bildes über dich hinwegziehen. Das Gleiche gilt für Objekte im Vordergrund, die durch eine geringe Naheinstellgrenze (dazu später mehr) des Weitwinkels sehr plastisch dargestellt fast aus dem Bild zu kommen scheinen. Solche extremen Perspektiven erzeugen eine gewisse Dramatik, die richtig eingesetzt sehr effektvoll auf den Betrachter wirkt.

Naturgewalten

Aufnahmesituationen, in denen die Urkraft der Natur spürbar wird, sind für dich eine einfache Möglichkeit, Wow-Effekte zu erzielen, selbst wenn z. B. dein Bildaufbau nicht optimal ist. Große, sich über-

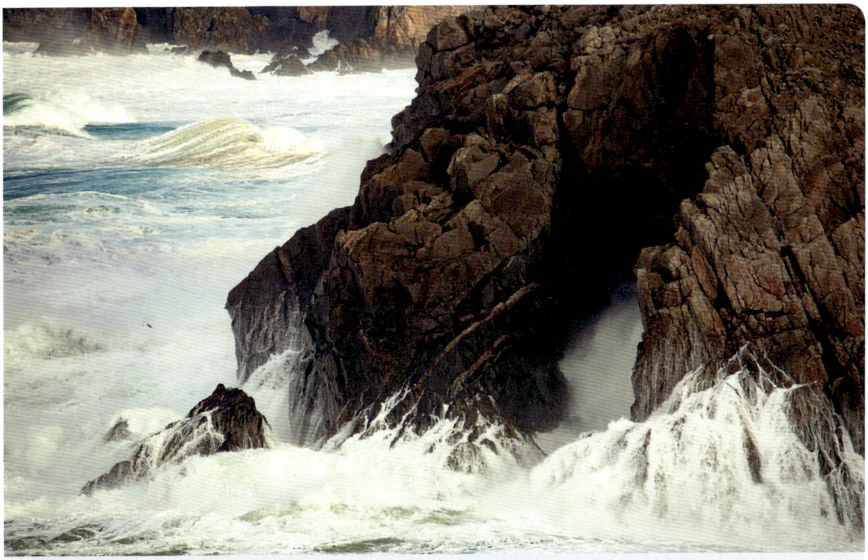

300 mm, f/5, 1/500 s, ISO 500 – Die Urgewalten der Natur wirken anziehend. Erst im Vergleich mit den winzigen Sturmmöwen erkennt man die Dimension der fast zehn Meter hohen Wellen.

schlagende Wellen, schäumende Gischt oder dunkle Unwetterfronten sind sehr fotogene Umstände, deren Faszination sich niemand entziehen kann.

PASS AUF DICH AUF!

Suche Naturgewalten und Extremsituationen auf, begib dich aber dafür nie in Gefahr!

Wenn ich z. B. an einer felsigen Küste stehe, an der sich große Wellen brechen und die Gefahr besteht, von einer solchen erfasst zu werden, beobachte ich die Wellenbewegung eine ganze Weile, bevor ich einen sicheren und dennoch beeindruckenden Standort zum Fotografieren wähle. Bei Gewitter- und Sturmfronten achte ich beispielsweise darauf, dass das Auto in kürzester Entfernung steht und ggf. in Sekunden aufgesucht werden kann.

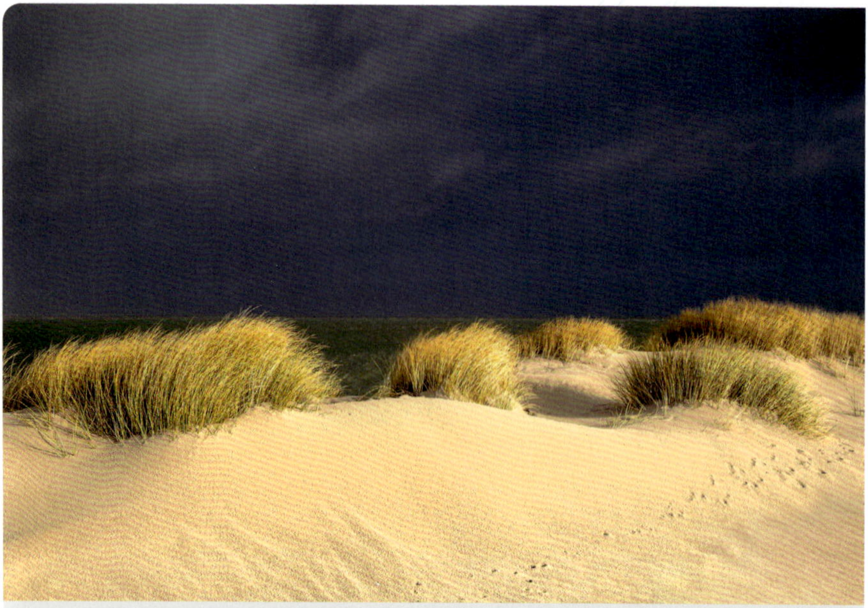

35 mm, f/10, 1/40 s, ISO 100, Polfilter, ND 0,6 soft – Die zusätzliche Betonung des ohnehin dunklen Himmels durch einen Grauverlaufsfilter bringt die nötige Dramatik ohne zu kräftige Übertreibung ins Bild.

Gezielte Nachbearbeitung

Auch durch eine gezielte Nachbearbeitung kannst du Bilder noch dramatischer erscheinen lassen. Der einfachste Weg besteht in einer Verstärkung des Kontrastes. Wenn man etwas differenzierter vorgehen möchte, kann man die Höhen und die Tiefen getrennt voneinander bearbeiten. Ein selektives Abdunkeln der Tiefen bei Belassung der Höhen bewirkt z. B., dass die hellen Bildbereiche nicht zu hell werden und das Bild nicht künstlich wirkt. Die Tiefen hingegen werden durch die zusätzliche Verdunklung nochmals betont.

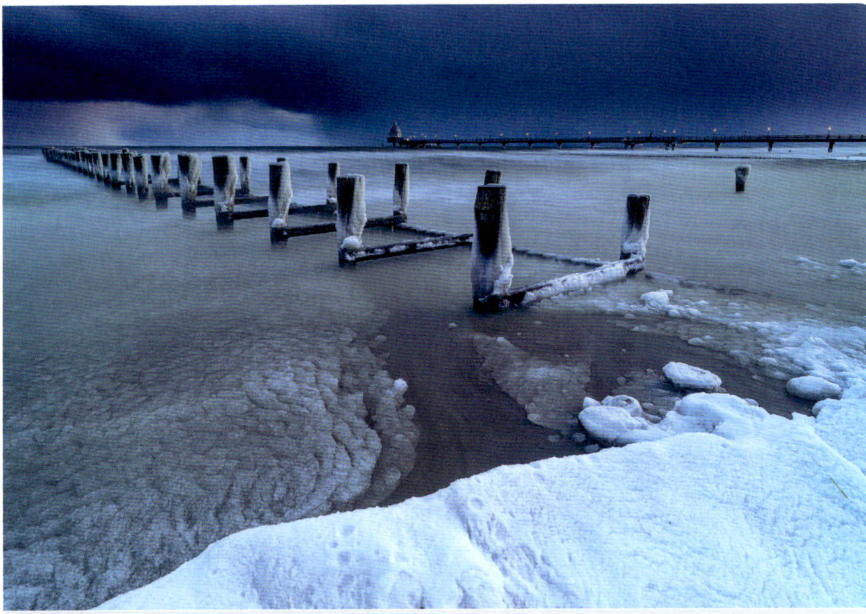

18 mm, f/13, 15 s, ISO 50, ND 0,9 hard – Eiseskälte und eine einziehende Sturmfront vermitteln im Morgengrauen Weltuntergangsstimmung.

Solche Anpassungen sind natürlich Geschmackssache und diskutabel. Beachte nur, dass sich deine Änderungen bei zu starker Übertreibung sehr schnell in die gegenteilige Wirkung verkehren können. Entsprechend feinfühlig solltest du solche Bearbeitungsschritte durchführen.

Abstrahieren und minimalisieren

Manche Situationen wirken auf Bildern überfrachtet und erschlagen den Betrachter mit einem Überschuss an Informationen. In solchen Situationen kann es sinnvoll sein, mittels verschiedener Techniken Details aus dem Bild zu nehmen und etwas Ruhe in die Szenerie zu bringen.

Ein Beispiel: Tosende Wellen am Strand, im Vordergrund vom Sturm durcheinandergeworfener Strandhafer in den Dünen, am Himmel dramatische, schnell ziehende Wolken, in der Ferne ein Leuchtturm. Diesen nimmt man bei all den Details im Vordergrund fast überhaupt nicht wahr, das ganze Bild wirkt unruhig und lässt das Auge nicht rasten. Was kannst du also tun, um das Bild zu beruhigen und ganz nebenbei deine Bildaussage zu schärfen?

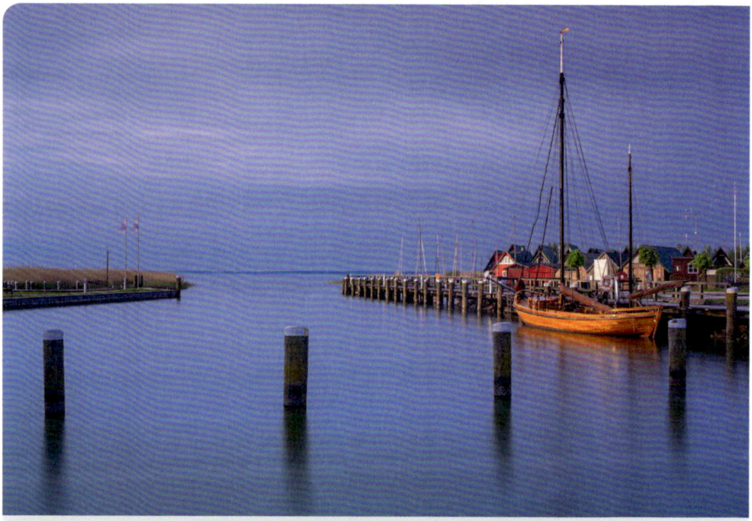

35 mm, f/10, 300 s, ISO 50, ND 1000, ND 0,6 soft – Unruhiges Wasser und zerklüfteter Himmel sind zu viel für das Auge. Um den Fokus auf das Boot zu lenken und Ruhe ins Bild zu bekommen, ist die sehr lange Belichtungszeit perfekt.

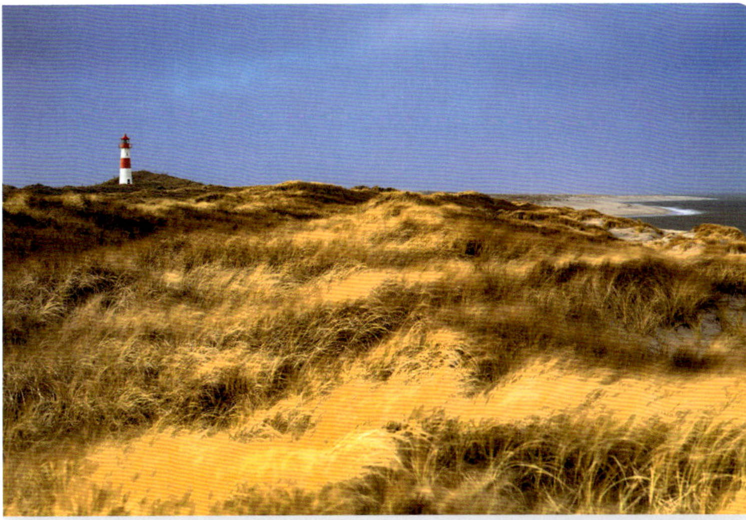

100 mm, f/8, 5 s, ISO 50, ND 1000, ND 0,6 soft, Polfilter – Der Leuchtturm ist die Konstante im Bild. Trotz der nur kleinen und zum Rand orientierten Darstellung ist er Bildmittel- und optischer Fixpunkt zugleich.

Zuerst einmal wählst du ein Objektiv mit einem angenehmen Blickwinkel. Wir wollen nicht zu viele Details im Himmel und Vordergrund haben, damit der Unruhe Einhalt geboten wird. Den Leuchtturm wollen wir nicht zu klein, aber auch nicht zu groß abbilden, damit er einerseits gut zu erkennen ist, andererseits jedoch die Relation zur Größe und Kraft der Natur gewahrt bleibt. Von ganz alleine entwickelst du so beim Betrachter die Geschichte des einsamen Leuchtturms, der weitab vom nächsten Ort Wind und Wetter trotzt und treu seine Dienste leistet.

Die verwendete 100-mm-Optik lenkt den Fokus hierfür ausreichend auf den Leuchtturm. Durch die Nutzung eines Neutralgraufilters realisieren wir eine deutlich längere Belichtungszeit (dazu später mehr). So nehmen wir Details aus dem Himmel und dem Vordergrund, ohne die Dynamik im Bild zu verlieren. Abschließend belichten wir das Bild geringfügig über, um etwas mehr Helligkeit hineinzubringen und die Schattenbereiche abzumildern.

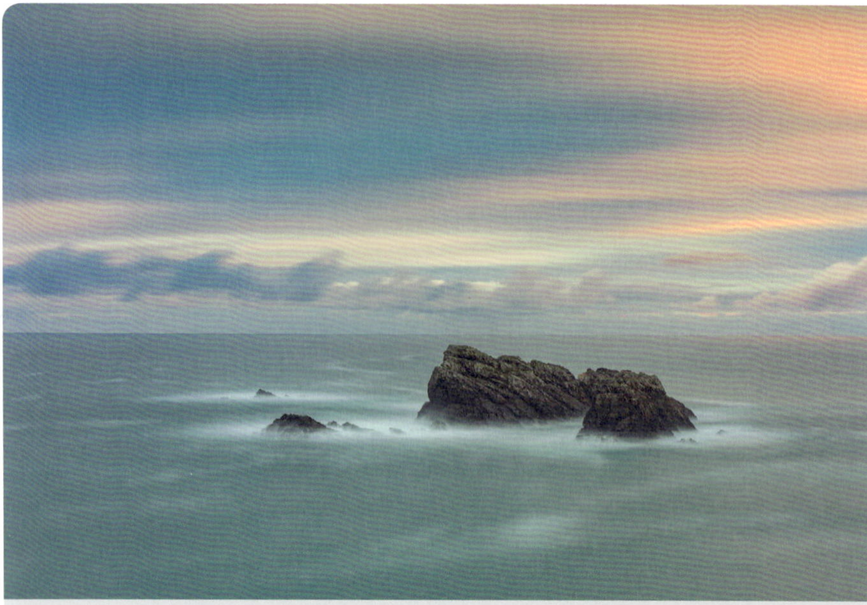

50 mm, f/10, 120 s, ISO 100, Polfilter, ND 0,6 hard – Durch die lange Belichtungszeit reduzieren sich Himmel und Wasser auf die Pastellfarben des Sonnenaufgangs. Der Felsen steht als Symbol der Unvergänglichkeit als Kontrapunkt dazu, einen Vordergrund benötigt das Bild nicht.

Stimmungen auf den Punkt bringen

Die Minimalisierung ist ein wichtiges Stilmittel, bei der du mit einem sehr reduzierten Bildaufbau und -inhalt thematisch genau ein Gefühl oder eine Stimmung auf den Punkt bringst. Hierfür kannst du beispielsweise bewusst auf den Vordergrund verzichten oder diesen mit nur ganz spärlichen Strukturen darstellen. Auch die Reduktion von Farben (egal ob durch tatsächliche Bedingungen oder auch gezielte Nachbearbeitung) erzeugt eine Grundstimmung, die viel Raum für Gedanken und Interpretationen lässt.

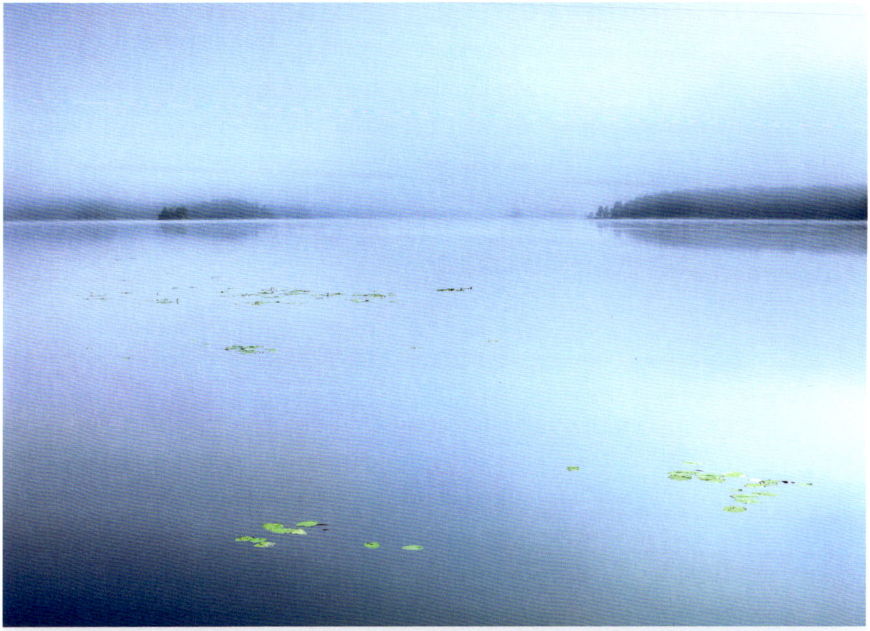

50 mm, f/16, 1/8 s, ISO 50 – Die farbliche Reduktion auf Blau wird nur durch die vereinzelten grünen Seerosenblätter im Vordergrund durchbrochen, die einen gewollten Kontrapunkt bilden. Durch die Langzeitbelichtung werden die Konturen weich.

Das Gefühl, das sich sicherlich am gezieltesten darstellen lässt, ist Ruhe bzw. Entspannung. Durch wenig Informationen und Objekte im Bild kannst du inhaltlich reduzieren. Wenn du dazu noch Bewegungen durch sehr lange Belichtungen verschwimmen bzw. verschwinden lässt, ist der Ruheraum für die Augen bereitet.

Ein Medium, dass sich hervorragend zum Abstrahieren und Minimalisieren eignet, ist Nebel. Durch ihn werden Konturen in der Ferne weicher oder verschwinden ganz, und Objekte im Vordergrund werden vor dem sonst üblichen Hintergrund freigestellt.

Probieren geht über studieren

Nachdem die letzten Kapitel schon fast zu theoretisch in ihren Betrachtungen waren, wollen wir nun damit anfangen, alles auszuprobieren und in Bildmaterial umzusetzen. Du kannst Dinge hundert Mal lesen und währenddessen auch verstehen – wenn du dann die Kamera in der Hand hältst und im Gelände stehst, ist es oft jedoch wieder vorbei mit der zuvor angelesenen Sicherheit, oder?

Dein wertvollster Fotospot ist der um die Ecke

Sicherlich hast du wie die meisten Landschaftsfotografen einen Spot in deiner unmittelbaren Umgebung, den du gerne immer und immer wieder aufsuchst. Meist sind diese „Haus-Spots", wie ich sie nenne, schnell und unproblematisch zu erreichen, und du kennst jeden Stock und Stein auf dem Weg dahin, sodass es dich wenig Mühe in der Vorbereitung kostet und kaum Anstrengungen bedeutet, diesen Ort aufzusuchen. Du bist mit den Perspektiven vertraut und machst schnell und zielgerichtet deine Bilder. Genau diese Umgebung eignet sich hervorragend, um das viele Gelernte anzuwenden.

KREATIVITÄT LÄSST SICH NICHT ERZWINGEN

Eigenständig auf Knopfdruck kreativ zu sein ist sehr schwer. Du wärst in bester Gesellschaft, sollte dieser Umstand mal eine fotografische Blockade auslösen! Ich möchte dich ermuntern, in einem solchen Fall nicht zu verzweifeln, sondern einfach loszulegen und auszuprobieren!

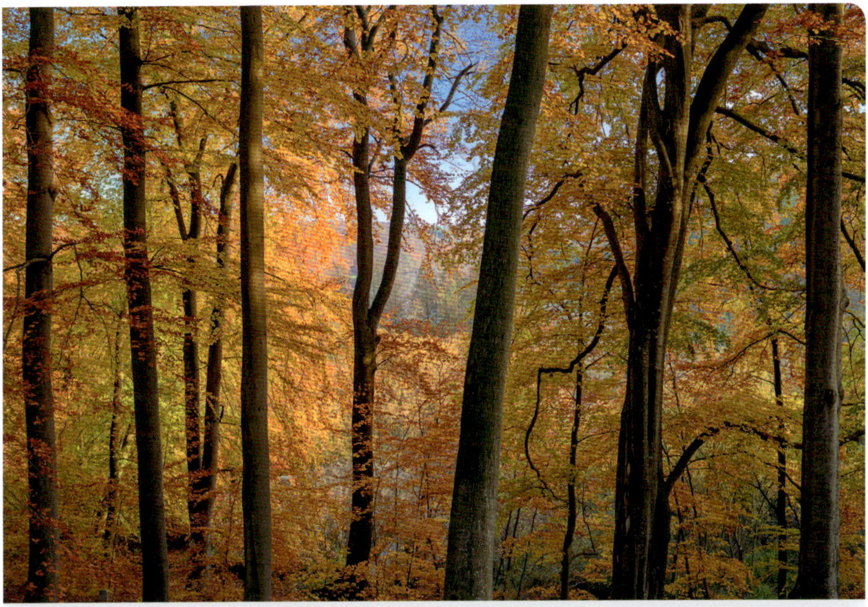

35 mm, f/4, 1/100 s, ISO 200, Polfilter – Einer meiner „Haus-Spots" ist ein Grabensee mit einem umgebenden Buchenwald, der mir zu jeder Jahreszeit Motive bereithält. Besonders im Herbst bin ich oft an diesem idyllischen Fleckchen und lasse mich von der Natur inspirieren.

Einzig und allein durch die Änderung von Perspektive und Bildaufbau kannst du an der Wirkung deiner Fotografie schon sehr viel ändern. Wähle verschiedene Brennweiten, fotografiere ganz nah über dem Boden aus der Froschperspektive und danach vom höchstmöglichen Punkt deines Stativs. Geh einen Schritt vor oder auch einen zurück, probiere die unterschiedlichen Perspektiven von Hoch- und Querformat aus und schau, wie sich der Bildaufbau dadurch verändert.

Mit etwas Erfahrung wirst du merken, dass du von Mal zu Mal schneller an dein Optimum herankommst. Gerade anfangs macht es manchmal Sinn, auch die „schlechten" Bilder zu behalten und diese im Anschluss an einen Ausflug auszuwerten.

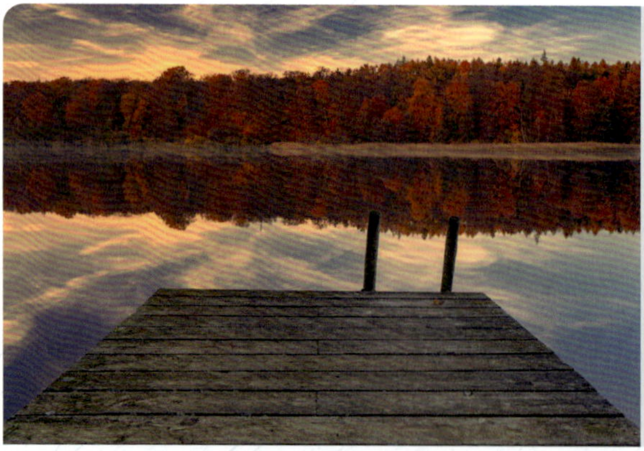

35 mm, f/14, 1,6 s, ISO 100, Polfilter, ND 0,6 soft – Bilder von meinem „Haus-Spot“: Der Sonnenuntergang auf dem Steg war nicht so fotogen wie erhofft, der Bildaufbau wirkt zudem platt und bietet zu wenig Bezug zwischen Vorder- und Hintergrund.

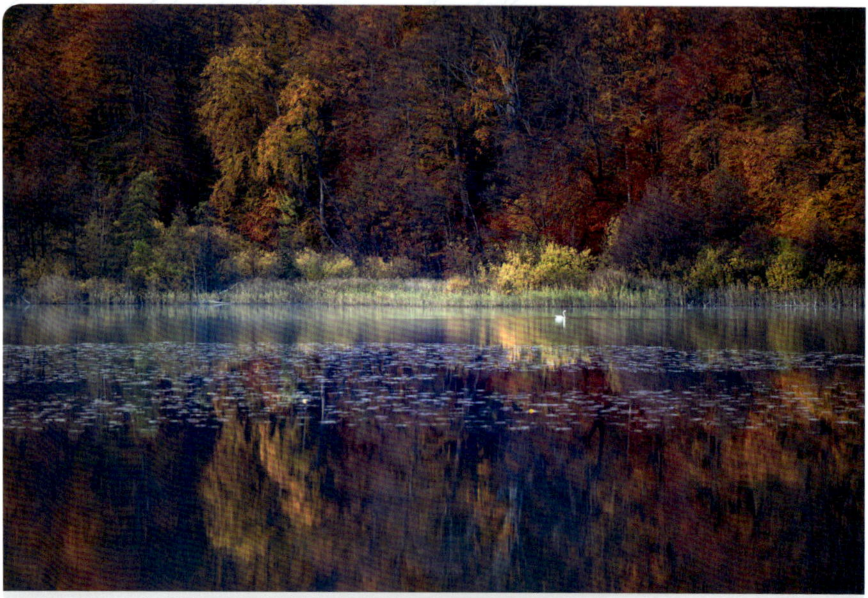

135 mm, f/2, 1/13 s, ISO 50, Polfilter – Nach Ausprobieren einer anderen Brennweite und Wechsel der Perspektive brachten die bunten Bäume mitsamt der Reflexion doch noch die erhoffte Stimmung für ein gutes Bild.

Sei selbst dein schärfster Kritiker

Die digitale Fotografie bietet dir den immensen Vorteil, deine Ergebnisse direkt nach der Aufnahme zu beschauen und zu bewerten. Klick die entstandenen Bilder durch und hinterfrage bei jedem Bild akribisch, ob – und wenn ja warum – es dir gefällt. Am meisten lernst du jedoch aus den Bildern, die dir nicht gefallen und bei denen du feststellst, woran es liegt. Konstruktive Kritik gepaart mit der Bereitschaft, sie zu beherzigen, sind der stärkste Motor der Weiterentwicklung und Verbesserung, den du haben kannst. Diskutiere die Bilder mit Fotofreunden und sei dabei genauso höflich wie ehrlich. Rede dir nichts schön, aber auch nichts schlechter, als es ist. Bewerte die Bilder anhand der Kriterien, die du in den letzten Kapiteln kennengelernt hast, und du wirst sehen, dass sehr schnell ein gewinnbringender Lernprozess einsetzt.

STELL DICH DER KRITIK

Mir hilft es immer ungemein, eine andere Person um eine Bewertung meiner Bildergebnisse und Bearbeitungen zu bitten, da eine objektive Meinung von der eigenen weit abweichen kann. Du selbst hast die Aufnahmesituation erlebt und verbindest mit dem Ergebnis mehr, als das reine Bild einem unbeteiligten Dritten zeigt, was manchmal zu einer Überhöhung der eigenen Arbeiten führen kann.

Der Partner ist im Übrigen zumeist die konstruktivste Person, wenn es um neutrale und ehrliche Bewertungen geht. Auch wenn es dich vielleicht kränkt, wenn du stolz ein Bildergebnis präsentierst und es nun kritisch beäugt wird, so bietet es dir doch die wertvolle Chance, daraus zu lernen und konstruktive Schlüsse zu ziehen.

Oft ist der für alle Teilnehmer erkenntnisreichste Teil eines Workshops die Abschlussbesprechung, in der genau nach all diesen Aspekten die Bilder gemeinsam in der Gruppe besprochen werden.

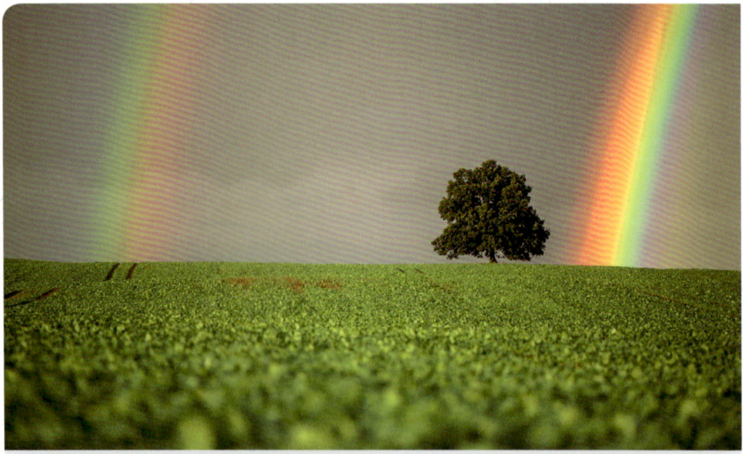

135 mm, f/2, 1/320 s, ISO 100 – Dieser Baum steht in unmittelbarer Umgebung unseres Hauses und bietet mir die Möglichkeit, auf jede besondere Regung des Wetters sofort zu reagieren. An ihm habe ich alle möglichen Perspektiven und Brennweiten ausprobiert.

Man hat sich während des Workshops zusammengefunden und kann deutlich offener miteinander argumentieren. Neben der reinen Bildbesprechung in puncto Bildaufbau und Belichtung zeigt es einem außerdem, was die anderen aus den gleichen Bedingungen gemacht und wie sie mit Licht und Motiv gearbeitet haben. Da jeder Mensch anders denkt und auch guckt, sind die Ergebnisse immer breit gefächert und auch für mich als Workshop-Referent inspirierend. Dieses Geben und Nehmen sind als Essenz aller Bemühungen und Erklärungen quasi die Seele der Fotografie!

Bewerte dein Bild vor Ort

Früher habe ich mir selten die Zeit genommen, die fotografierten Bilder direkt vor Ort genauer anzuschauen. Ein kurzer Blick auf die gerade durchgeführte Belichtung und das Histogramm mussten genügen, dann ging das Fotografieren weiter. Mittlerweile nehme ich mir deutlich mehr Zeit, die entstandenen Bilder zu betrachten. Das hat mehrere gute Gründe

Mein erster Blick gehört dem Bildaufbau. Gibt es langweilige oder dominierende Flächen im Bild? Passen die Proportionen von Vorder- und Hintergrund zueinander? Ist irgendetwas angeschnitten oder gibt es überflüssige Strukturen im Bild, die die Aufmerksamkeit binden und vom Wesentlichen ablenken? Oftmals beginnt mit diesen Fragen und den Antworten darauf die Feinjustierung deines Bildaufbaus, den du dann perfektionieren musst. Als Nächstes schaust du auf die Belichtung. Sind sowohl die Höhen als auch die Tiefen korrekt dargestellt? Wenn nein, ist das Bild zu hell oder zu dunkel und musst du länger oder kürzer belichten? Benötigst du einen Filter, wenn es zu starke Helligkeitsunterschiede im Bild gibt? Hast du spiegelnde Flächen im Bild, die du mit einem Polfilter beseitigen könntest? Möchtest du eine längere Belichtung mit verwischenden Bewegungen durchführen?

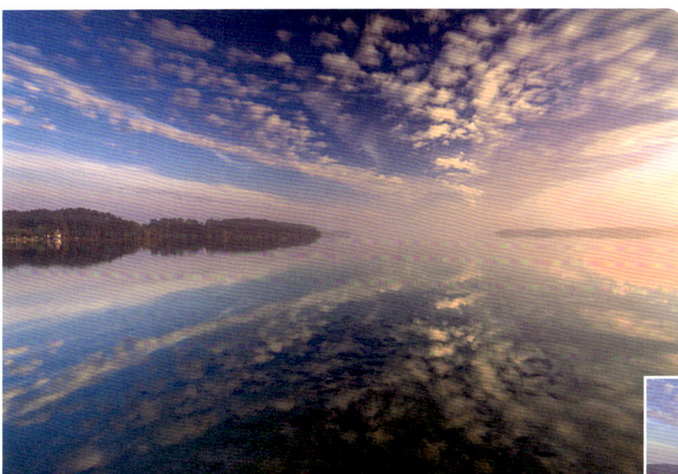

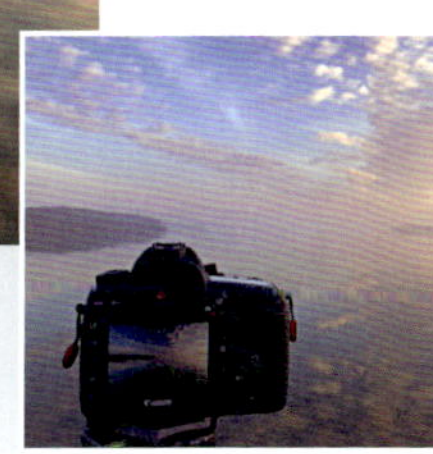

Passt alles? Diese Frage solltest du dir vor Ort und nicht erst zu Hause am Computer stellen. Achte auf das Histogramm, den Bildaufbau und die Schärfe.

Wenn all diese Fragen geklärt sind, brauchst du eigentlich nur noch das richtige Licht. Und wenn es soweit ist, hast du kaum noch Stress mit der Umsetzung, weil du alles so gut geplant und vorbereitet hast. Wenn du dann doch mal knapp dran bist und das Licht schon im Moment des Ankommens perfekt ist: Keine Panik, all die eben beschriebenen Fragen und Antworten laufen bald wie ein eingespielter Algorithmus ab und nehmen nach einiger Übung kaum noch Zeit in Anspruch.

AUFSATZLUPEN

Gerade bei hellen Lichtbedingungen oder störenden Reflexionen auf dem Display ist die Einschätzung des Bildes vor Ort manchmal schwierig, weil man einfach nicht gut sehen kann. Hierfür gibt es Aufsatzlupen, die du entweder über den Blitzschuh oder per Magnetverschluss auf das Display aufsetzen kannst und die es ermöglichen, das Bild bereits vor Ort wie auf einem großen Monitor zu betrachten. Kleiner Wermutstropfen: Trotz des geringen Gewichts beanspruchen sie Platz im Gepäck.

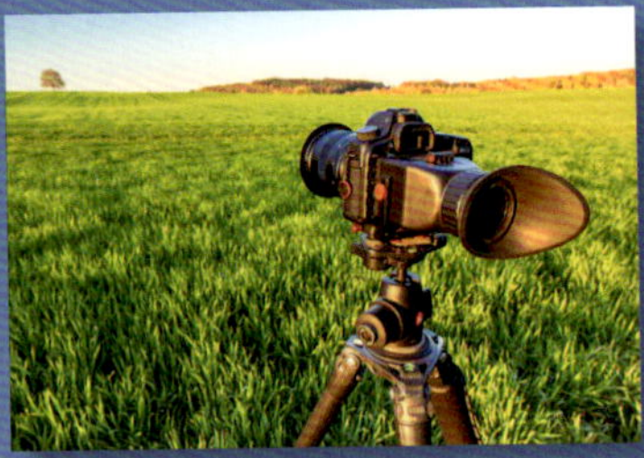

Der perfekte Bildaufbau an Beispielen

Auf den kommenden Seiten möchte ich dir anhand einiger Beispiele zeigen, wie ich persönlich Bilder komponiere und was für mich in puncto Bildaufbau nah am Optimum liegt. Hierbei ist es mir sehr wichtig, dir zu zeigen, dass Landschaftsfotografie von weitwinkligen bis hin zu stark vergrößerten Aufnahmen sehr vielfältig sein kann. Ich habe absichtlich keine gigantischen Landschaften und Naturphänomene gewählt, die alleine durch ihre Präsenz vom Bildaufbau und dessen Bedeutung ablenken würden.

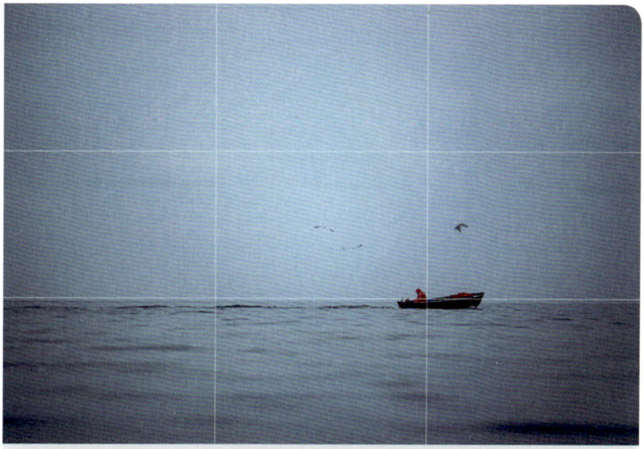

100 mm, f/2, 1/100 s, ISO 200 – Dynamik und Spannung durch die Drittelregel trotz eines sehr reduzierten Motivs. Eine mittige Anordnung des Bootes wäre pure Langeweile.

Neben der Nutzung klassischer Gestaltungsregeln wie z. B. der sogenannten Drittelregel solltest du beim Komponieren des Bildes auch auf deine Intuition vertrauen. Nicht selten können Abweichungen vom Standard – etwa eine Horizontlinie weit am unteren oder oberen Bildrand – neue Sichtweisen schaffen.

DIE DRITTELREGEL

Teilst du dein Bild sowohl horizontal als auch vertikal in jeweils drei gleich große Abschnitte ein, so erhältst du insgesamt neun gleich große Rechtecke. Möchtest du in ein Bild Dynamik und Spannung bringen, kannst du den optischen Mittelpunkt des Bildes auf einen der Schnittpunkte der entstehenden Linien oder auf diese selbst legen. Im Beispielbild liegt das Fischerboot genau in einem der Schnittpunkte, der Horizont auf der unteren Querlinie. Übrigens: Bei den meisten Kameras verbirgt sich hinter dem Menüpunkt „Gitterlinien" die Möglichkeit, sich diese Drittellinien im Sucher bzw. auf dem Display im Live-Modus anzeigen zu lassen. So kannst du schnell und einfach den Bildaufbau vornehmen.

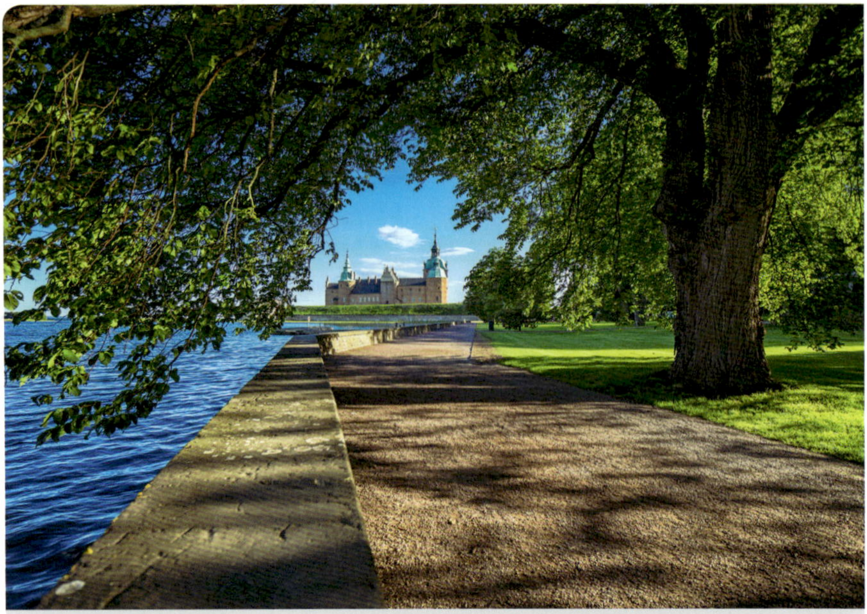

18 mm, f/4, 1/200 s, ISO 200, Polfilter – Schloss Kalmar, Südschweden

Schloss Kalmar, Schweden

Die offene Blende führt den Blick über den leicht unscharfen Vordergrund ins Bild und lenkt ihn sofort auf das Schloss. Die Perspektive habe ich so gewählt, dass das Schloss exakt in der Lücke des Baumes zu sehen ist und nicht von Ästen angeschnitten wird. Der große Ast oben spannt einen Bogen ums Hauptmotiv und hält den Blick fest im Bild. Der Vordergrund lebt vom Lichteinfall durch das Blätterdach, ohne zu sehr die Aufmerksamkeit auf sich zu ziehen. Das Bild kommt mit nur drei Farben aus, wobei Himmel und Wasser sich perfekt ergänzen. Der Weg und das Ziel (Schloss) sind durch die gleiche Farbigkeit auch optisch miteinander verbunden. Ein Glücksfall sind die kleinen Wolken, die den Raum um das Schloss mit Leben füllen.

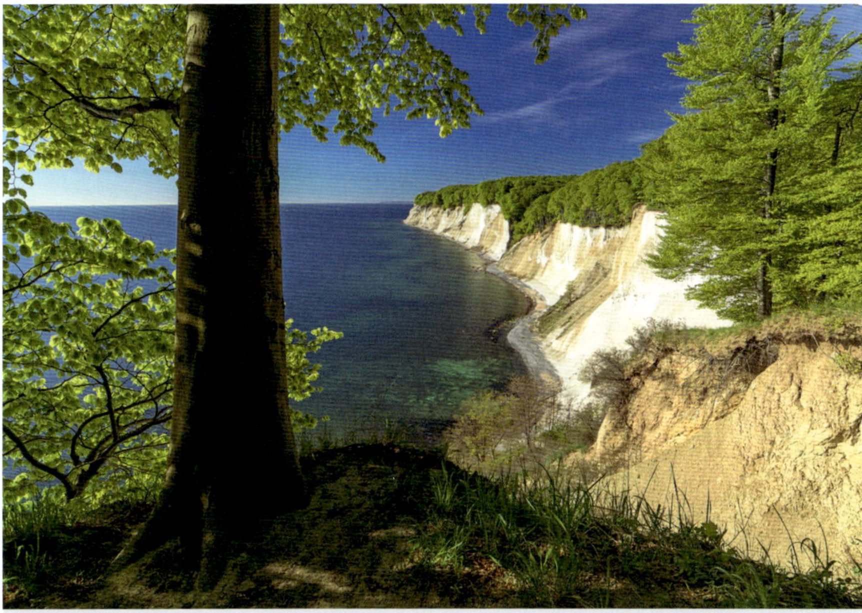

25 mm, f/10, 0,3 s, ISO 50, Polfilter, ND 0,6 soft – Die Kreidefelsen von Rügen I

Die Kreidefelsen von Rügen I

Ein Blick auf die Kreideküste durch eine Lücke im Bewuchs offenbart ihre Größe. Der Bezug zur Höhe wird rechts unten im Bild durch den abfallenden Hang und die nach unten kleiner werdenden Bäume hergestellt. Der stetige Wandel der Küste wird durch den Baum im Vordergrund betont, der bedrohlich nah am Abhang steht. Das Motiv wird auf der rechten Seite durch den zweiten Baum am Abhang weitergeführt. Diese beiden Strukturen halten den Blick im Bild. Wichtig ist auch, dass durch den Vordergrund nicht der Blick in die Ferne versperrt wird. Der Horizont ist bewusst in der kleinen Lücke links zwischen den Ästen dargestellt. Das frische Grün ist der farbliche Kontrapunkt zum satten Blau des Himmels.

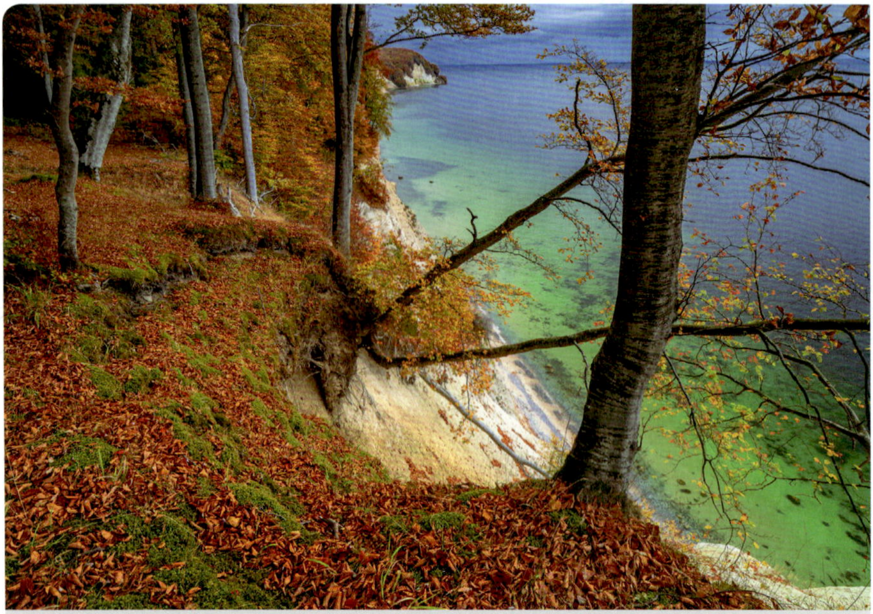

18 mm, f/10, 6 s, ISO 50, Polfilter, ND 0,3 soft – Die Kreidefelsen von Rügen II

Die Kreidefelsen von Rügen II

Ein weiteres Bild der Kreideküste, das den Wandel der Natur in einem Bild zeigt. Links der intakte, tiefe Buchenwald, rechts das Meer, das sich nach und nach Teile der Küste einverleibt, dargestellt durch die im Flachwasser liegende Kreide. Zwischen den beiden Bildbereichen finden sich die Zwischenstufen des Wandels in Form einer abgebrochenen Erdscholle, eines vermutlich in Kürze stürzenden Baumes und der blanken Kreideküste, die bereits dem Verfall preisgegeben ist. Der Blick in die Tiefe ist frei, sodass sich die Relationen herstellen lassen. Die dargestellte Küstenlinie mittig oben im Bild verschafft der Aufnahme Tiefe. Die Farben des Herbstwaldes werden durch den Küstenbereich mit der Grünfärbung des Wassers durch die Kreide sanft in die Blautöne des Himmels übergeleitet.

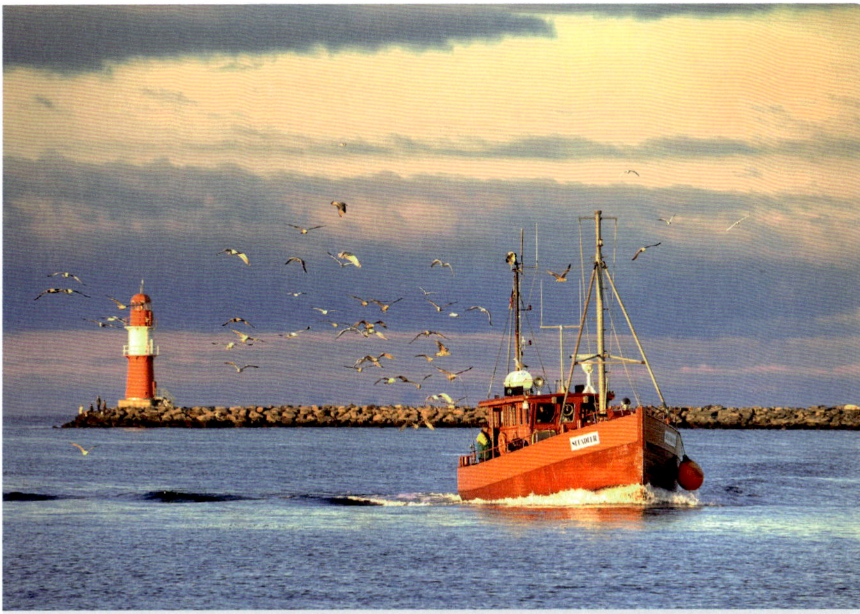

300 mm, f/5.6, 1/200 s, ISO 200, Polfilter – Hafeneinfahrt Warnemünde

Hafeneinfahrt Warnemünde

Bei diesem Bild wurde die klassische Drittelregel sowohl in der Höhe als auch der Breite des Bildes umgesetzt. Das Boot bildet unmissverständlich den optischen Schwerpunkt des Bildes. Der Leuchtturm im Hintergrund und die angeschnittene offene See vermitteln ein Gefühl des Heimkommens, das durch die kreisenden Möwen und den farbigen Abendhimmel des zur Neige gehenden Tages unterstrichen wird.

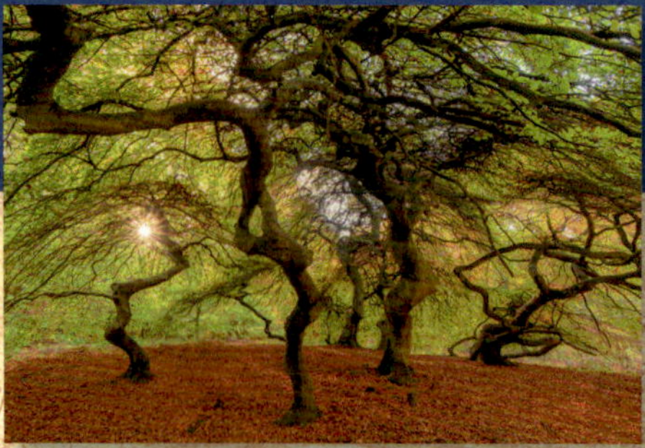

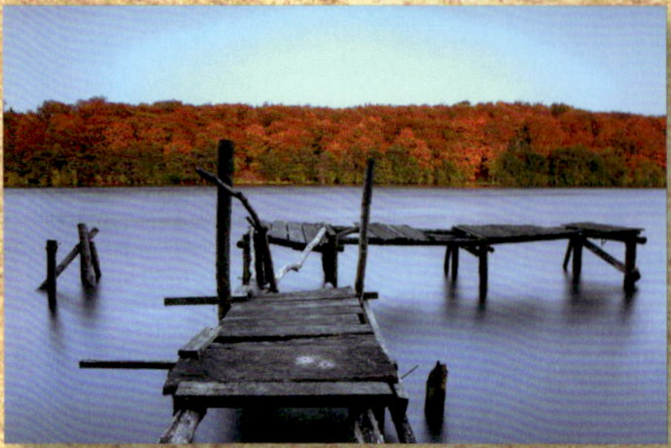

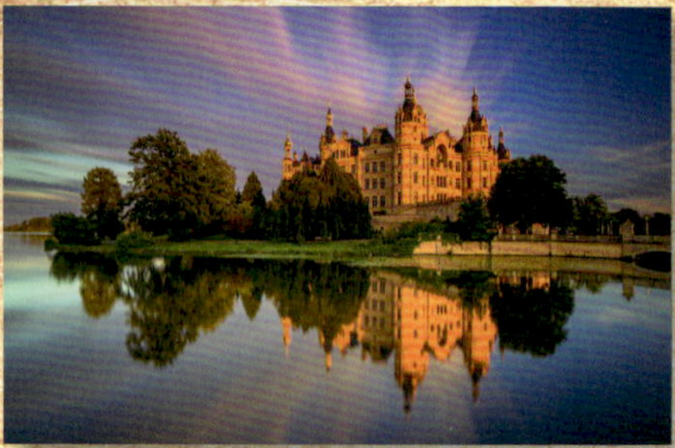

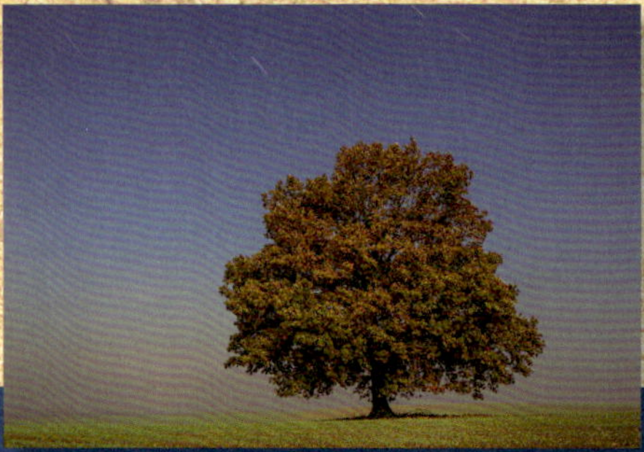

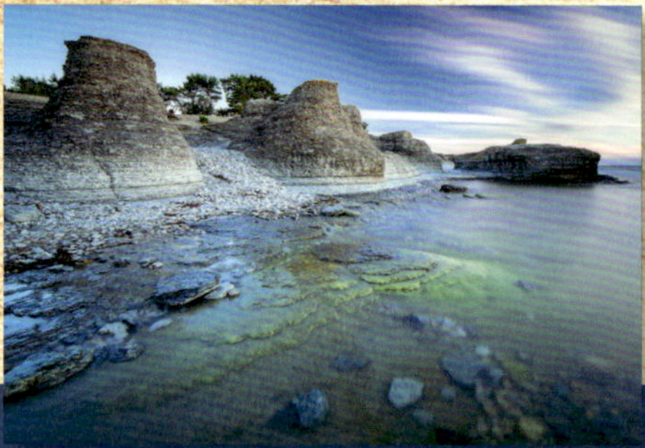

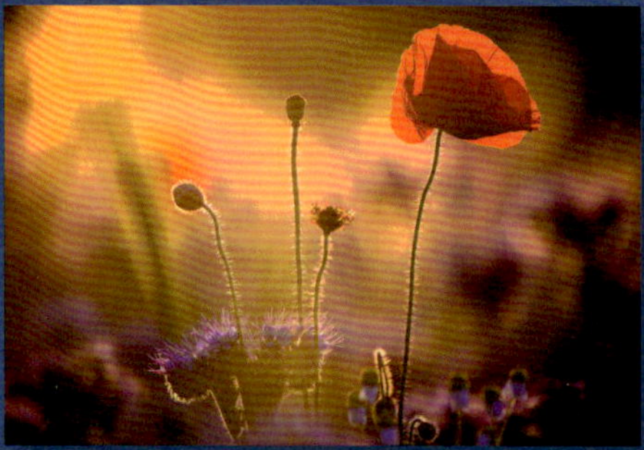

RICHTIG BELICHTEN

Nachdem wir uns bislang über die technischen Voraussetzungen und die Bildgestaltung Gedanken gemacht haben, ist es nun an der Zeit, die Bildidee zu belichten und in verwertbare Dateien umzusetzen. Eine vernünftige Belichtung ist nicht nur für den Eindruck des Bildes wichtig, sondern bildet auch die Basis für jegliche Nachbearbeitungen.

Ausgeglichene Helligkeiten

Sind helle Farbbereiche zu hell (also weiß) oder dunkle Farbbereiche zu dunkel (also schwarz) dargestellt, ist es dir auch trotz noch so versierter Nachbearbeitung nicht möglich, diese Bildbereiche zu verändern oder gar zu „retten“. Du musst also eine Belichtungssituation erzeugen, die alle Bildbereiche gut darstellt.

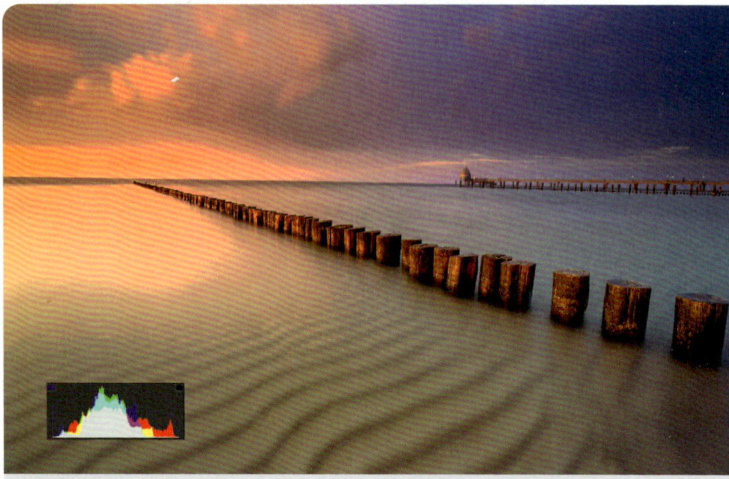

18 mm, f/10, 13 s, ISO 50, Polfilter, ND 0,6 soft – Eine perfekte Belichtung, auch dem Histogramm zufolge: Alle Bildbereiche sind mit Informationen gefüllt, es gibt keine zu dunklen oder zu hellen Bildbereiche, der Dynamikumfang ist entsprechend maximal.

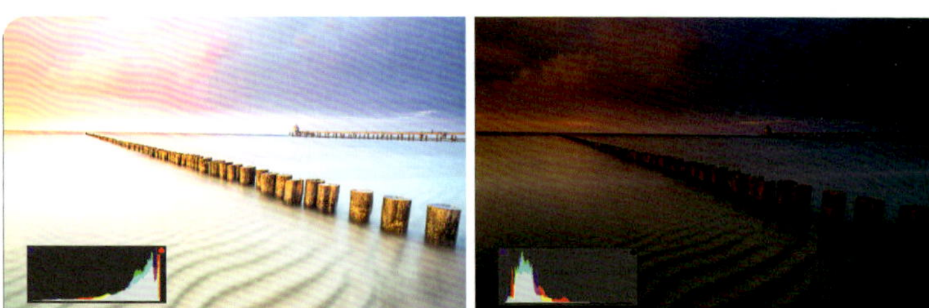

Diese Aufnahmen sind zu hell bzw. zu dunkel belichtet: Achte auf die entsprechende Verschiebung im Histogramm.

Ein bisschen Technik muss sein: Das Histogramm

Ein sehr wichtiges Hilfsmittel, das dir auch ohne einen Blick auf das eigentliche Bild verrät, ob du eine gute Belichtung erreicht hast, ist das Histogramm. Es stellt die Häufigkeitsverteilung der Helligkeitswerte zwischen reinem Schwarz und reinem Weiß auf einer Skala mit 255 Unterteilungen dar. Schaut man nun auf ein Histogramm, sollte es weder im ganz linken noch im ganz rechten Randbereich Ausschläge aufweisen, da dies bedeutet, dass nicht zu bearbeitende Bildabschnitte existieren.

- Ein Ausschlag des Histogramms ganz links bedeutet, dass im Bild der minimalste Helligkeitswert „Schwarz" vorliegt.
- Ein Ausschlag des Histogramms ganz rechts bedeutet, dass im Bild der maximalste Helligkeitswert „Weiß" vorliegt.
- Beide Extreme sollten vermieden werden, da diese „toten" Bildbereiche nicht bearbeitbar sind.

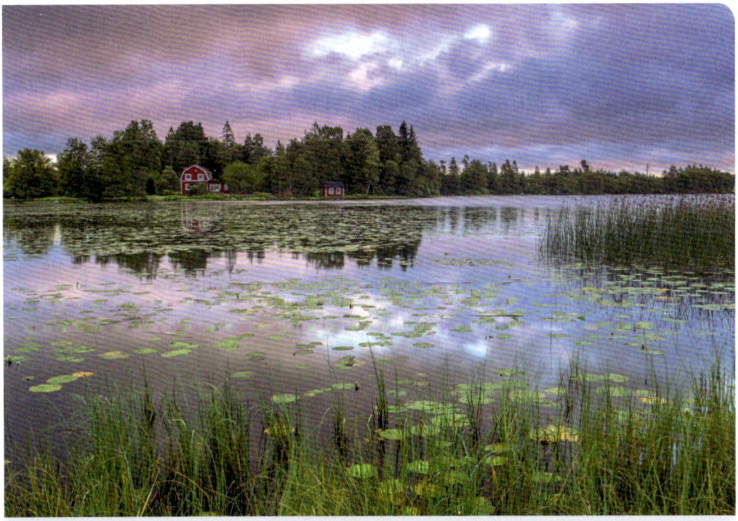

35 mm, f/10, 1/2 s, ISO 50, Polfilter, ND 0,6 hard – Eine nach Histogramm perfekt belichtete Aufnahme mit hohem Dynamikumfang: Sowohl die Tiefen als auch die Höhen sind ohne Verlust dargestellt.

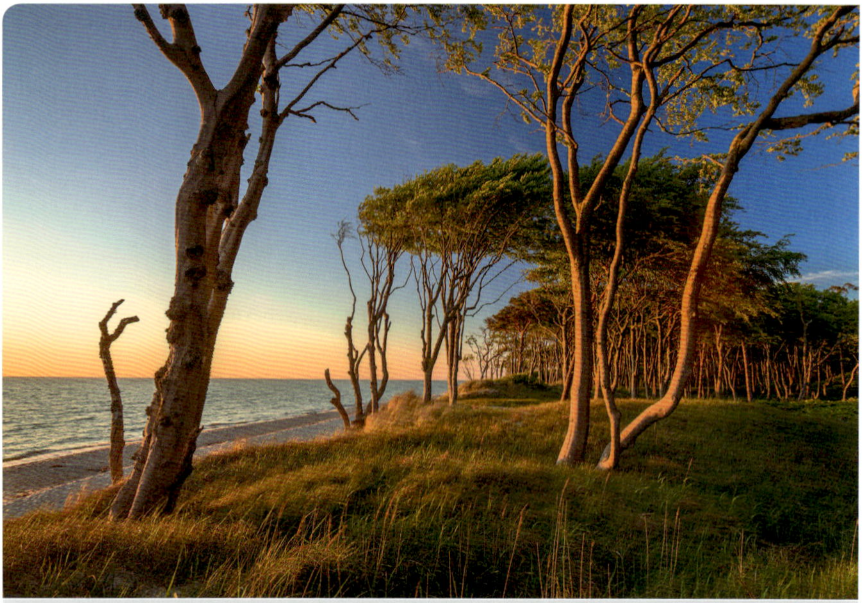

21 mm, f/10, 1/8 s, ISO 50, Polfilter, ND 0,9 soft – Auch diese Aufnahme hat einen hohen Dynamikumfang, sprich, es gibt sehr helle und sehr dunkle Bereiche. Damit alle gut einsehbar sind, habe ich einen ND 0,9 soft von links oben schräg ins Bild gebracht, um vor allem die linke helle Seite abzudunkeln.

Manchmal schaue ich mir Bilder auf dem Display an und finde, dass sie trotz perfekten Histogramms zu hell oder zu dunkel wirken. Bei sehr heller oder dunkler Umgebung beim Fotografieren kann dieser Eindruck schnell entstehen, ich kann dir aber versichern, dass das Histogramm immer recht behält.

Schau also im Zweifel einmal mehr auf die Helligkeitsverteilung im Histogramm und arbeite ggf. noch einmal nach. Im Moment der Aufnahmesituation ist es eine Kleinigkeit, noch ein weiteres Bild anzufertigen, und du ersparst dir unendlich viel Ärger über nicht gelungene Belichtungen.

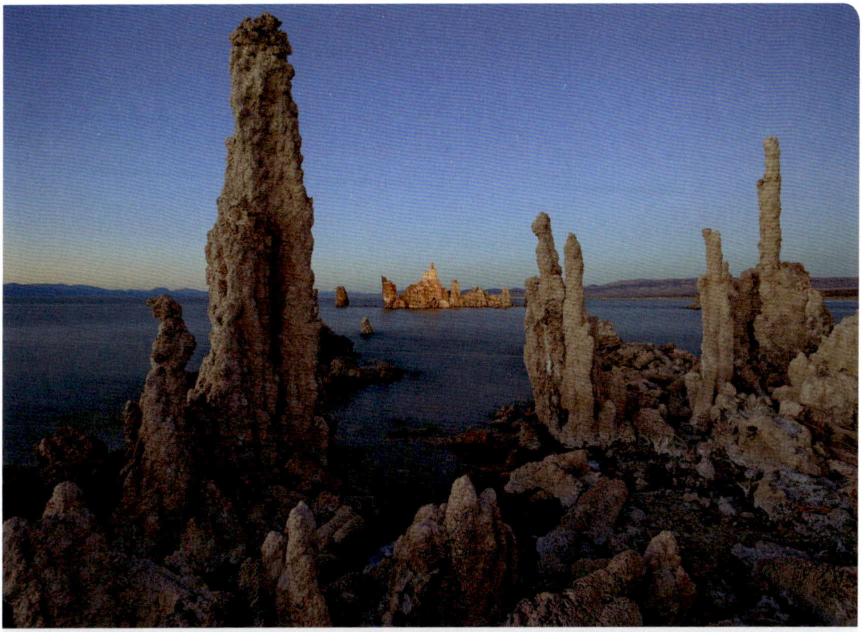

18 mm, f/8, 127 s, ISO 100 – In der Dunkelheit kam mir diese Aufnahme auf dem Display deutlich zu hell vor. Ich habe mich auf das Histogramm verlassen und war zu Hause am PC froh darüber.

FOTOGRAFIEREN BEI EXTREMEN LICHTVERHÄLTNISSEN

Wenn du bei Dunkelheit oder starkem Sonnenlicht fotografierst, passen sich die Augen daran an (man nennt das Adaption). Das heißt, Lichtquellen wie das Display der Kamera werden bei äußerer Dunkelheit als deutlich heller empfunden, ebenso auch die angezeigten Bilder, und umgekehrt. Um falsche Bildergebnisse zu vermeiden, solltest du unbedingt das Histogramm auswerten. Außerdem empfehle ich dir, die Helligkeit des Displays an die Umgebungshelligkeit anzupassen. Wenn es sehr hell ist, musst du das Display auch sehr hell einstellen. Ist es dunkel, dann muss auch das Display entsprechend dunkel eingestellt werden.

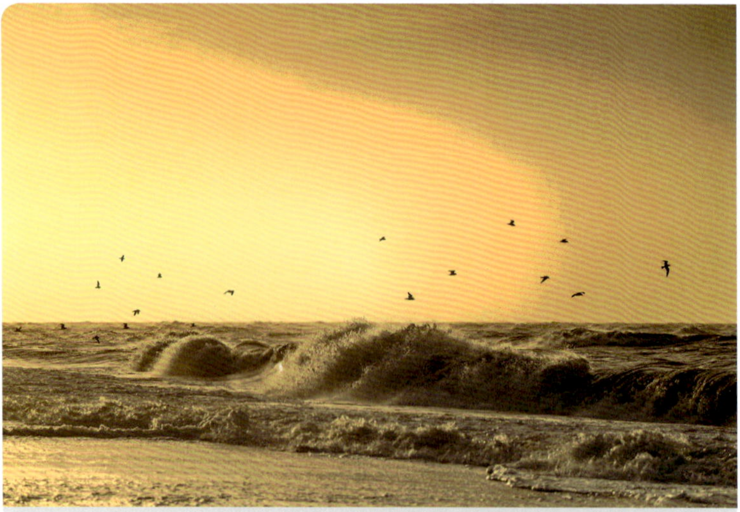

135 mm, f/2, 1/2000 s, ISO 200 – Durch die sehr kurze Belichtungszeit ist jedes Detail der Welle wie auch die Bewegung der Möwen „eingefroren".

Bewegung einfrieren oder verwischen

Die Belichtungszeit definiert, wie ein Bild wirkt. Verwendest du sehr kurze Belichtungszeiten, frieren Bewegungen ein. Es scheint, als stünde die Welt für genau diesen Moment still. Perfekte Beispiele sind ein Wasserfall oder auch eine sich überschlagende Welle, bei der du jeden kleinen Tropfen sehen kannst. In der Sport- und Tierfotografie arbeitest du fast ausschließlich mit diesen extrem kurzen Zeiten, um scharfe Bilder der sich schnell bewegenden Objekte zu erreichen. Je schneller sich ein Objekt bewegt, umso kürzer musst du die Belichtungszeit wählen, um es ohne Bewegungsunschärfe abzubilden. In der Landschaftsfotografie ist zumeist Wasser das Medium, dessen Bewegung du auf ganz unterschiedliche Weise darstellen kannst.

Sicherlich kannst du dir sehr kurze Belichtungszeiten gut vorstellen und das Bildergebnis auch mit deinen eigenen Augen nachemp-

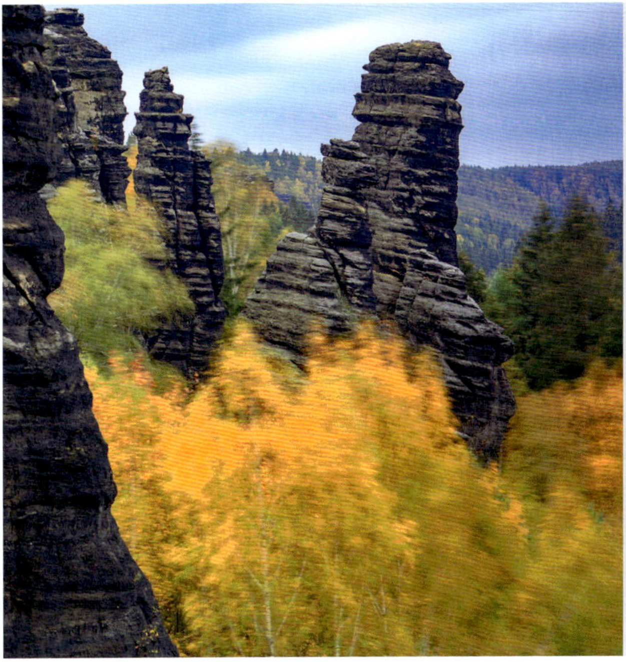

100 mm, f/5, 15 s, ISO 100, Polfilter – Sturm im Sandstein: Die sich stark bewegenden Birken sind genauso wie die Wolken verwischt dargestellt. Nur die starren Felssäulen trotzen stoisch dem Wetter.

finden. Deutlich schwerer begreiflich sind hingegen lange Belichtungen, die du mit den eigenen Augen nicht wirklich nachvollziehen kannst. Die Kamera fasst bei einer Langzeitbelichtung quasi alle Teilmomente des Belichtungszeitraums zu einer einzigen Aufnahme zusammen. Dabei verwischen die Bewegungen und Vorkommnisse während der Belichtungszeit zu einer Summe, die du erst auf dem fertigen Bild sehen kannst.

Gerade dieser Aspekt ist dem menschlichen Sehen fremd und versetzt insbesondere Betrachter, die keine Ahnung von der technischen Umsetzung haben, in Staunen. Der Bildeindruck wirkt oft surreal entrückt und ruft Empfindungen wie Ruhe und Gelassenheit hervor. Der Fokus liegt nun vollkommen auf den sich nicht bewegenden Objekten im Bild, die wie starre Zeugnisse der Ewigkeit für Beständigkeit stehen.

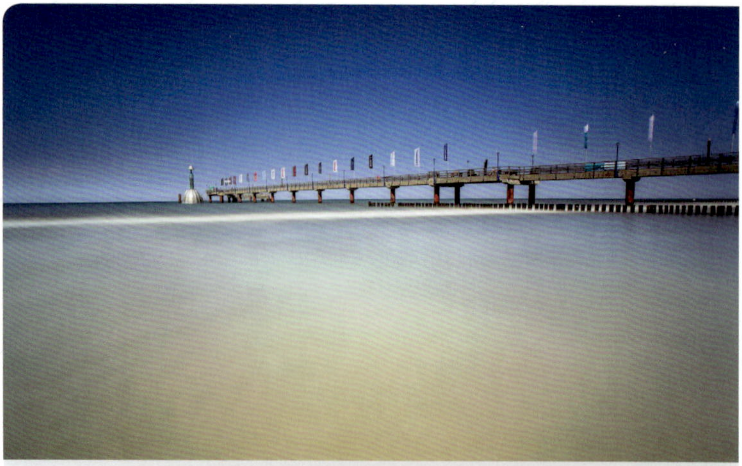

21 mm, f/22, 240 s, ISO 50, ND 2000, Polfilter – Diese Aufnahme ist weder schön noch besonders. Sie zeigt aber eins: Die vielen Badegäste, die vor der Kamera und auf der Seebrücke entlangliefen und im Wasser planschten, sind auf dem Bild gar nicht zu sehen: Die lange Belichtung lässt alle sich bewegenden Objekte verschwinden.

Langzeitbelichtung

Mit der Langzeitbelichtung hast du also ein wirkungsvolles Werkzeug an der Hand, ein Bild stark zu verfremden bzw. einer bekannten Szenerie einen anderen Look zu verpassen. Auf diese Weise kannst du Bewegungen verändern oder gar vollständig verschwinden lassen. Wie gesagt ist eine Langzeitbelichtung die Summe aller einzelnen Momente während der Belichtungszeit. Wenn sich nun also Objekte im Bild fortwährend bewegen, wird jeder Moment dieser Bewegung dargestellt. So werden z. B. sich überschlagende Wellen einschließlich der entstehenden Gischt in der langen Belichtung zu einem sanften Nebelmeer. Bäume im Sturm verwischen bis auf den Stamm, die großen Äste zu einer wabernden Masse, und belebte Plätze mit hunderten Menschen wirken auf einmal wie von Geisterhand leer gefegt, solange alle Leute in Bewegung bleiben.

Die siamesischen Drillinge Zeit, Blende und ISO-Empfindlichkeit

Du weißt inzwischen, dass die zur korrekten Belichtung notwendige Zeit unabdingbar von zwei Faktoren abhängig ist: erstens von der Blende, und zweitens von der eingestellten Sensorempfindlichkeit.

- Je kleiner du die Blende wählst, desto kleiner ist die Öffnung im Objektiv, durch die Licht auf den Sensor fallen kann (die Blendenzahl wird dabei größer, was leider verwirrend ist). Je kleiner diese Blendenöffnung also ist, desto länger musst du belichten, bis ausreichend Licht auf den Sensor gefallen ist. Im Abblenden liegt also die erste Möglichkeit, die Belichtungszeit zu verlängern. Einbußen in der Detailschärfe sind die Folge (siehe Abschnitt „Scharfe Bilder“).
- Die zweite Möglichkeit besteht darin, dass du die Licht- bzw. ISO-Empfindlichkeit des Sensors so niedrig wie möglich einstellst. Je niedriger der ISO-Wert ist, desto länger kannst du belichten.

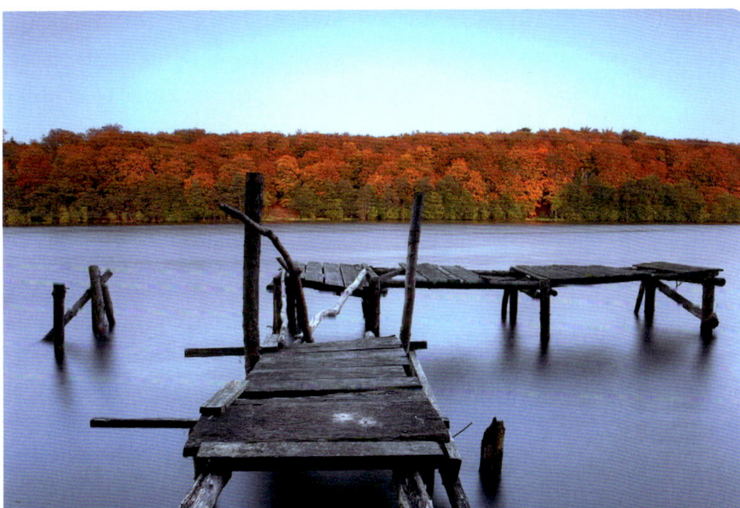

24 mm, f/18, 30 s, ISO 50, Polfilter, ND 0,6 hard – In der Dämmerung benötigst du keinen zusätzlichen Graufilter, um die Belichtungszeit zu verlängern. Durch Abblenden und Herabsetzen der ISO-Empfindlichkeit sind ausreichend lange Belichtungszeiten möglich, um den Steg optisch vom sich bewegenden Wasser zu trennen.

Wenn du diese Einstellungen vornimmst, also kleinste Blende und niedrigste ISO-Empfindlichkeit, kannst du die Belichtungszeit bereits erheblich verlängern. Gerade in der Dämmerung und in der Nacht realisierst du auf diese Weise lange Belichtungszeiten, ohne dass das fertige Bild überbelichtet ist.

Am Tag reicht Abblenden nicht aus

Wenn du nun allerdings tagsüber versuchen würdest, mit diesen Kniffen eine Langzeitbelichtung umzusetzen, wirst du schnell feststellen, dass du selbst bei bedecktem Himmel kaum Zeiten von über 2 s erreichen kannst. Dies wiederum ist deutlich zu wenig, um Wolken oder Wellen verwischen zu lassen. Darum gibt es wie für so viele Problemchen der Fotografie eine wunderbare Lösung, mit der du der Kamera Dunkelheit „vorgaukeln" kannst: den ND-Filter (ND steht für *neutral density*, neutrale Dichte). Das zum Teil sehr stark grau eingefärbte Filterglas wird entweder als Steck- oder Schraubfilter vor das Objektiv in den Filterhalter eingeführt. Für den Sensor der Kamera bewirkt diese Maßnahme Dunkelheit wie in finsterer Nacht, und du kannst nun wieder nach gewohntem Schema lange belichten.

Achtung: Die ND-Filter sind vollkommen gefärbt und dunkeln das gesamte Bild gleichmäßig ab. Sie sind nicht zu verwechseln mit den Grauverlaufsfiltern, die nur einen Teil des Bildes abdunkeln, deren Stärke aber irreführenderweise ebenfalls mit ND angegeben wird. Auch bei den ND-Filtern empfiehlt es sich, diese passend zum restlichen Filtersystem anzuschaffen, da du so nicht für alle unterschiedlich großen Frontgewinde an den Objektive eigene Einschraubfilter anschaffen musst. ND-Filter lassen sich im Übrigen hervorragend mit den Verlaufsfiltern und auch dem Polfilter kombinieren. Achte immer auch darauf, welche Filterkombinationen ich eingesetzt habe, und probiere es ebenfalls aus.

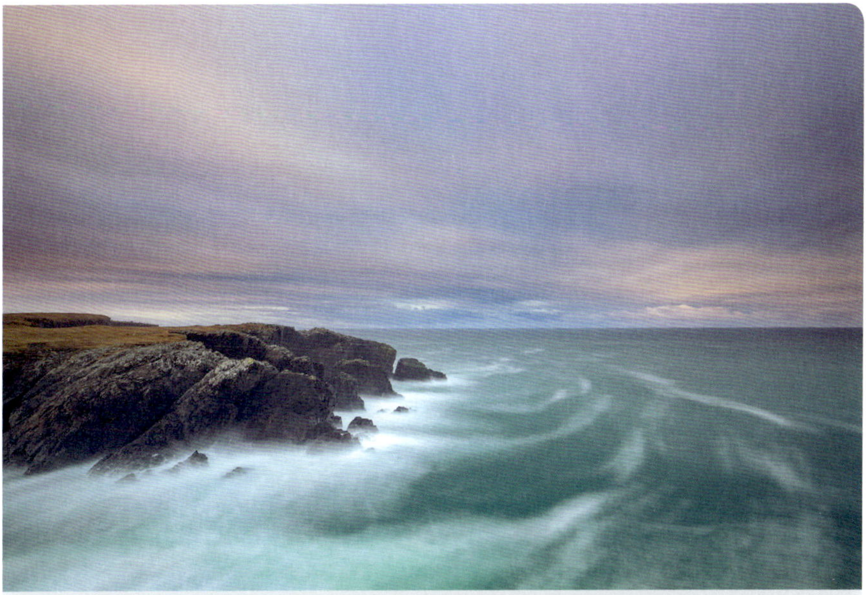

18 mm, f/10, 100 s, ISO 50, ND 64, Polfilter, ND 0,6 hard – Um die Bewegung der Wolken und der Gischtspuren auf dem Wasser zu verdeutlichen, habe ich zusätzlich zum Polfilter einen ND 64 benutzt, der die Belichtungszeit um das 64-fache verlängert.

ND-FILTER

Neutralgraufilter gibt es in vielen verschiedenen Intensitäten – du solltest wie immer mit einer mittleren Stärke zum Ausloten deiner Bedürfnisse starten.

Beim Kauf solltest du darauf achten, gute Filter auszuwählen. Wenn das Grau auch nur den geringsten Farbstich aufweist, findet sich dieser in all deinen Fotos digital wieder. Die Entfernung in der Nachbearbeitung ist mitunter aufwendig und nervig, zumal die Verteilung des Farbstichs nicht einmal gleichmäßig sein muss. Hinzu kommt, dass du bei zunehmender Belichtungszeit auch eine Zunahme des Farbstichs erkennen kannst. Wähle also vergütete Glasfilter, da diese viel farbreiner als die günstigen Plastikfilter sind.

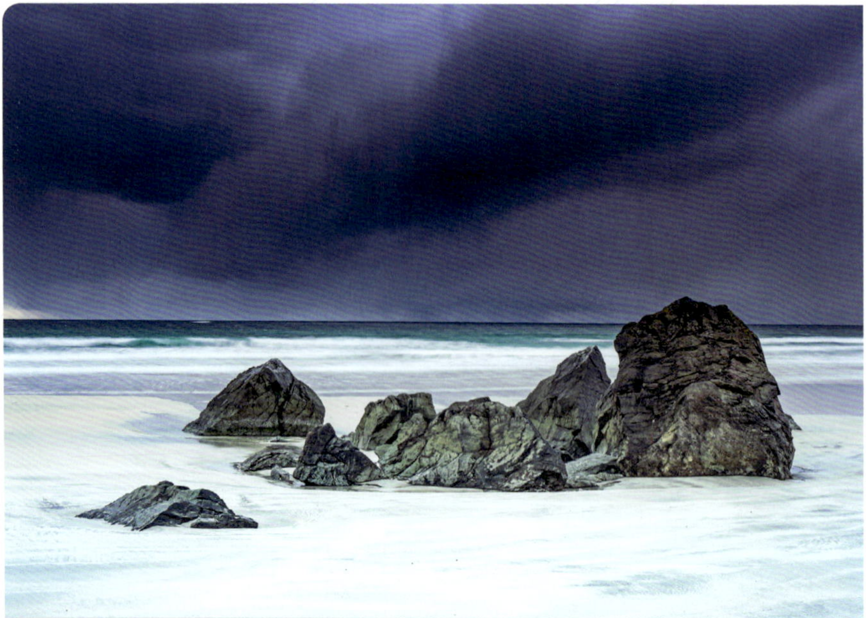

50 mm, f/6.3, 0,8 s, ISO 50, ND 0,6 hard – Damit es keine bösen Überraschungen gibt, fertige ich vor der eigentlichen Aufnahme ein deutlich kürzer belichtetes Testbild an. Ob einem dieses Bild oder die Langzeitbelichtung besser gefällt, muss jeder für sich entscheiden.

Die Belichtungszeit berechnen (lassen)

Woher weißt du nun bei einer Langzeitbelichtung, wie lange du ein Bild belichten musst, damit es optimal aussieht? Gerade bei sehr langen Belichtungszeiten ist es mehr als ärgerlich, wenn du im Anschluss feststellst, dass das Bild unter- oder überbelichtet ist. Richtig frustrierend wird es dann, wenn das dagewesene Licht oder die interessante Stimmung vorbei sind und du das Bild nicht wiederholen kannst.

Um dieses Problem zu vermeiden, gehst du so vor: Du kümmerst dich wie immer zuerst um den Bildaufbau. Wenn alles perfekt ist, fokussierst du auf das entscheidende Objekt im Bild und stellst dann bei Objektiven mit Autofokus auf „Manuell“ um. Ansonsten kann es dir

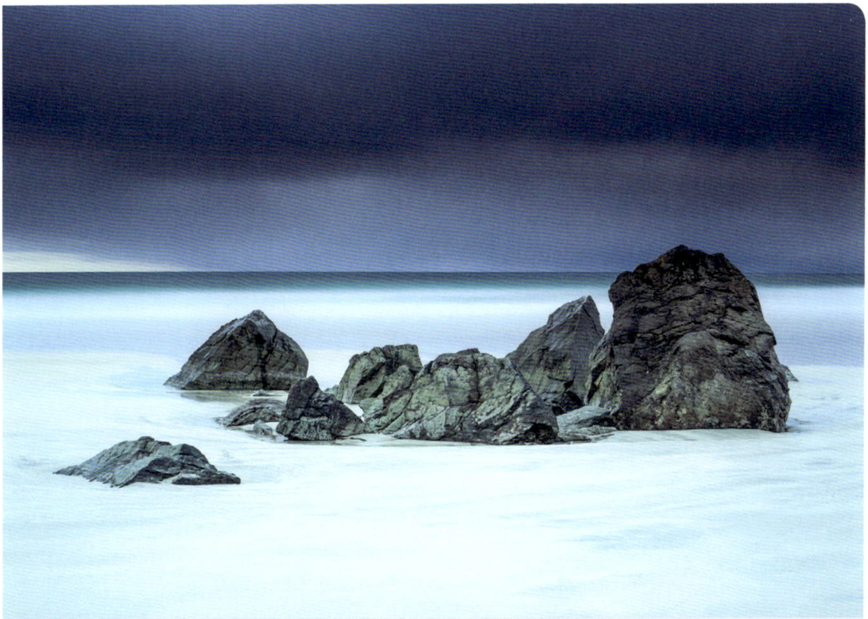

50 mm, f/6.3, 450 s, ISO 50, ND 1000, ND 0,6 hard – Wenn man 450 s lang belichtet, will man sicher sein, dass die Belichtung danach auch stimmt.

passieren, dass die Kamera, wenn der Filter aufgesetzt wurde, erneut versucht zu fokussieren (was dir aufgrund der starken Abdunkelung vermutlich nicht gelingt und unweigerlich zu unscharfen Bildern führt).

Nun steckst du alle Filter, die du benötigst, in der korrekten Positionierung ein und lässt den zum Objektiv dichtesten Steckplatz für den Neutralgraufilter frei (den dichtesten Steckplatz deswegen, weil der ND-Filter zur Kamera vollständig abdichten muss, um seitliches Streulicht zu vermeiden). Nun lässt du die Kamera bei der gewünschten Blende und ISO-Empfindlichkeit in der Zeitautomatik ein Testbild machen und schaust, wie lange sie das Bild belichtet hat. Bitte schau an dieser Stelle unbedingt auf das Histogramm, ob alles passt und keine Bildbereiche schwarz oder weiß sind.

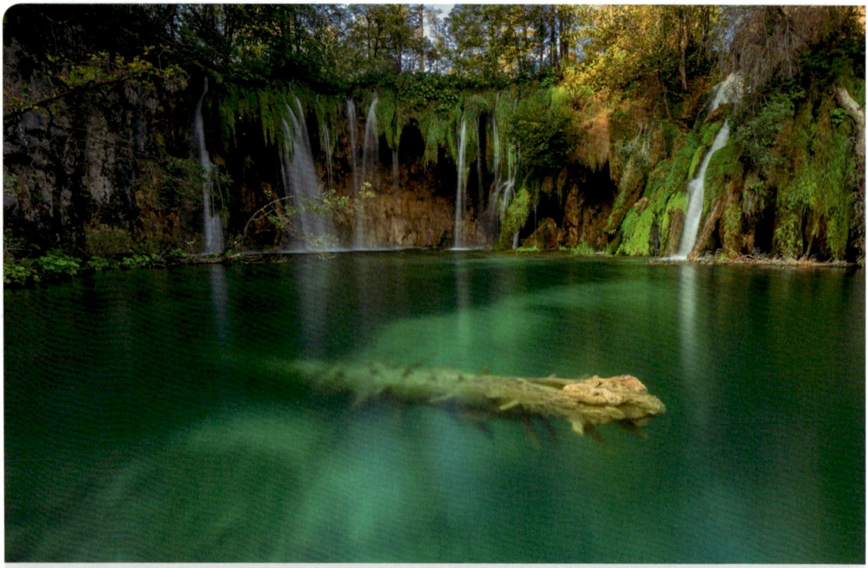

18 mm, f/22, 15 s, ISO 50, ND 64 – Unter Zuhilfenahme eines ND 64 konnte ich die Belichtungszeit trotz Sonnenschein auf 15 s strecken, sodass die Wasserfälle zart und seidig aussehen (ohne Filter würde die Belichtungszeit der Aufnahme 1/4 s betragen, wenn die übrigen Parameter gleich bleiben).

Nun steckst du den Graufilter ein. Je nachdem, um wie viele Blendenstufen der ND-Filter abdunkelt, berechnet sich die nun gültige Belichtungszeit: Für jede (Blenden-)Stufe verdoppelt sich die Belichtungszeit. Ein ND-Filter mit vier Blendenstufen Verdunklung bewirkt also, dass sich die Belichtungszeit viermal verdoppelt. Auf diese Weise kannst du jede Zeit für jeden beliebigen Filter berechnen, sofern du seine Bezeichnung kennst. Einige Hersteller bezeichnen ihre Filter mittlerweile direkt mit dem Faktor, um den sich die Belichtungszeit verlängert. Ein ND 64 bedeutet dann entsprechend, dass du die Zeit der Testaufnahme mit dem Faktor 64 multiplizieren musst.

ZEITERMITTLUNG BEI LANGZEITBELICHTUNGEN MIT ND-FILTERN

Ein Beispiel: Bei Blende f/10 und ISO 50 belichtet ein Bild 1 s ohne Filter. Der verwendete ND-Filter bewirkt eine Abdunkelung um acht Blendenstufen. Ich muss also die Belichtungszeit 8-fach verdoppeln: 1 s x 2 x 2 x 2 x 2 x 2 x 2 x 2 x 2 = 256 s oder 1 s x 2^8

Einfacher ist es, wenn der Hersteller den Faktor angibt, mit dem du die Belichtungszeit multiplizieren musst, in diesem Beispiel also 256 Sekunden. In jedem Fall empfiehlt es sich also, ein Smartphone mit Taschenrechner mitzuführen.

Langzeitbelichtung bei Nacht

Wenn du eine Langzeitbelichtung bei Nacht oder dunklen Lichtverhältnissen anfertigen möchtest, benötigst du keinen ND-Filter. Aber auch in so einem Fall fertigst du eine Testaufnahme an, bei der du allerdings die Parameter im Vergleich zur eigentlichen Aufnahme ändern musst, um ein deutlich kürzer belichtetes Testbild zu bekommen.

Dafür setzt du die ISO-Empfindlichkeit auf einen hohen Wert (z. B. 6400) und blendest auf die größtmögliche Blende auf. Das Testbild wird qualitativ in puncto Rauschverhalten und Schärfebereich schlechter, dient aber lediglich der Belichtungskontrolle. Wenn das Testbild die gewünschte Helligkeit zeigt, gibst du die Werte in die App (siehe Kasten auf der nächsten Seite) ein und veränderst die Parameter nach deinen Vorstellungen, wie du sie später in der Aufnahme haben möchtest. Nun musst du nur noch die Parameter gemäß den Vorgaben der App einstellen. So sparst du viel Zeit, anstatt lange zu probieren.

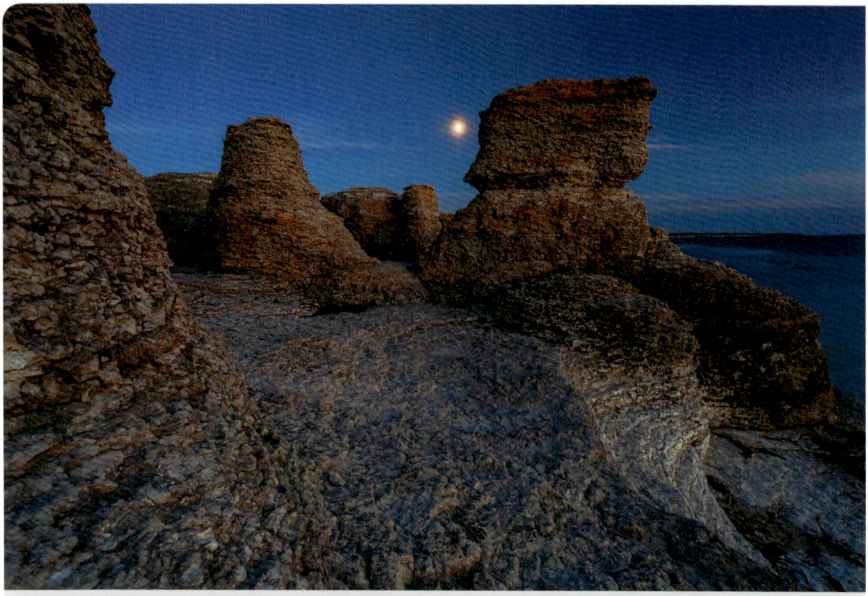

18 mm, f/10, 240 s, ISO 200 – Bei Nachtaufnahmen fertige ich ein Testbild mit hoher ISO-Empfindlichkeit und Offenblende an. Die App berechnet aus diesen Daten die Belichtungszeit der eigentlichen Aufnahme.

MIT APPS DIE PERFEKTE BELICHTUNG ERMITTELN

Damit du nicht schwere Kopfrechenaufgaben in freier Wildbahn lösen musst und dir im Angesicht des perfekten Lichts die Schweißperlen auf der Stirn stehen, gibt es mittlerweile zahlreiche Apps, die genau das für dich tun, z. B. „Photobuddy“: Du gibst einfach die Werte der Blende, der Zeit und der ISO-Empfindlichkeit des angefertigten Testbilds ein und kannst im Anschluss daran virtuelle Filter setzen und die entsprechende Änderung der Belichtungszeit ganz komfortabel ablesen.

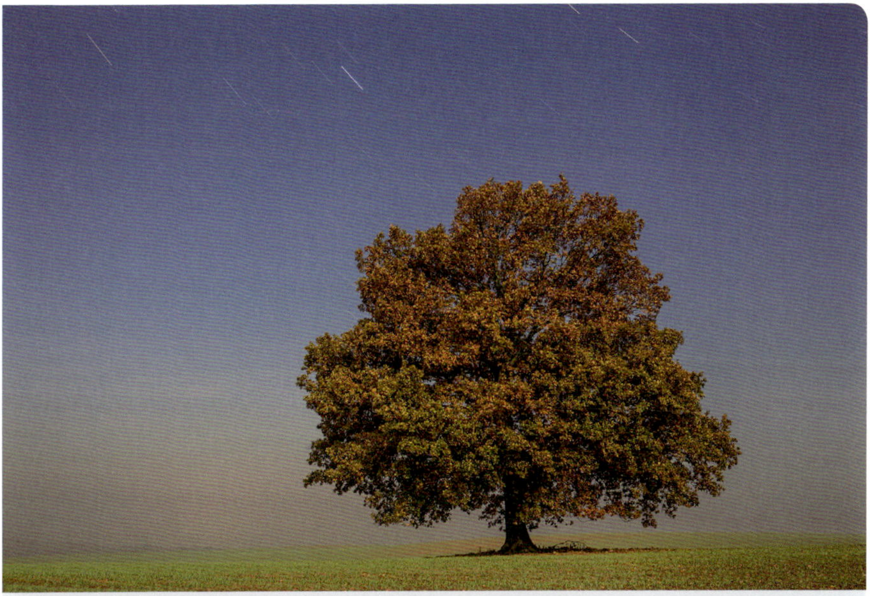

35 mm, f/5, 600 s, ISO 100 – Durch die immens lange Belichtungszeit bei Mondlicht wirkt die Aufnahme, als wäre sie bei Sonnenschein gemacht worden. Nur die Startrails verraten, dass es sich um eine Nachtaufnahme handelt.

Der BULB-Modus

Für derartig lange Belichtungen nutzt du den BULB-Modus der Kamera (bei manchen Herstellern ein Unterpunkt im manuellen Modus). Blende und ISO-Empfindlichkeit kannst du wie immer manuell einstellen. Der Unterschied zu den anderen Modi ist, dass die Kamera so lange nach der Auslösung belichtet, bis du erneut den Auslöser betätigst. Nutze dabei immer den Fernauslöser, um nicht an der Kamera wackeln zu müssen!

Fotografiere die folgenden Checklisten mit dem Handy ab oder kopiere sie, damit du anfangs nichts vergisst. Wenn du den Ablauf einige Male geübt hast, läuft er wie von allein!

CHECKLISTE LANGZEITBELICHTUNG MIT ND-FILTER

- Verfahre zu Beginn wie bei einem ganz normalen Bild: Wähle Objektiv, Bildaufbau und dafür benötigte Filter.
- Stelle die Kamera auf dem Stativ sicher auf.
- Lass den zum Objektiv dichtesten Steckplatz für den später benötigten ND-Filter frei.
- Wähle die gewünschte ISO und Blende, am besten mit der Zeitautomatik.
- Fokussiere das optisch wichtigste Objekt im Bild und stell dann ggf. auf manuellen Fokus um.
- Fertige ein Testbild an.
- Überprüfe Bildaufbau und Histogramm.
- Wenn alles soweit passt, lies die Belichtungszeit der Testaufnahme ab.
- Berechne die Belichtungszeit mit dem Faktor des gewünschten ND-Filters bzw. lass diese von einer App berechnen.
- Schiebe den ND-Filter vorsichtig ein.
- Schalte in den BULB-Modus.
- Stelle nun Blende und ISO-Empfindlichkeit so ein wie in der Testaufnahme.
- Nutze den Fernauslöser, um die Kamera nicht zu berühren.
- Belichte die Aufnahme so lange wie errechnet.

CHECKLISTE LANGZEITBELICHTUNG OHNE ND-FILTER (BEI DUNKELHEIT)

- Verfahre zu Beginn wie bei einem ganz normalen Bild: Wähle Objektiv, Bildaufbau und eventuell benötigte Filter.
- Stell die Kamera auf dem Stativ sicher auf.
- Wähle eine sehr hohe ISO-Empfindlichkeit sowie die größtmögliche Blende (also kleinstmögliche Blendenzahl).
- Fokussiere das optisch wichtigste Objekt im Bild und stelle dann ggf. auf manuellen Fokus um (ggf. unter Zuhilfenahme einer Taschenlampe).
- Fertige ein Testbild an, am besten mit der Zeitautomatik.

- Überprüfe Bildaufbau und Histogramm.
- Wenn alles soweit passt, lies die Parameter der Testaufnahme ab (Belichtungszeit bei bekannter ISO und bekannter Blende).
- Berechne die Belichtungszeit deiner gewünschten Parameter mit einer App, indem du die ISO-Empfindlichkeit und die Blende nach deinen Wünschen veränderst.
- Schalte in den BULB-Modus.
- Stelle nun Blende und ISO-Empfindlichkeit so ein wie in der Testaufnahme.
- Nutze den Fernauslöser, um die Kamera nicht zu berühren.
- Belichte die Aufnahme so lange wie errechnet.

Langzeitbelichtung an Beispielen

Worauf es bei der Langzeitbelichtung ankommt und wie man sie theoretisch durchführen muss, ist erst mal relativ leicht zu verstehen. Dennoch ergeben sich in der praktischen Anwendung oft Probleme. Um dir zuverlässig die Angst vor den technischen Notwendigkeiten langer Belichtungen zu nehmen und gleichzeitig deine Lust darauf zu wecken, zeige ich dir auf den folgenden Seiten an Beispielen ausführlich, was du tun musst, um so ein Bild entstehen zu lassen.

Schau dir dabei die verwendeten Einstellungen an und probiere bei ähnlichen Lichtsituationen einfach mal aus, eine solche Belichtung zu realisieren. Zur Not reicht dafür vorerst auch der Blick vom Balkon oder in deinen Garten, ganz unabhängig vom Motiv. Wenn du die technischen Handgriffe beherrschst, kannst du sie bei guten Bedingungen sicher und zielgerichtet anwenden, ohne nachdenken zu müssen.

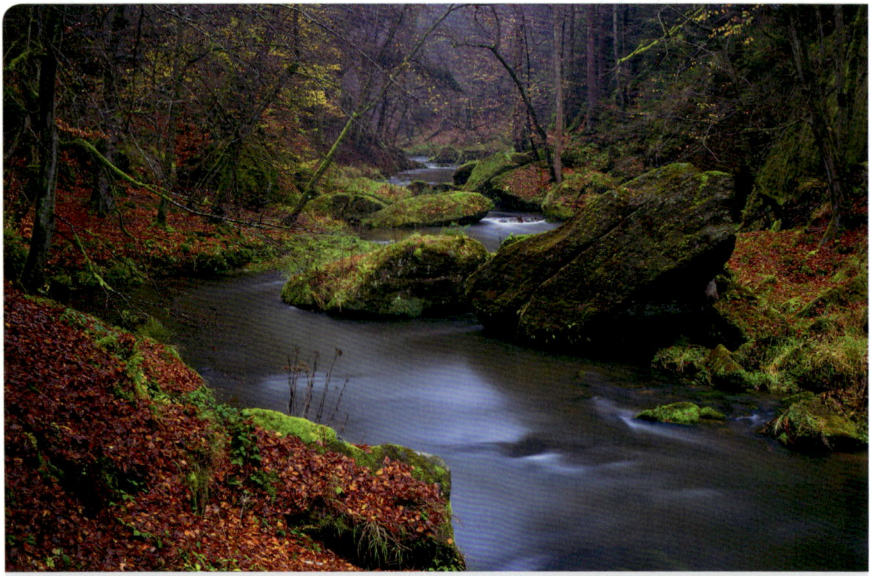

50 mm, f/8, 474 s, ISO 50, Polfilter, ND 0,3 soft – Kamnitztal, Sächsische Schweiz

Kamnitztal im Nationalpark Sächsische Schweiz

Bei absoluter Windstille konnte ich diese lange Aufnahme in später Dämmerung realisieren. Mit dem Auge konnte man kaum noch etwas erkennen. Das Testbild mit ISO 4000 bei f/2 diente mir als Berechnungsgrundlage, die Belichtungszeit betrug hier 0,4 s. Auf diese Weise habe ich mit der App schnell und ohne großes Rumprobieren die Zeit für eine qualitativ hochwertige Aufnahme gefunden.

Moskenstraumen, Lofoten, Norwegen

Auch diese Aufnahme habe ich mit der App „Photobuddy" berechnet. Zuerst fertigte ich eine Testaufnahme ohne den ND-1000-Filter an. Durch virtuelles Hinzufügen eines Filters berechnete die App anschließend die notwendige Zeit unter Einsatz des Filters. Vorsicht beim Einschieben des Filters, damit sich Fokus und Bildaufbau nicht verändern!

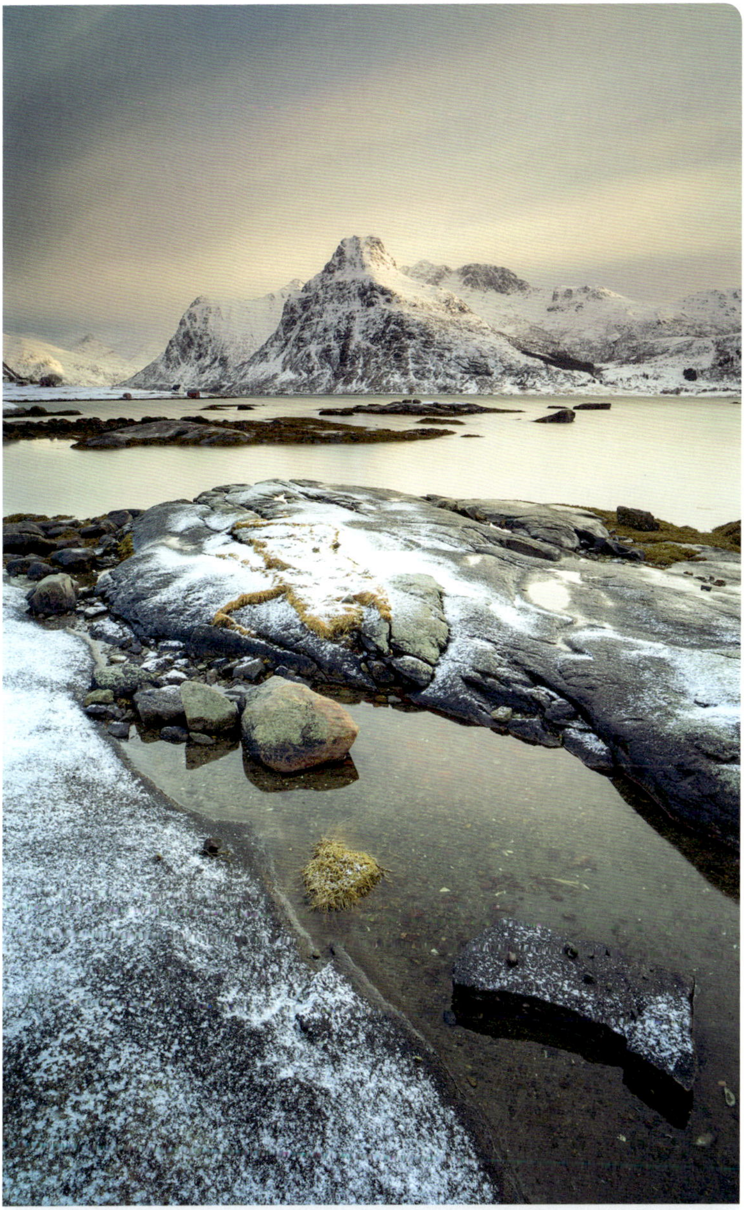

21 mm, f/11, 222 s, ISO 50, ND 1000, ND 0,6 soft – Moskenstraumen, Lofoten

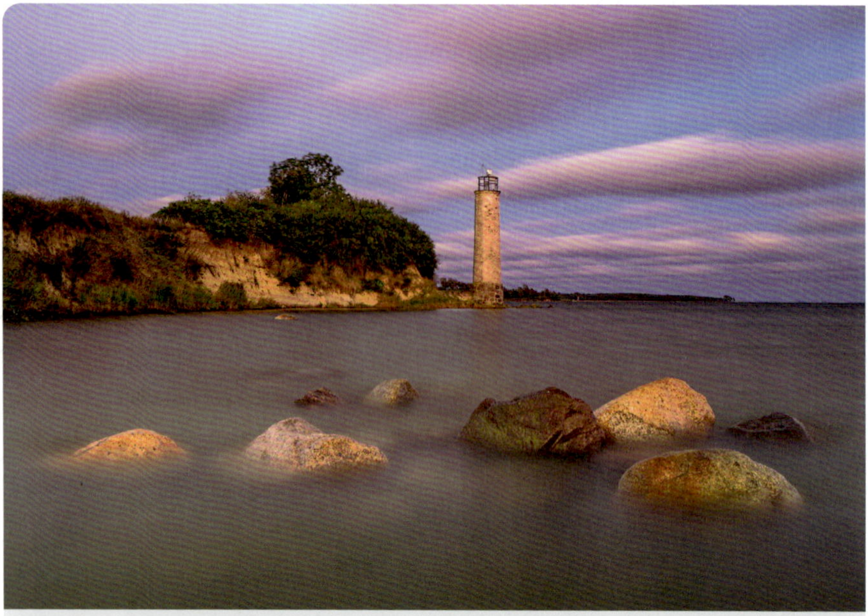

35 mm, f/16, 60 s, ISO 50, Polfilter, ND 0,6 soft – Glewitz, Rügen

Glewitz, Rügen

Durch das relativ starke Abblenden und die beiden Filter kommt man bei ISO 50 bereits kurz nach Sonnenuntergang auf eine Zeit von 60 s. Der Einsatz eines ND-Filters zur weiteren Zeitverlängerung ist nicht notwendig.

Für diese Aufnahme habe ich wieder zuerst bei sehr hoher ISO und weit offener Blende ein Testbild gemacht, die Werte hierfür dann in die App eingegeben und im Anschluss die Belichtungszeit für ISO 50 und Blende f/16 berechnen lassen. Diese ergab quasi zufällig exakt 60 Sekunden.

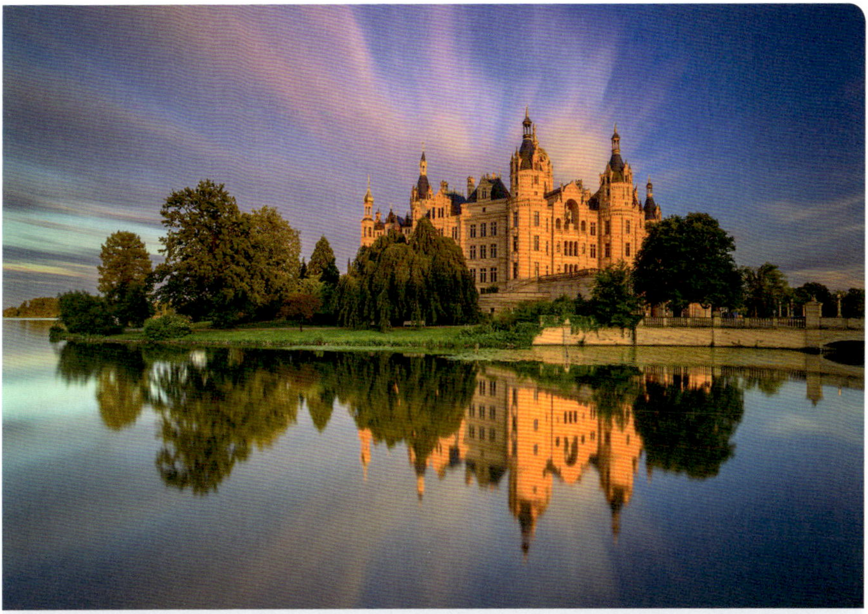

18 mm, f/10, 187 s, ISO 50, ND 1000, ND 0,6 hard, Polfilter – Schweriner Märchenschloss

Schweriner Märchenschloss

Kurz vor Sonnenuntergang habe ich diese Aufnahme nach bewährtem Schema angefertigt: Testbild ohne Filter machen, Werte in die App eingeben, virtuellen Filter berechnen, Filter vorsichtig einsetzen, BULB Modus mit Fernauslöser, los geht's! Die ziehenden, farbigen Wolken und die zugehörige Spiegelung umspielen sanft das golden beleuchtete Märchenschloss.

PS: Erinnerst du dich an mein Motto „Zeige nur, was du zeigen willst"? Bei dieser so friedlich wirkenden Aufnahme oben standen mehrere Dutzend Leute neben mir und bestaunten ebenfalls das Licht, und im Rücken hatte ich die Schlossfestspiele Schwerin mit mehreren hundert Zuschauern. Allein und einsam geht anders, auch wenn man das beim Betrachten der Aufnahme nicht vermuten würde.

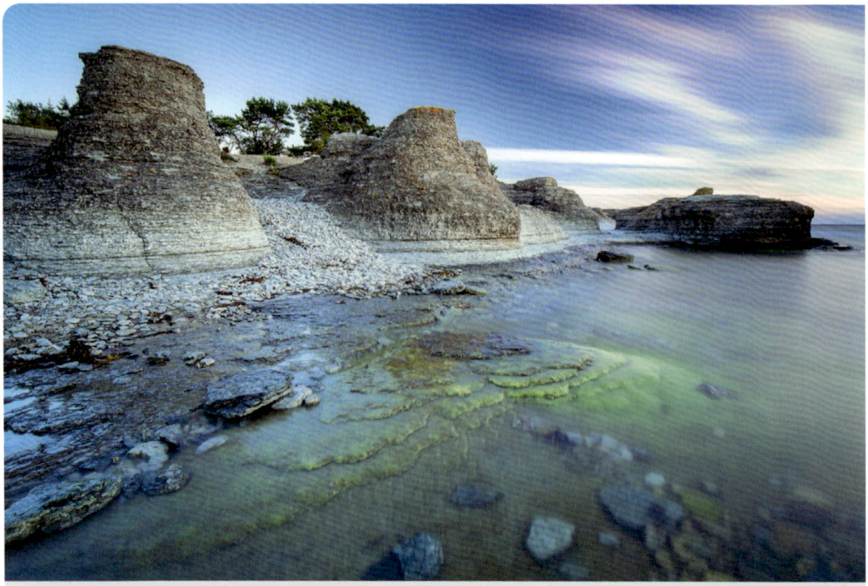

18 mm, f/10, 600 s, ISO 50, ND 2000, ND 0,6 soft, Polfilter – Byrums Raukar, Öland, Schweden

Byrums Raukar, Öland, Schweden

Immer wieder liefen Touristen durch mein Bild. Nachdem ich beinahe eine halbe Stunde lang versucht hatte, ein Bild von diesen Kalksteinformationen anzufertigen, entschied ich mich für die Langzeitbelichtung. Durch die Wahl eines starken ND-Filters konnte ich trotz Tageslicht die Belichtungszeit auf 600 s verlängern. Die vielen Touristen, die in der Zeit durch das Bild liefen, sind durch die lange Belichtung und ihre Bewegung nicht zu sehen. Die fließenden Bewegungen passen überdies perfekt zur skurrilen Form der Küste.

Über- und Unterbelichtung

Wie schon erwähnt kann es ein wirkungsvolles stilistisches Mittel sein, gezielt Über- und Unterbelichtungen einzusetzen. Die Kamera ist so programmiert, dass sie versucht, eine Situation immer optimal belichtet darzustellen. Dabei dient der kamerainternen Belichtungsmessung das bereits besprochene Histogramm, anhand dessen die Berechnung erfolgt. Nun ist es so, dass die Kamera gerade bei sehr hellen oder dunklen Umgebungsbedingungen schlecht „entscheiden" kann, was der realen Belichtung entspräche. Sehr helle Szenerien, wie z. B. eine schneebedeckte Bergwelt im Sonnenschein, stellt sie daher meist zu dunkel dar, da die Helligkeitsverteilung im Histogramm als zu rechtslastig eingestuft wird und dies zu einer Reduktion der Belichtung führt.

Tu, was dir unlogisch erscheint

Wenn du Bilder haben möchtest, die dem real Gesehenen entsprechen, musst du diese ohnehin sehr hellen Szenerien paradoxerweise gering überbelichten. Bei der Kontrolle kannst du dich in solchen Fällen nicht auf das Histogramm verlassen.

Besonders dunkle Lichtsituationen bildet die Kamera meist heller ab, als sich diese dem Betrachter in Wirklichkeit präsentieren, da die Kamera auch in diesem Fall für ein optimales Histogramm belichtet. Um wie in der Realität dieses dunkle Szenario – z. B. einen knorrigen Baum im Wald in der Dämmerung – genauso mystisch darzustellen, musst du paradoxerweise zumeist unterbelichten.

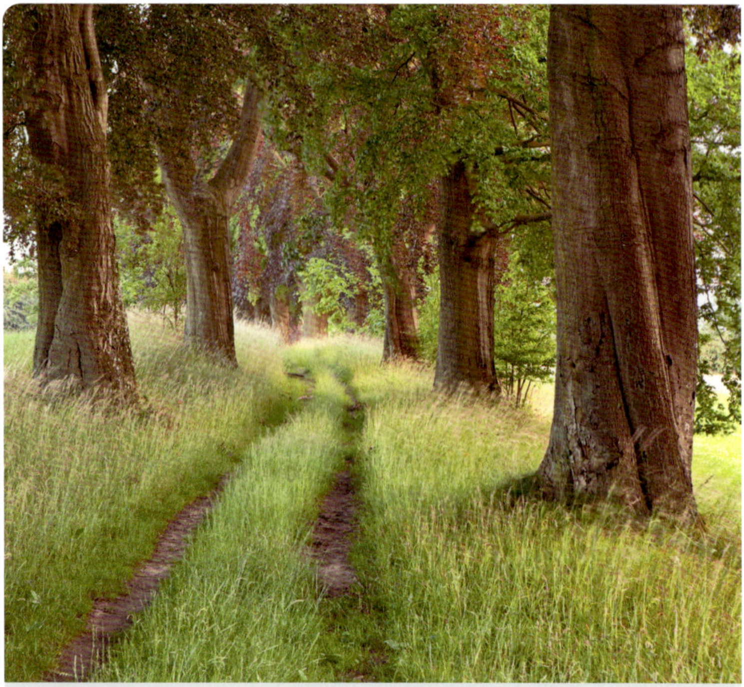

70 mm, f/10, 1,3 s, ISO 100 – Eine gewollte Überbelichtung wie in dieser Rotbuchenallee lässt alle Schattenbereiche verschwinden. Der Himmel ist in den wenigen Bereichen, wo er auf dem Bild zu sehen ist, deutlich überbelichtet, was aber nicht störend auffällt.

Abgesehen davon kannst du Über- und Unterbelichtungen auch gezielt dazu einsetzen, die Bildaussage zu beeinflussen. Überbelichtete Bilder wirken grundsätzlich freundlicher und rufen beim Betrachter eher positive, freudige Gefühlsregungen hervor (siehe das Bild oben). Das Wetter wirkt besser, als es wirklich war, und eine Art Aufbruchsstimmung weht durch das Bild.

Dunkle Bilder hingegen wirken zumeist mystisch und geheimnisvoll. Ich verwende dieses Stilmittel häufig, um entsprechende Stimmungen aufzubauen bzw. zu verstärken.

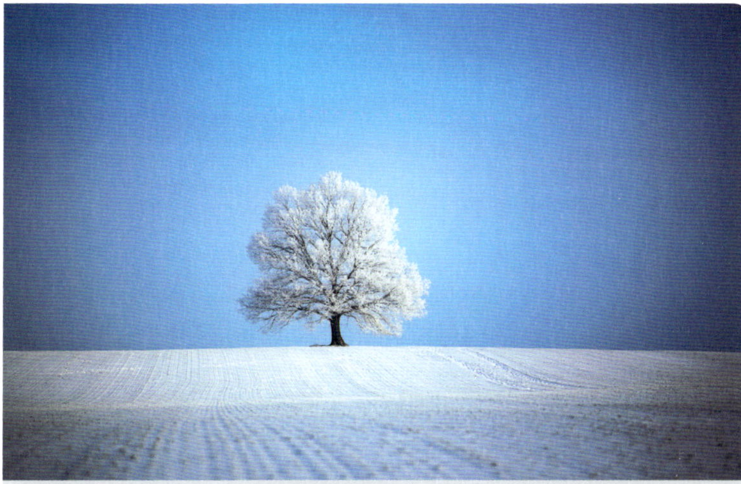

135 mm, f/2, 1/3200 s, ISO 100, Polfilter – Eine Szenerie wie diese wird von der Kamera durch die vielen weißen und hellen Flächen automatisch unterbelichtet. Soll die Aufnahme realistisch belichtet sein, musst du gegensteuern und leicht überbelichten. Die Abschattungen zum Rand hin sind durch die Offenblende bedingt und ein gewolltes Stilmittel, um den Baum zu betonen.

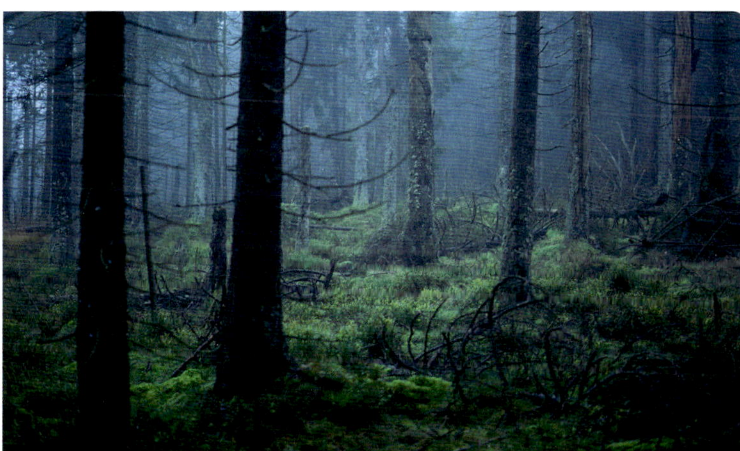

50 mm, f/1.4, ISO 200, 1/25 s – Dunkle Szenarien wie in diesem Totholzbestand bei Dämmerung und Regen werden bei dominierenden dunklen Flächen im Bild von der Kamera meist überbelichtet. Um ein reales Aussehen zu ermöglichen, musst du leicht unterbelichten.

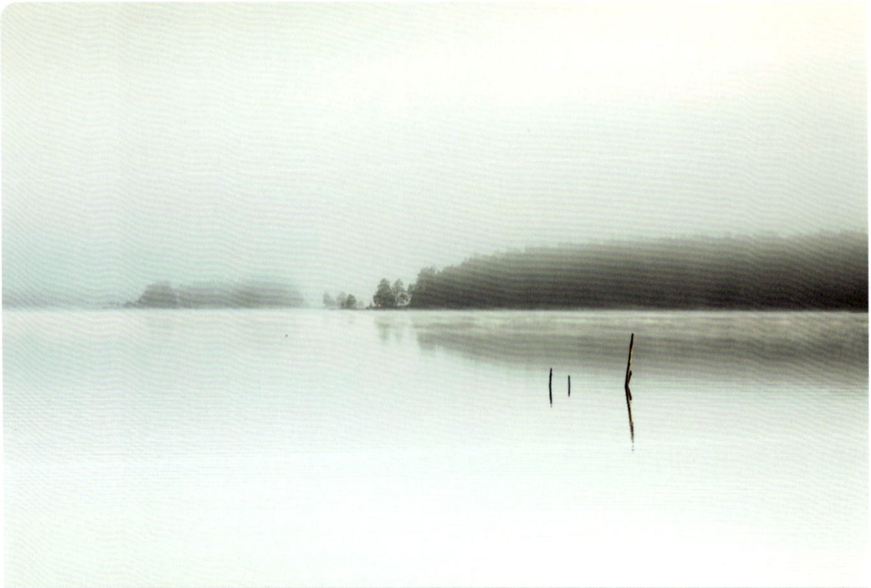

135 mm, f/10, 1/30 s, ISO 50 – Auch Bilder mit Nebel werden meist durch die Kamera unterbelichtet. In diesem Fall habe ich bewusst deutlich stärker überbelichtet, um einen High-Key-Effekt zu erzielen.

Absichtlich „falsch" belichten

Wenn du bewusst Bilder deutlich heller oder dunkler darstellen möchtest, als es der Realität in diesem Moment entspricht, ist das ein absolut probates stilistisches Mittel. Diese Bilder werden entweder High-Key (Überbelichtung mit Verlagerung des Histogramms nach rechts) oder Low-Key (Unterbelichtung mit Verlagerung des Histogramms nach links) genannt. Da man Bildbereiche mit reinem Weiß oder Schwarz absichtlich erzeugt und in Kauf nimmt, kann man bei dieser Art der Fotografie das Histogramm entsprechend vernachlässigen.

An der Kamera kannst du Über- oder Unterbelichtungen im manuellen Modus durch kürzere oder längere Belichtungszeiten, durch eine Änderung der Blende bei gleichbleibender Belichtungszeit oder

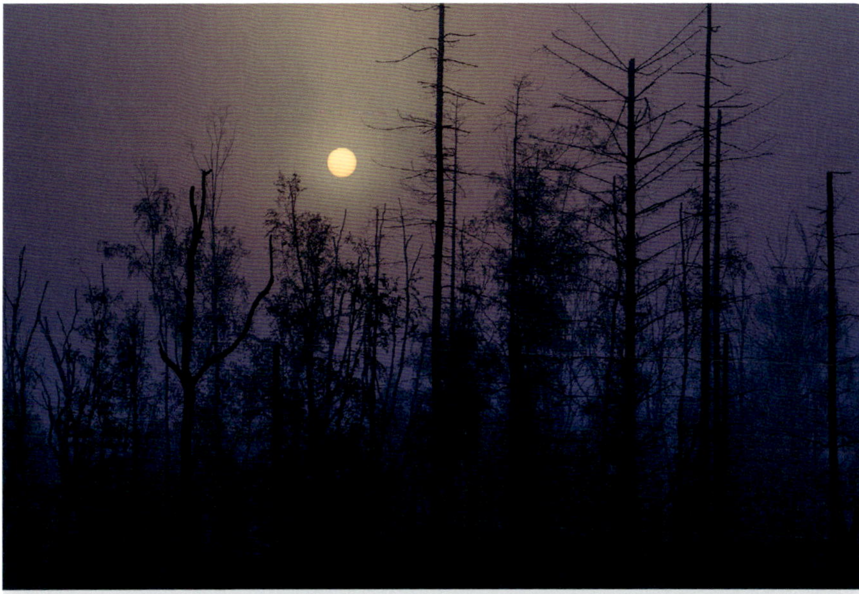

135 mm, f/8, 1/200 s, ISO 100, Polfilter – Durch doppelte Unterbelichtung bekommt dieses Bild Tiefe und Mystik. Die Sonne wird kreisrund abgebildet und ist nicht ausgebrannt. Durch den Nebel wird das Licht diffus gestreut, du bekommst einen Low-Key-Effekt.

durch eine Änderung der ISO-Empfindlichkeit erreichen. Einfacher ist es wieder einmal, in den Halbautomatiken einzustellen, dass die Kamera eine entsprechende Anzahl an Blendenstufen über- bzw. unterbelichten soll.

Gegenlicht

Gegenlicht ist eine oft schwer beherrschbare, mitunter jedoch unglaublich wirkungsvolle Möglichkeit, besondere Lichtstimmungen zu erzeugen. Objekte, die im Gegenlicht von hinten beleuchtet werden, erhalten eine wunderbare Kontur. Gerade bei tiefstehender Sonne ergeben sich auf diese Weise ungeahnte Möglichkeiten. Es gilt jedoch, wieder einmal einige Dinge zu beachten.

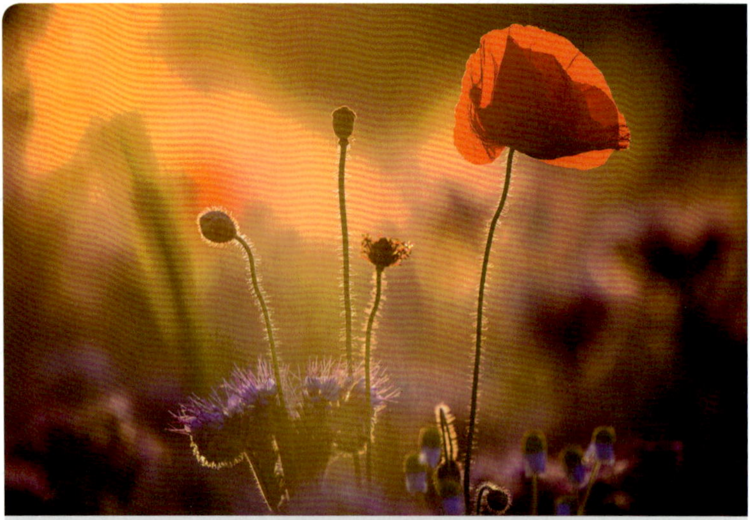

400 mm, f/5.6, 1/800 s, ISO 200 – Im direkten Gegenlicht des späten Abends erkennt man jede Kontur und jedes Detail eines Objekts, die Farben wirken wunderbar warm.

Probiere verschiedene Brennweiten aus

Wenn die Kamera direktes, frontales Sonnenlicht einfangen soll, gelingt dies meist nicht besonders gut, da die Kontraste ziemlich hoch sind. Ich verwende in solchen Situationen gern etwas längere Brennweiten und konzentriere mich auf Details, die im Gegenlicht besonders auffallend angeleuchtet werden. Das Weglassen der direkten Sonnenstrahlen beim Bildaufbau ermöglicht es der Kamera, das Bild ohne allzu kräftige Kontraste darzustellen und dennoch das besondere Licht einzufangen.

In solchen Momenten bieten sich die nahezu immer mit den Objektiven mitgelieferten Sonnenblenden an, da diese den Streulichteinfall auf den Sensor deutlich reduzieren und für klarere Farben und schärfere Kontraste in deinen Bildern sorgen.

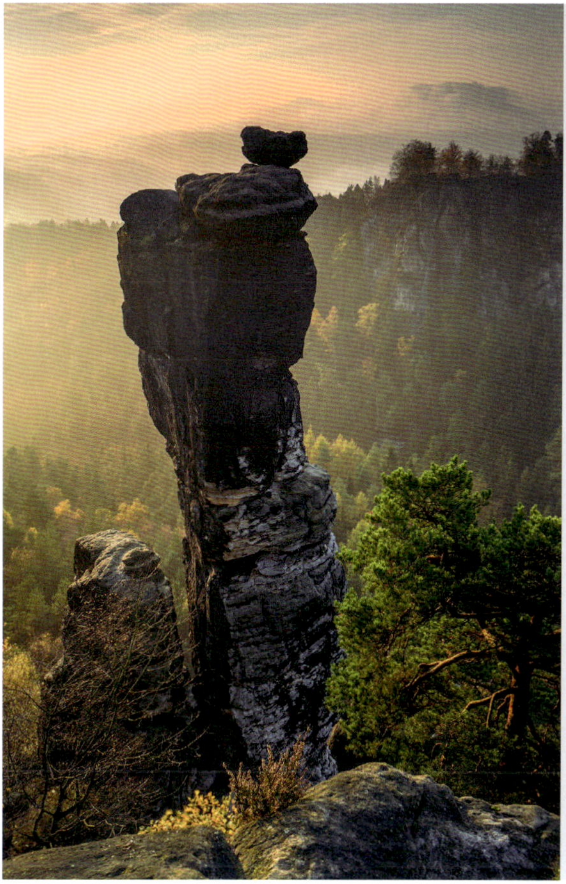

35 mm, f/10, 1/8 s, ISO 100, ND 0,6 soft – Durch den Nebel wird das Gegenlicht diffus gestreut und erzeugt diesen goldenen Glanz in der Landschaft. Ich habe bewusst beim Bildaufbau darauf geachtet, keine direkte Sonneneinstrahlung zu haben.

Möchtest du die Sonne dennoch mit darstellen oder erfordert die Aufnahmesituation einen Bildwinkel, in dem die Sonne abgebildet wird, musst du dir überlegen, wie du dies am geschicktesten anstellst. Um keine breite Korona um die extrem helle Sonne zu bekommen und sie so punktförmig und definiert wie möglich abzubilden, empfehle ich dir, eine möglichst kleine Blende zu wählen, damit der optische Brennpunkt so klein und dicht wie möglich auf dem Sensor ist. Den resultierenden Verlust an Detailschärfe musst du beim vollständigen Abblenden hinnehmen.

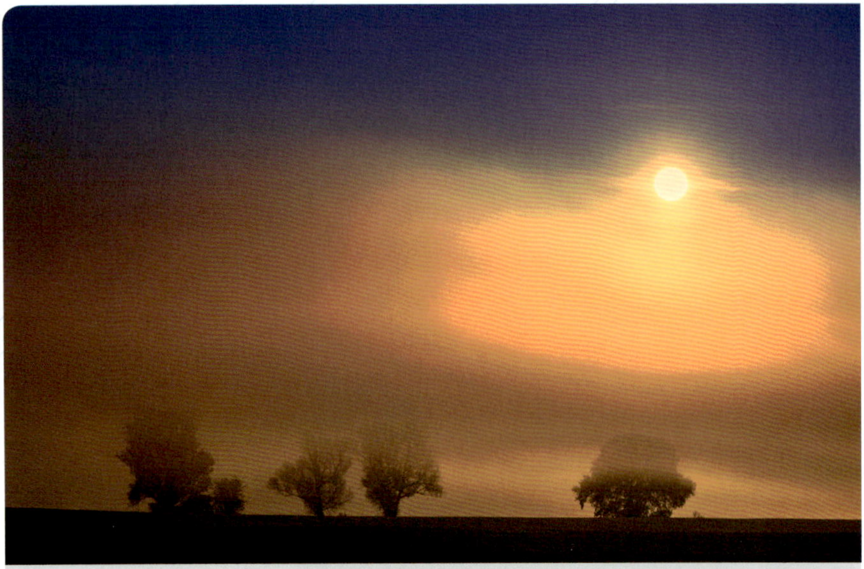

135 mm, f/22, 1/160 s, ISO 100 – Durch das starke Abblenden erscheint die Sonne nahezu kreisrund und weist keine größeren Halos auf, der Nebel mildert zudem die Intensität der Sonnenstrahlung. Die Aufnahme ist zwei Stufen unterbelichtet, damit die Sonne zu erkennen ist.

Sterneffekt

Ein gern gesehener Nebeneffekt bei Gegenlichtaufnahmen ist (bedingt durch den optischen Aufbau des Objektivs) die sternförmige Darstellung der Lichtquelle – egal ob ausgehend von der Sonne, dem Mond oder einer Lampe. Dies gelingt dir jedoch nur, wenn du eine sehr kleine Blende wählst. Die entstehenden Sterneneffekte sind jedoch nicht mit den sogenannten *Lens Flares* zu verwechseln, die Bildfehlern durch Lichtreflexionen zwischen den einzelnen Linsenelementen des Objektivs entsprechen.

Du bekommst diesen Sterneffekt hin, indem du beispielsweise die Sonne gerade so noch hinter einer Bergkette oder durch ein Blätterdach hervorblitzen lässt. Du kennst diesen Effekt sicherlich auch von

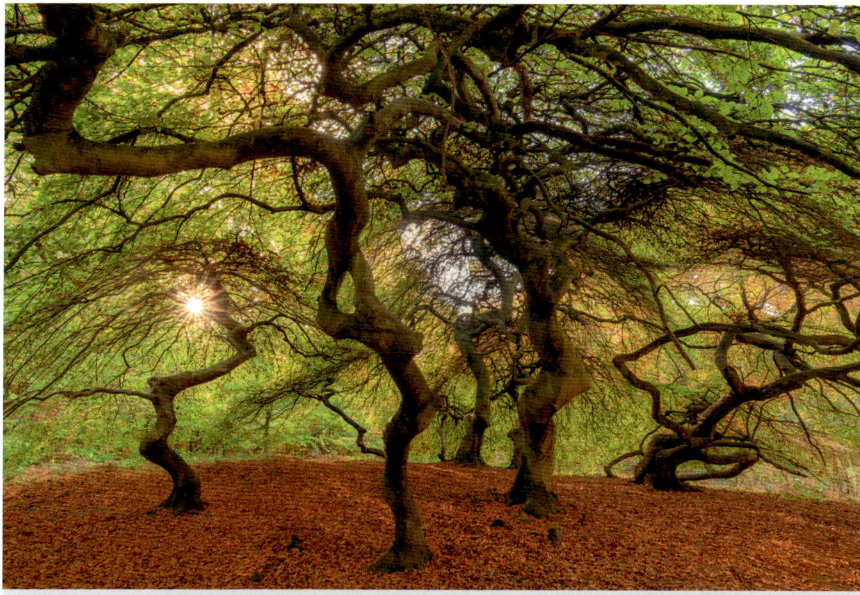

15 mm, f/13, 4 s, ISO 50, Polfilter – Durch das Abblenden wird aus der durch die Blätter scheinenden Sonne ein Stern. Der Verlust an Detailschärfe muss in Kauf genommen und in der Nachbearbeitung ausgeglichen werden.

deinem eigenen Sehen: Wenn du die Augen zukneifst (kleine Blende) und in eine Lampe oder die Sonne schaust, siehst du die Lichtquelle sternförmig.

SO SCHAFFST DU STERNEFFEKTE

- Wähle deinen Standpunkt so, dass sich deine Kamera genau auf der Grenze zwischen Licht und Schatten befindet und die Lichtquelle (Sonne etc.) gerade noch so angeschnitten dargestellt wird.
- Beachte dabei, dass die Sonne recht zügig „wandert".
- Je kleiner du die Blende wählst, desto definierter und schärfer wird der Stern.
- Das Aussehen des Sterns ist abhängig vom Objektiv und der Anzahl der Linsenelemente.

Grauverlaufsfilter gezielt einsetzen

Grauverlaufsfilter habe ich im bisherigen Verlauf des Buches schon ein paar Mal erwähnt. Sie sind in der Landschaftsfotografie ein unglaublich wichtiges Puzzlesteinchen zur perfekten Belichtung, weswegen ich an dieser Stelle noch einmal anhand einiger Beispiele zeigen will, wann welcher Filter Sinn macht.

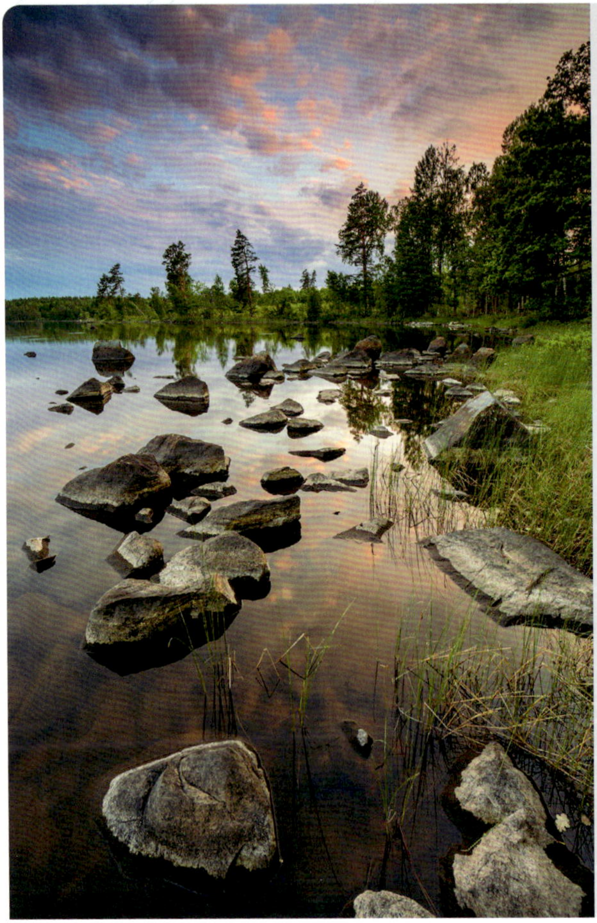

Mit und …

In den beiden Aufnahmen sind alle Aufnahmeparameter gleich, auch der Polfilter wurde in beiden Fällen verwendet. Die Belichtung wurde auf den Vordergrund optimiert. Ohne Filter verliert der Himmel in der Aufnahme ohne Grauverlaufsfilter fast alle Details. Durch den Einsatz eines stärkeren Grauverlaufsfilters (ND 0,9 hard) mit einem harten Verlauf konnte die Struktur im Himmel erhalten werden. Die notgedrungen durch den Einsatz des Filters abgedunkelte Baumgruppe am rechten Bildrand wurde in der Nachbearbeitung digital aufgehellt.

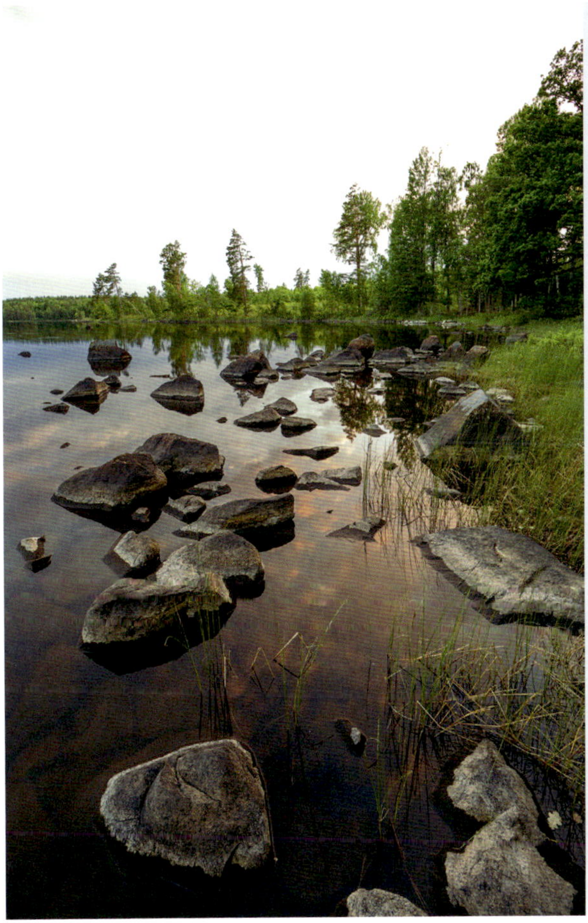

... ohne Grauverlaufsfilter.

BEI GRAUVERLAUFSFILTERN DEN SUCHER BENUTZEN

Ein essenzieller Tipp zur Nutzung von Verlaufsfiltern: Während du den Bildaufbau im Live-View deutlich präziser als durch den Sucher einstellen kannst, verhält es sich bei den Filtern genau andersherum: Stell die Verläufe nur durch den Sucher ein, da du im Live-View nicht erkennst, wann genau der Verlaufsfilter auf der exakten Höhe positioniert wurde.

Während das erste Bild der folgenden Serie gänzlich ohne Filter aufgenommen wurde, sind bei der zweiten Aufnahme ein Polfilter und ein ND 0,6 hard zum Einsatz gekommen. Das Bild wirkt in der Helligkeitsverteilung deutlich gefälliger. Trotz der etwas längeren Belichtungszeit wirkt die Aufnahme durch die Kräuselungen auf dem Wasser jedoch unruhig. Erst durch den zusätzlichen Einsatz eines ND 1000 bekommt man Ruhe und Struktur in die Aufnahme.

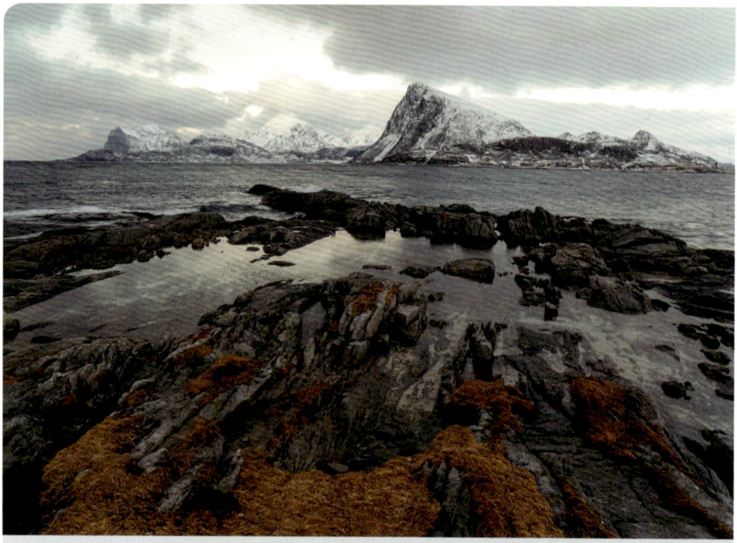

Ohne Filter

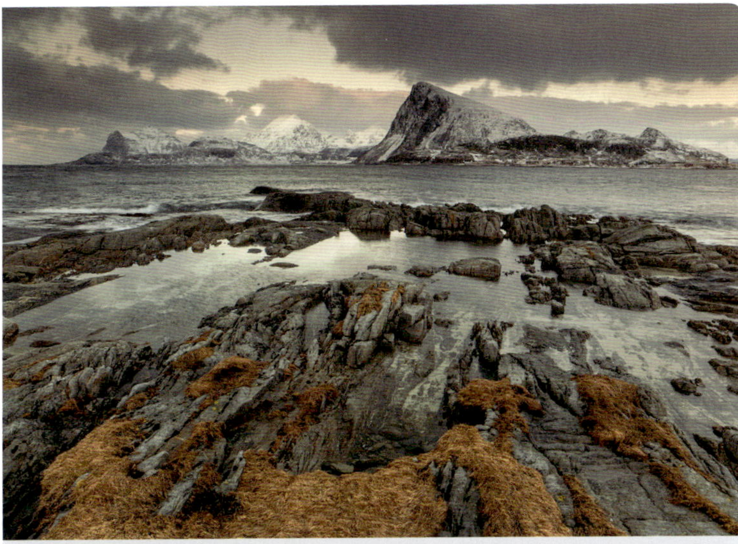

Polfilter + ND 0,6 hard

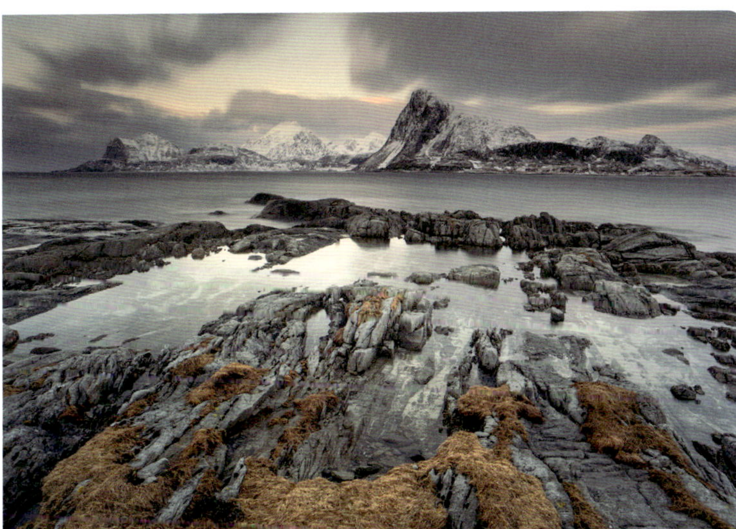

Polfilter + ND 0,6 hard + ND 1000

Zu verschiedenen Tageszeiten ändert sich nicht nur das Licht, sondern auch die Notwendigkeit von Filtern. Um in den Salzwiesen des südschwedischen Schärengartens die Tageslichtaufnahme interessant zu gestalten, habe ich neben einem ND 0,6 soft einen ND 1000 genutzt. Vor Sonnenuntergang musste ich bei kräftigen Kontrasten des Schlaglichts einen ND 0,9 soft einsetzen, um die Helligkeiten zwischen Himmel und Vordergrund zu kontrollieren. In der Aufnahme nach Sonnenuntergang kombinierte ich einen ND 0,9 soft sogar noch mit einem ND 0,3 soft, um den sehr hellen Himmel gegen den schon dunklen Vordergrund abzudunkeln. Zur blauen Stunde haben sich die Helligkeiten wieder soweit ausgeglichen, dass ein ND 0,6 soft ausreichend ist.

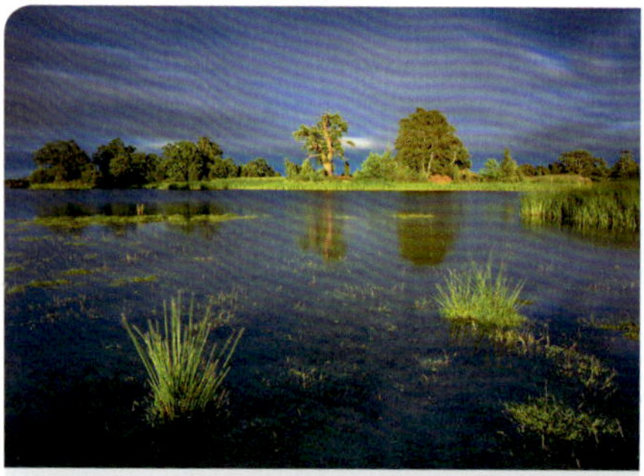

ND 0,6 soft + ND 1000

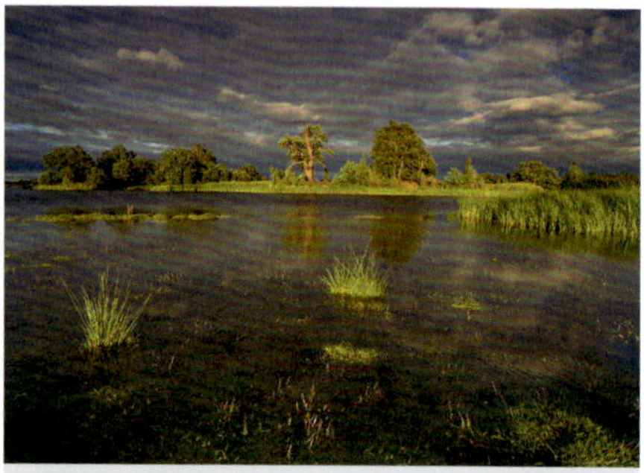

ND 0,9 soft

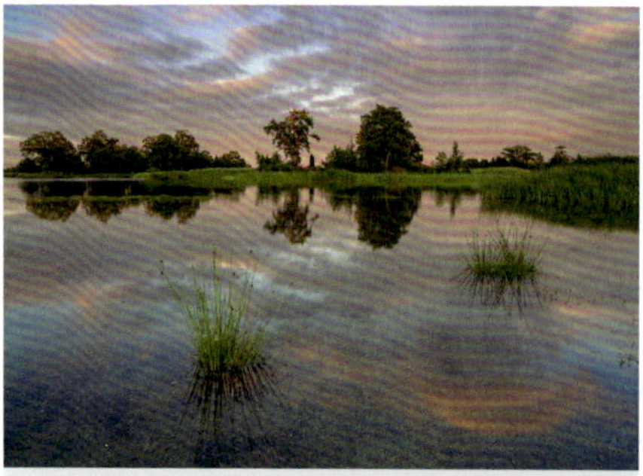

ND 0,9 soft + ND 0,3 soft

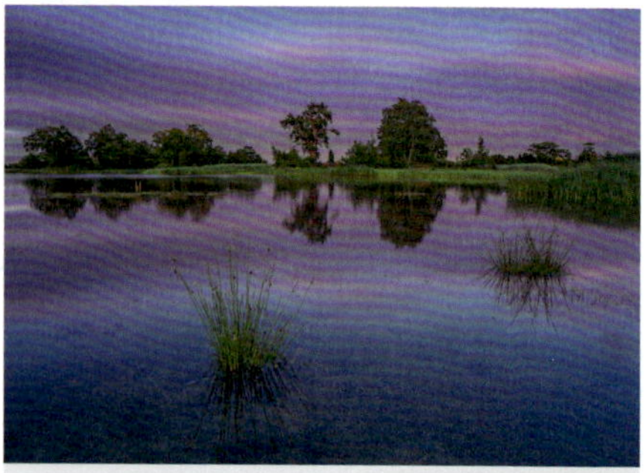

ND 0,6 soft

Malen mit Licht

Nun, da du die Techniken zum Umgang mit Licht vertieft hast und beherrschst, kannst du dich mit der künstlerischen Komponente von Licht auseinandersetzen. Die Belichtung eines kurzen Moments gibt die Lichtbedingungen meist so wieder, wie sie real in diesem Augenblick existierten. Wenn man nun aber über einen langen Zeitraum belichtet, bannt man alle Momente einschließlich der Änderungen des Lichts auf den Chip, ähnlich der Summe aller Bewegungen während einer langen Belichtungszeit. Gerade dann, wenn sich das Licht in schneller Abfolge ändert – z. B. rund um Sonnenauf- bzw. -untergang oder auch bei schnell ziehender wechselnder Bewölkung – wird es interessant, wenn sich auf einem Bild alle Teilaspekte des Lichts vermischen.

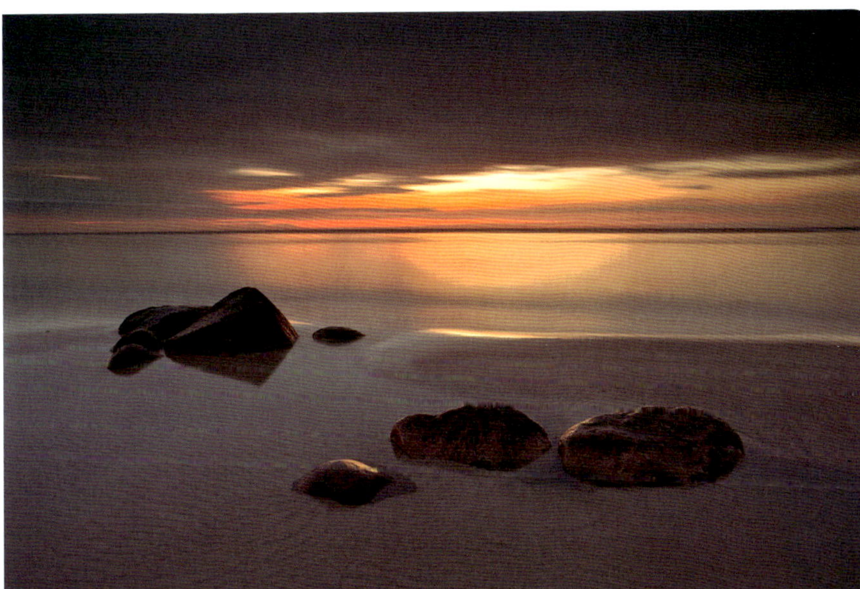

20 mm, f/10, 300 s, ISO 100, ND 0,6 hard – Schon im Hellen habe ich diesen Bildaufbau vorbereitet. Durch die sehr lange Belichtung und den warmen Weißabgleich wirkt diese Aufnahme nicht so, als wäre sie weit nach Sonnenuntergang entstanden.

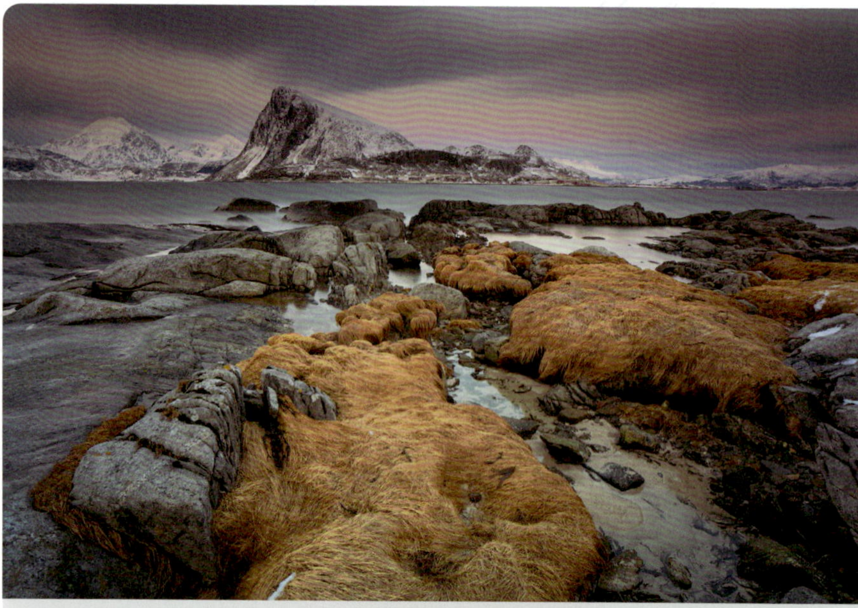

21 mm, f/8, 350 s, ISO 50, ND 1000, ND 0,6 hard – Während des Sonnenuntergangs habe ich diese Aufnahme fast sechs Minuten belichtet. Alle Änderungen des Lichts in dieser Zeit vermischen sich in der Aufnahme zu einem interessant gefärbten, weichen Gesamteindruck.

Wechselnde Lichtverhältnisse kombinieren

Bleiben wir bei dem Beispiel mit der wechselnden Bewölkung: Wenn es dir gelingt, eine Belichtung zu starten, die sowohl jeweils einen Teil der Zeit bei strahlendem Sonnenschein als auch einen Teil bei Bedeckung läuft, bekommst du im resultierenden Bild eine Lichtstimmung, die für das Auge nicht wahrnehmbar ist, aber sehr interessant und ausgewogen wirkt. In diesem Licht kombinierst du die Eigenschaften des Sonnenscheins in seiner Strahlkraft mit den milden Kontrasten bei Bewölkung. Hinzu kommt, dass du durch die ineinanderfließenden Wolken bei Langzeitbelichtung eine zeitliche Entrückung der Szenerie erreichst, die den Betrachter bannt.

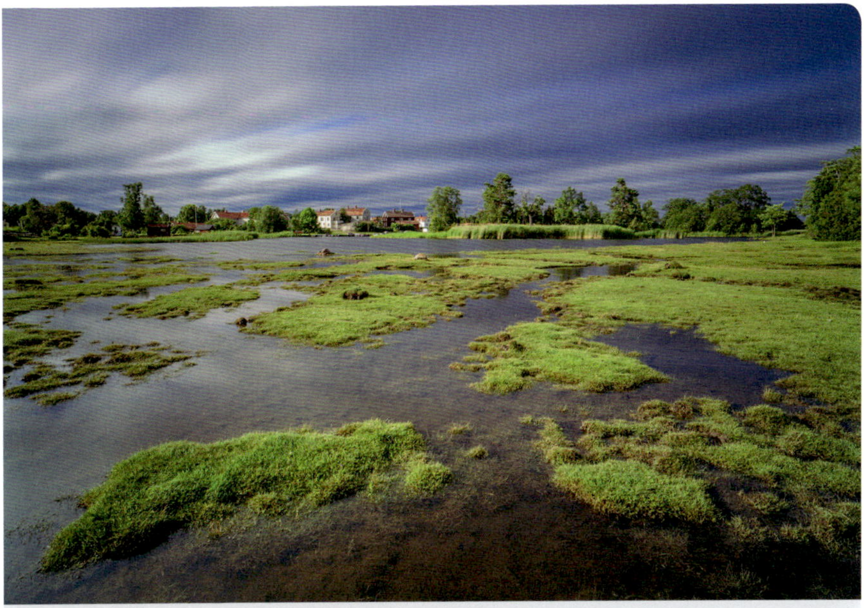

21 mm, f/10, 100 s, ISO 50, ND 1000, ND 0,9 soft – Sehr schnell ziehende Wolken während der Belichtung brachten abwechselnd Sonne und Schatten. Das resultierende Gesamtlicht wirkt unheimlich weich, die Schattenbereiche sind gut einsehbar. Dennoch ist der Glanz der Sonne erhalten.

Es ist faszinierend, einen ganzen Sonnenuntergang mit all seinen Farben und Facetten in einer Belichtung zu vereinen. Auch hier ergeben sich großartige Lichtstimmungen, die nicht selten vermuten lassen, dass ein Könner der Bildbearbeitung seine Finger im Spiel hatte. Probiere es aus!

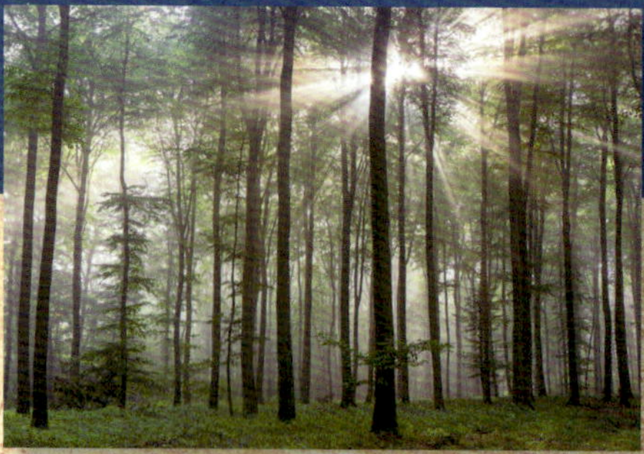

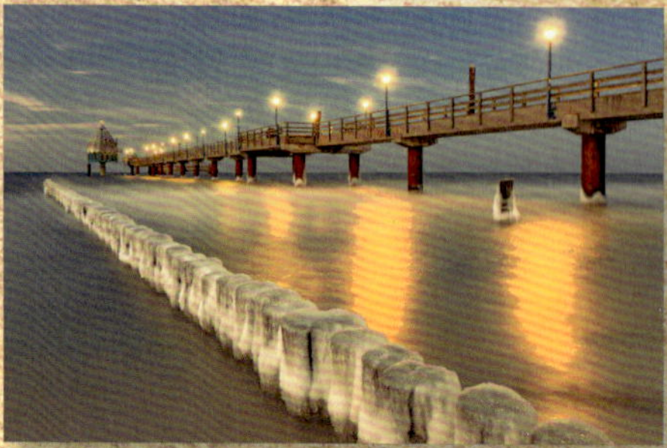

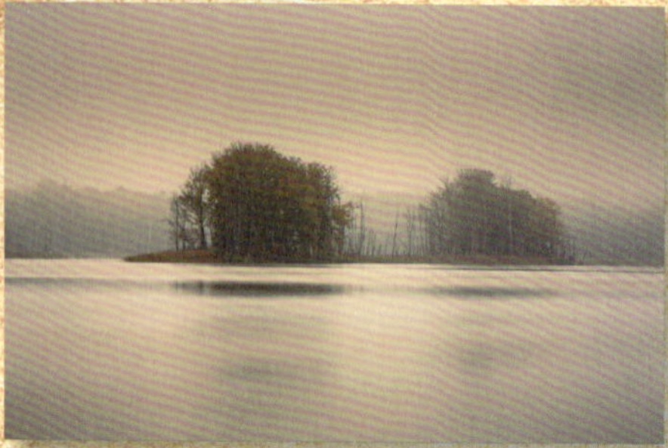

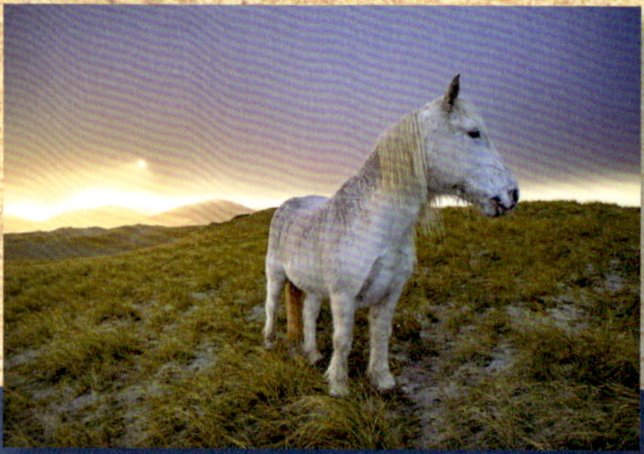

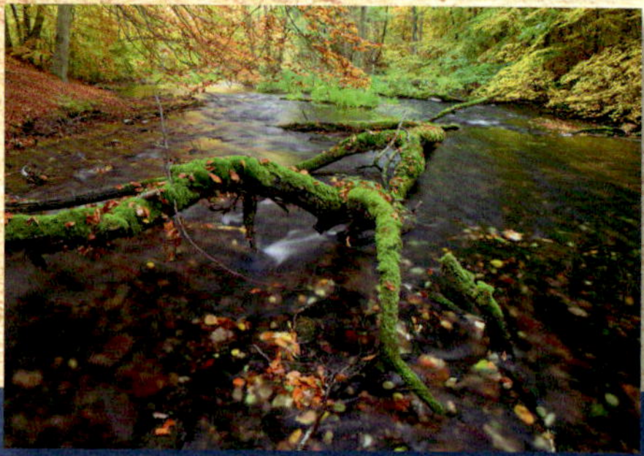

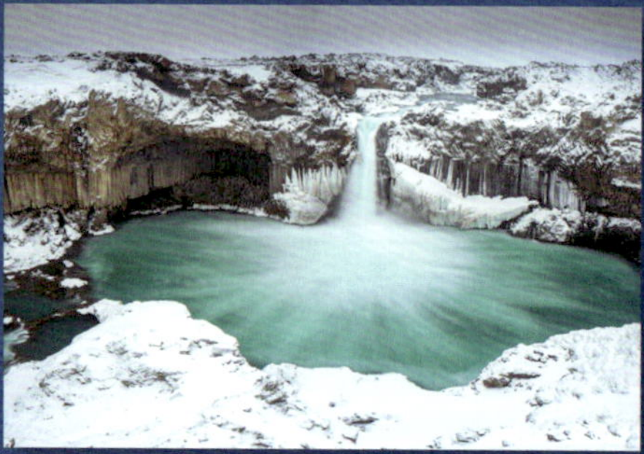

ILLUSION UND WIRKLICHKEIT

Im folgenden Kapitel lernst du, mit einfachen und doch sehr effektvollen Stilmitteln den künstlerischen Anspruch deiner Bilder deutlich hervorzuheben. Nachdem du nun schon viel über technische Grundlagen, den Bildaufbau und Belichtungsmöglichkeiten erfahren hast, besteht jetzt das nächste und entscheidende Level darin, aus technisch sauberen und ansehnlich aufgebauten Fotos Bilder entstehen zu lassen, die den Unterschied ausmachen.

Den Fokus aufs Wesentliche richten

Eine erste Möglichkeit für dich besteht darin, den Fokus auf die Strukturen im Bild zu lenken, die am wesentlichsten für die Bildaussage sind. Durch das Wählen einer großen Blende erreichst du für alle davor oder dahinter befindlichen Objekte eine Unschärfe und stellst so den Fokuspunkt frei.

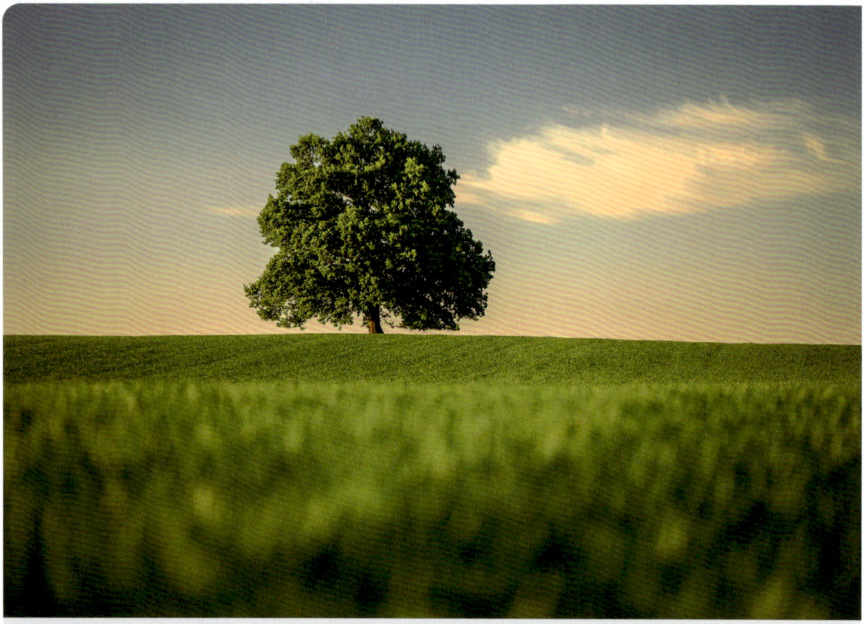

135 mm, f/2.5, 1/200 s, ISO 100, Polfilter – Die Offenblende erzeugt eine angenehme Unschärfe im Vordergrund, die den Baum betont und das Auge ruhen lässt.

Ein Beispiel: Ein einsamer Baum steht auf einem Feld. Vor und hinter dem Baum ist das Feld gleichmäßig bewachsen. Damit du nun trotzdem einen spannenden Bildaufbau erreichen kannst, solltest du den Fokus auf den Baum legen und eine sehr große Blende (also eine kleine Blendenzahl) wählen, um den Schärfebereich möglichst nur im Bereich des Baumes zu haben. Der Hintergrund und insbesondere noch deutlicher der Vordergrund verwischen so zu einem unscharfen Rahmen, der die Bedeutung des Baumes für das Bild hervorhebt. Je länger deine verwendete Brennweite ist, umso deutlicher kannst du mit diesem Effekt arbeiten.

Beachte, dass der Effekt bei kleineren Kamerasensoren geringer ausfällt. Am Vollformatsensor ist dieser Freistellungseffekt am ausgeprägtesten, die Unschärfe vor und hinter dem Fokuspunkt ist weich und gleichmäßig. Beim APS-C-Sensor fällt dieser Effekt bereits etwas geringer aus, und am MFT- (Micro-Four-Thirds-)Sensor ist er nur bei sehr kleinen Blenden überhaupt zu erreichen.

135 mm, f/4, 1/125 s, ISO 100 – Durch die offene Blende konzentriert sich der Blick auf die Baume im Hintergrund. Der einfache Bildaufbau und das geringe Farbspektrum betonen die Unschärfe.

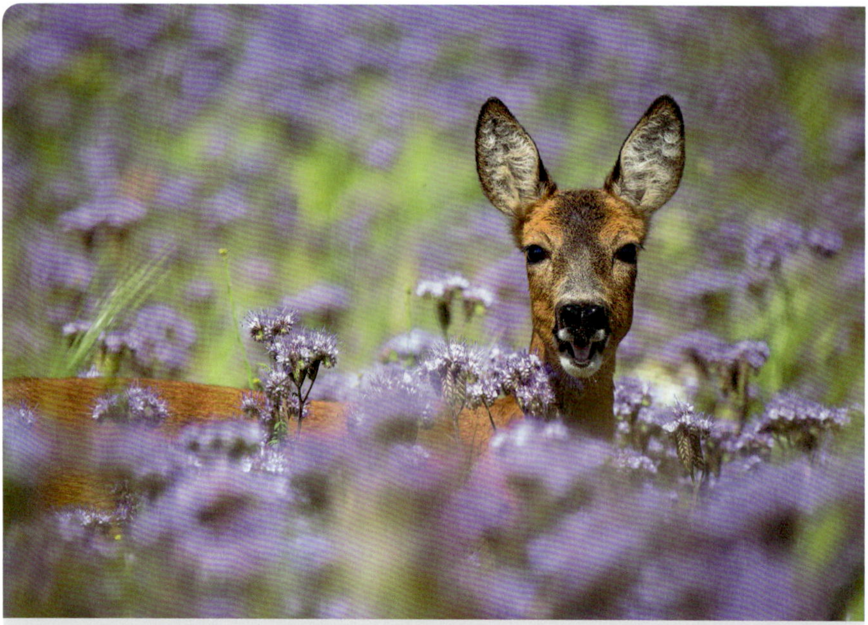

400 mm, f/6.3, 1/800 s, ISO 500 – Die unscharfen Blumen im Vorder- und Hintergrund rahmen das Reh durch die Offenblende wunderbar ein.

Die Naheinstellgrenze

Um die Unschärfe im Vordergrund noch weiter zu steigern, kannst du dich noch eines weiteren Tricks bedienen: Je näher du mit der Frontlinse an den Vordergrund herangehst, umso unschärfer wird dieser. Jedes Objektiv hat eine bauartbedingte Naheinstellgrenze. Diese sagt aus, wie weit der Sensor von einem Objekt minimal entfernt sein muss, um dieses scharf abbilden zu können.

In der Regel ist es ratsam, diesen Abstand auch einzuhalten, wenn du ein Objekt im Vordergrund scharf abbilden möchtest. In der Makrofotografie ist es z. B. ein Gütekriterium für Objektive, wenn du mit

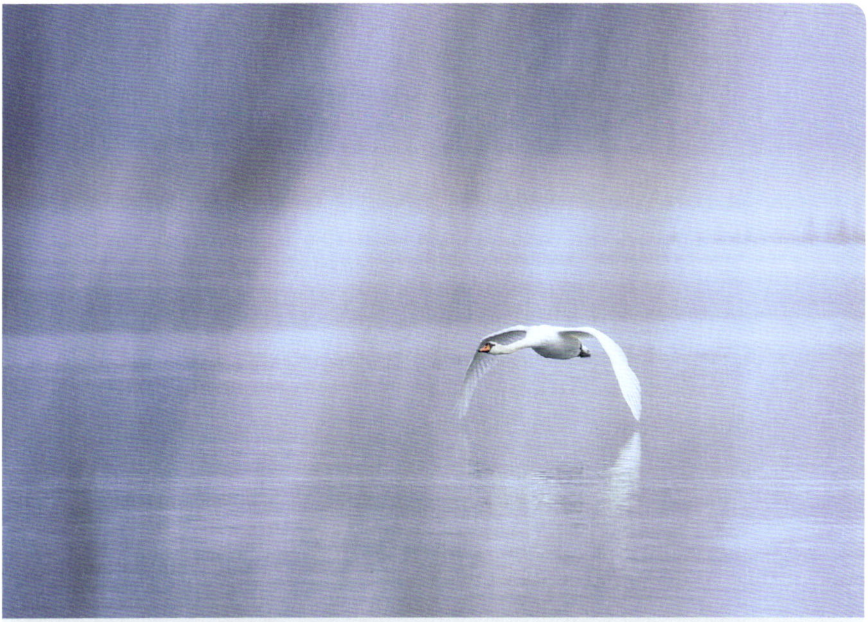

350 mm, f/5, 1/500 s, ISO 1000 – Durch das Unterschreiten der Naheinstellgrenze verwischen die Schilfhalme im Vordergrund zu einer gefälligen Unschärfe.

der Frontlinse sehr dicht an ein Objekt herangehen kannst, da du es so besonders detailliert und groß abbilden kannst. Hier ist eine exakte Schärfe beabsichtigt und notwendig.

Du kannst dir diese Eigenschaft jedoch auch umgekehrt zunutze machen und bewusst diese Grenze unterschreiten, um eine zusätzliche, gewollte Unschärfe in den Bildaufbau einfließen zu lassen. Viel häufiger als in der Landschaftsfotografie verwendest du diesen Effekt sicherlich in der Porträtfotografie, um geheimnisvoll anmutende Stimmungen zu erzeugen. Die Bilder wirken zum Teil, als wären sie aus einem Versteck aufgenommen.

Weißabgleich 2.0

Der Weißabgleich ist in der Nachbearbeitung ein unheimlich kraftvolles Tool, um den Bildern einen bestimmten Charakter zu geben. Wir alle wissen, dass man sich beim Betrachten von Bildern durch die gezeigten Farben leicht täuschen lassen kann, was den Temperatureindruck der Aufnahmesituation angeht. Wenn du einen Wintersonnenuntergang fotografierst und es keine Hinweiszeichen darauf gibt, dass überhaupt Winter ist (also kein Eis oder kahle Bäume abgebildet sind), kannst du nur durch die Wahl einer warmen Farbtemperatur den Eindruck erzeugen, dass es wärmer als in Wirklichkeit war. Andersherum ist es dir aber genauso möglich, ein Sommerbild durch die Wahl einer kalten Farbtemperatur sehr kühl wirken zu lassen.

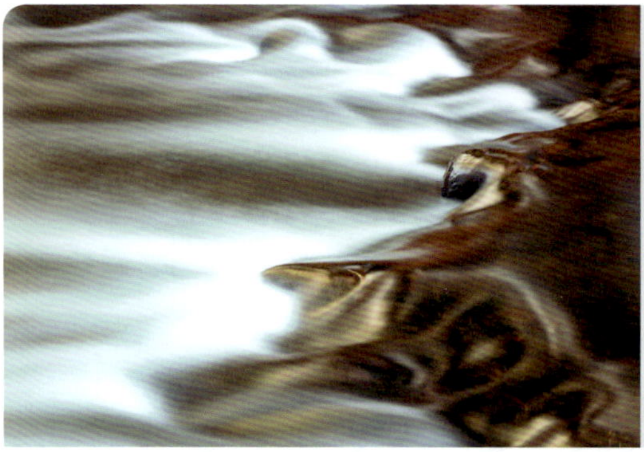

War es bei der Aufnahme warm ...

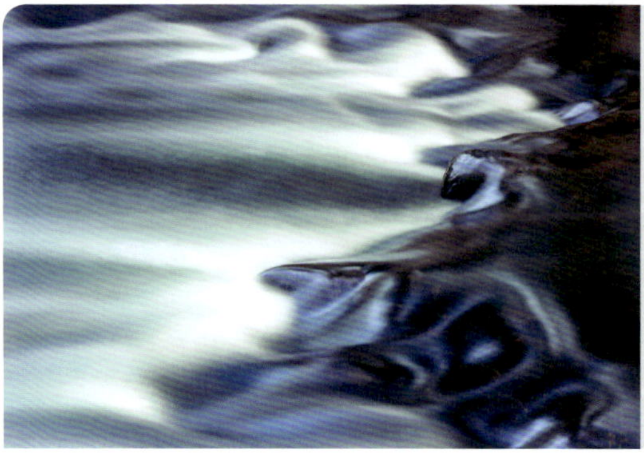

... oder kalt? Das geschickte Einsetzen des Weißabgleichs kann die Bildaussage massiv beeinflussen.

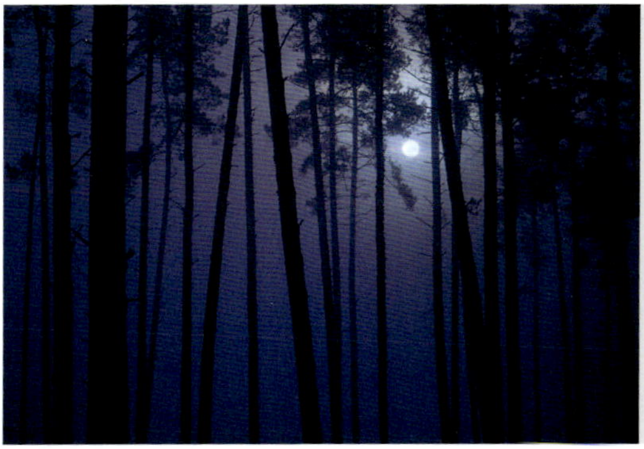

Nacht oder ...

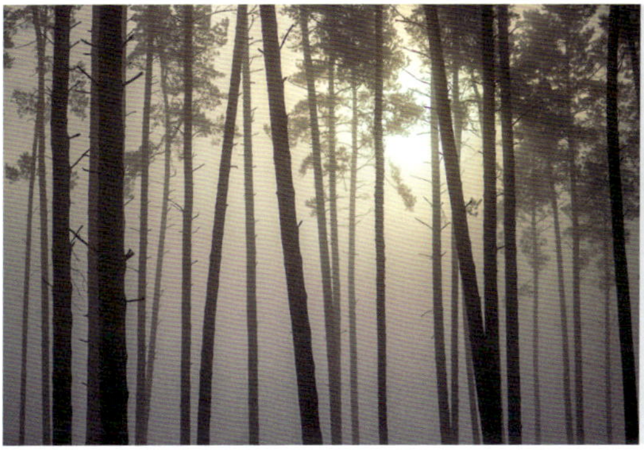

... Tag?
In Kombination mit Über- und Unterbelichtungen kannst du mithilfe des Weißabgleichs die Realität verbiegen.

Der große Vorteil der modernen, digitalen Fotografie besteht darin, dass du dir diese Überlegungen eigentlich nicht vor Ort machen musst. Du kannst – wenn du im RAW-Format fotografierst – in aller Ruhe nachträglich zu Hause am Weißabgleich arbeiten. Es gibt Bilder, bei denen mir erst Jahre später auffällt, dass sie vielleicht mit einem anderen Weißabgleich viel besser wirken würden. Ich bearbeite die Bilder dann noch einmal neu. Auf diese Weise entdecke ich manchmal wahre Schätze auf meiner Festplatte und freue mich Jahre später noch einmal über ein Bild. Du hast ein Bild im RAW-Format auf der Festplatte, das dir sofort beim Lesen dieses Absatzes einfällt? Dann nichts wie ausprobieren!

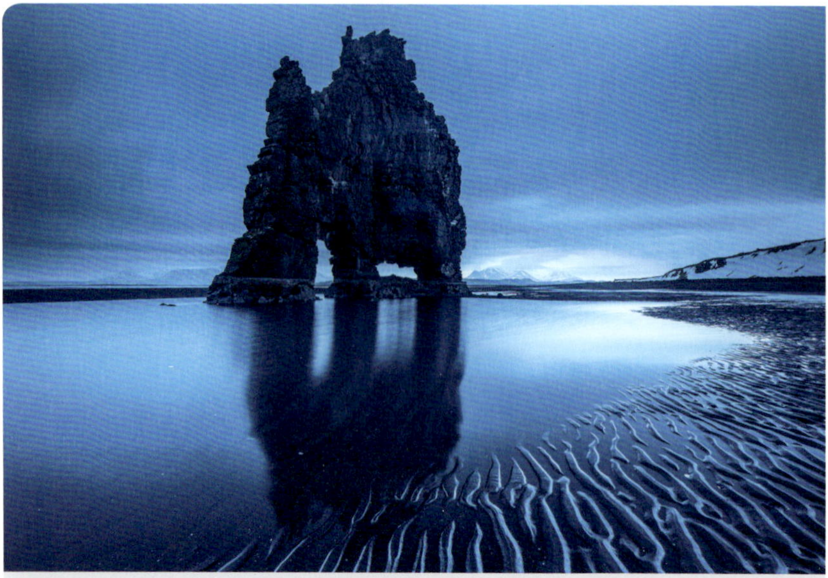

Der kalte Weißabgleich lässt an die blaue Stunde denken, …

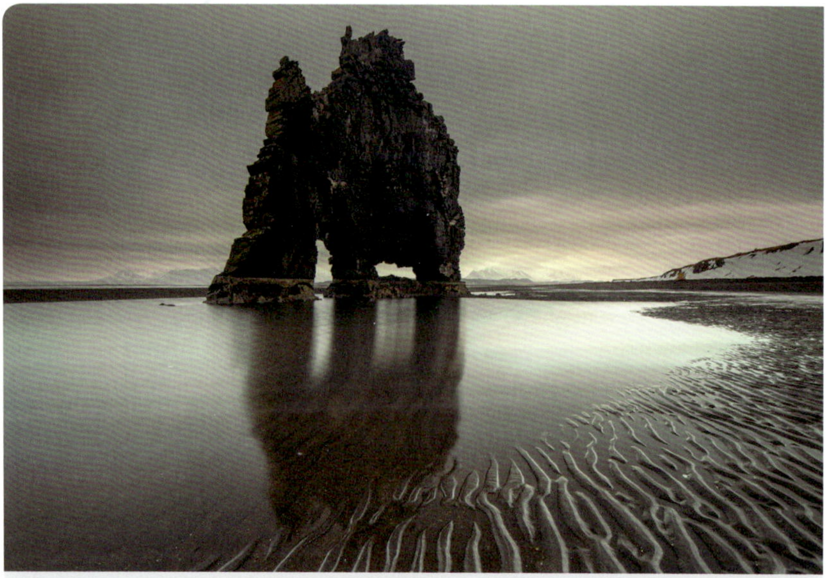

… der wärmere Weißabgleich an eine unterbelichtete Tageslichtaufnahme.

PARADOXER WEISSABGLEICH

Besonders eindrucksvoll kannst du dieses Stilmittel einsetzen, wenn du scheinbar gegensätzliche Dinge darstellst. So ist ein warmer Weißabgleich bei einer Szenerie, die unmissverständlich ein Wintermotiv abbildet, eine sehr effektvolle Möglichkeit, den Betrachter nachdenken und das Bild länger anschauen zu lassen. Beachte jedoch, dass nicht jedes Motiv mit jedem Weißabgleich funktioniert. Wenn du dir der Wirkung eines Bildes unsicher bist, wärst du wieder einmal bestens beraten, eine Person deines Vertrauens um Beurteilung zu bitten.

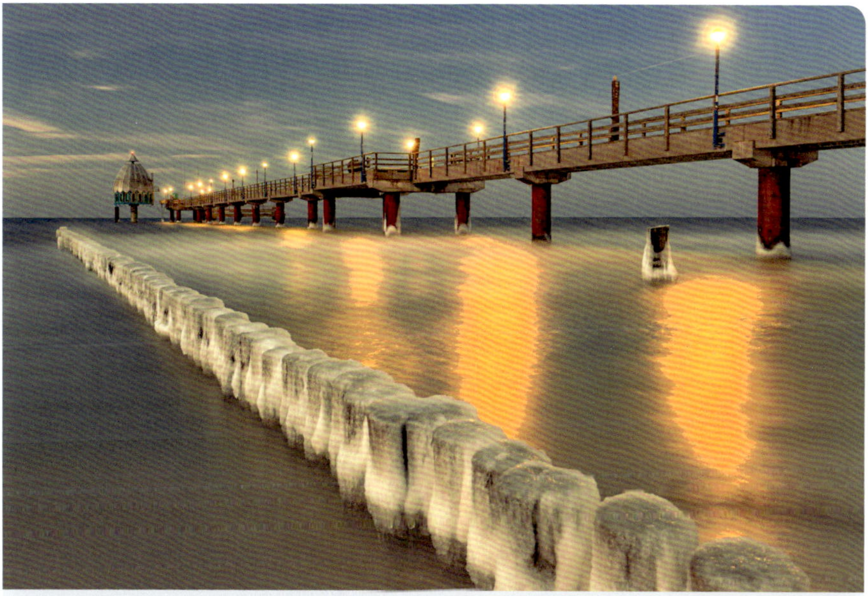

35 mm, f/8, 30 s, ISO 200, ND 0,6 hard – Der Weißabgleich vermittelt Wärme und Ruhe. Dies täuscht über die tatsächlichen Bedingungen mit –10°C und kräftigem Nordostwind hinweg. Die Buhnen verraten allerdings unmissverständlich, dass es kalt gewesen sein muss.

Die perfekte Welle

Wellen haben eine magische Anziehungskraft auf uns Menschen, ob bei einem Spaziergang am Meer, zum Badespaß bzw. Wassersport oder auch einfach nachts als beruhigendes Rauschen aus der Ferne beim Schlafen im Urlaub. Für Fotografen sind Wellen ein unheimlich spannendes und fotogenes Motiv. Du kannst Wellen in ihrer vollen Dynamik darstellen, wenn du z. B. sehr kurze Belichtungszeiten wählst und genau in dem Moment abdrückst, wenn sich die Welle überschlägt. Wer solche Bilder anschaut, wird sich sofort in die Situation hineinversetzen und nachvollziehen können, was du als Fotograf erlebt hast. Andere Sinneseindrücke, wie z. B. das Grollen einer sich überschlagenden Welle, werden unweigerlich mitempfunden und lösen im Kopf des Betrachters eine Geschichte aus.

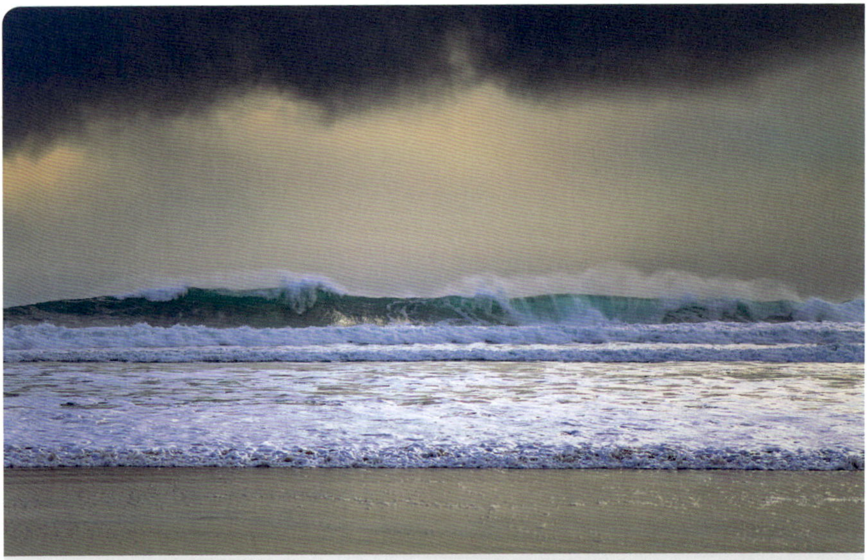

135 mm, f/2, 1/200 s, ISO 500 – Sich brechende Wellen sind vor allem bei ablandigem Wind ein Spektakel, da die Gischt der überschlagenden Wellen sofort durch den Wind zurückgeworfen wird.

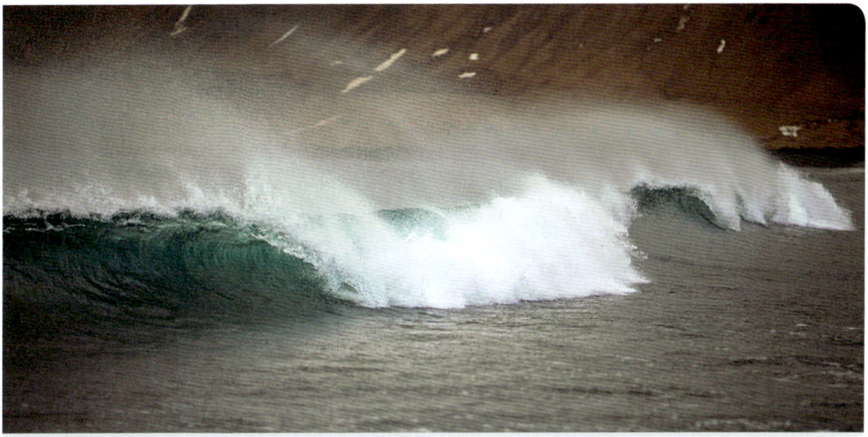

135 mm, f/4, 1/1000 s, ISO 500 – Durch die sehr kurze Belichtungszeit ist jedes kleine Wassertröpfchen zu erkennen.

Wassertropfen zeigen

Wie schon erwähnt, solltest du versuchen, sehr kurze Belichtungszeiten zu wählen, wenn du die Welle mit jedem einzelnen Detail und Wassertropfen darstellen möchtest. Hierbei empfiehlt sich vor allem die Blendenautomatik. Du stellst eine Zeit ein – ich empfehle 1/1000 s oder noch kürzer –, und die Kamera kümmert sich um die passende Blende. Die ISO-Empfindlichkeit solltest du je nach Tageszeit und Helligkeit gegebenenfalls anpassen. Bei zunehmender Dunkelheit kann das alleinige Verstellen der Blende durch die Kamera nicht mehr ausreichend sein, um die kurze Belichtungszeit zu erreichen. Durch die hervorragenden Rauscheigenschaften der modernen Sensoren sind Werte bis ISO 1000 zumeist kein Problem.

Die Wellendynamik visualisieren

Eine andere Möglichkeit besteht darin, die Dynamik der Wellenbewegung abzubilden. Diese Variante ist künstlerisch anspruchsvoller und bietet dir deutlich mehr Möglichkeiten der Gestaltung.

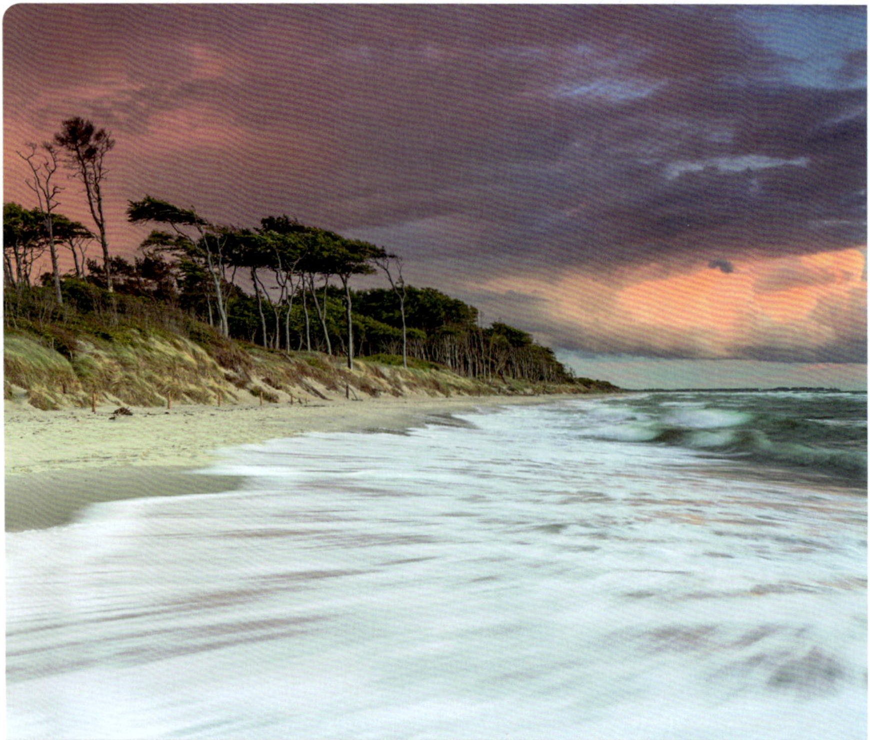

35 mm, f/6.3, 0,4 s, ISO 100, ND 0,9 soft, Polfilter – Der Standpunkt in der Welle ermöglicht die Perspektive. Die abfließende Gischt zieht wunderschöne, weiße Fäden, die einen irren Kontrast zum farbintensiven Himmel bilden.

Jeder kennt die typischen weißen Wellenspuren, die man von Bildern mit länger belichteten Wellen am Strand sofort vor Augen hat. Sie entstehen durch Gischt. Sie wirken extrem dynamisch und vermitteln den Eindruck, die Welle käme direkt auf einen zu. Wenn du mit einem Weitwinkel (und Gummistiefeln) arbeitest, kannst du direkt in die auslaufenden Wellen hineingehen und den Vordergrund ganz nah darstellen. Das beschert deinem Bild Tiefe und eine spannende Perspektive. Außerdem bietet dir das Weiß der Gischt einen tollen Kontrast im Bildaufbau.

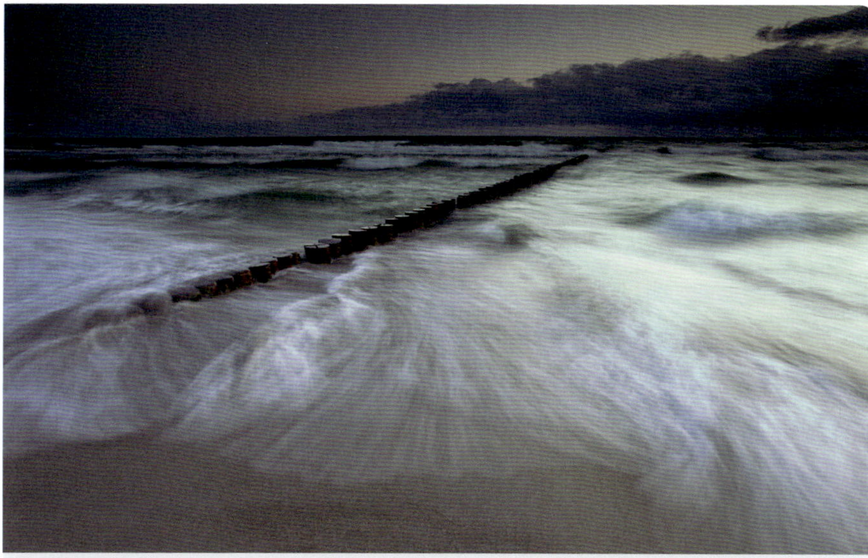

18 mm, f/10, 0,6 s, ISO 200 – Die Belichtungszeit ist lang genug, um die abfließende Gischt in ihrer Bewegung darzustellen, und kurz genug, um die einzelnen Wellen noch voneinander unterscheiden zu können.

Der Trick ist, dass du die zurückfließende Welle und nicht die am Strand ankommende fotografieren musst. Die wieder zurücklaufende Gischt bewegt sich komplett gleichmäßig und – auf dem fertigen Bild – harmonisch. Die ankommende Welle ist zwar ungestümer, dafür aber auch in ihrer Bewegung deutlich ungerichteter und wirrer.

Ich empfehle dir, auch in diesem Fall unbedingt wieder mit der Blendenautomatik zu arbeiten und Verschlusszeiten beginnend mit 1/2 s auszuprobieren. Je nach Gusto kannst du diese Zeit dann verlängern (oder auch verkürzen), um die Wellenbewegung noch weiter zerfließen zu lassen (oder definierter darzustellen). Finde spielerisch heraus, wo sich das Optimum für deine Bildidee befindet.

CHECKLISTE WELLENFOTOGRAFIE

- Geh so weit wie möglich an die Welle heran (Stichwort Gummistiefel), um Dynamik in den Bildaufbau zu übertragen.
- Für gestochen scharfe, detaillierte Wellen belichte 1/1000 s oder kürzer.
- Für dynamische Wellenbewegungen beginnst du mit 1/2 s und tastest dich an die optimale Zeit heran (verschiedene Wellen an verschiedenen Orten der Erde benötigen unterschiedliche Belichtungszeiten, da ihre Bewegungen differieren).
- Wähle jeweils die Blendenautomatik und passe ggf. die ISO-Empfindlichkeit an (versuche, mit maximal ISO 1000 auszukommen).
- Die ankommende Wellenbewegung ist dynamischer und ungeordneter, die ablaufende Wellenbewegung gleichmäßiger.
- Verwende bei Bedarf einen Neutralgraufilter, um ausreichend lange Zeiten bei Helligkeit zu erreichen.

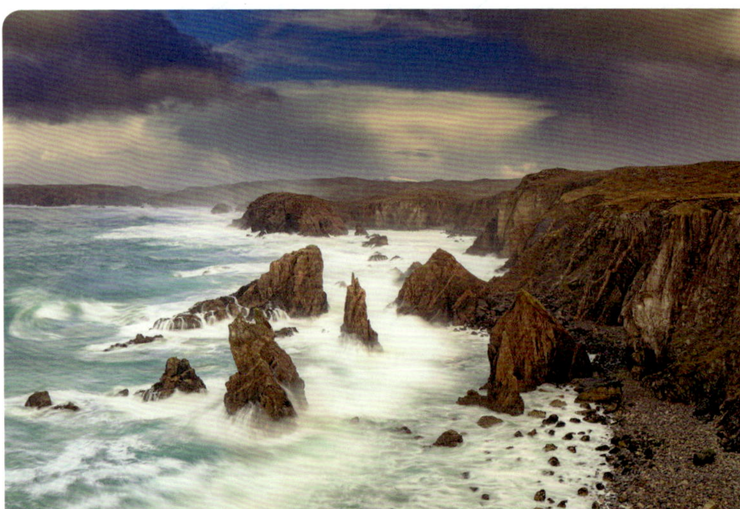

35 mm, f/5, 1,6 s, ISO 100, ND 0,6 soft, ND 65, Polfilter – Auf diesem Bild kommen alle Wellenbewegungen zusammen. 1,6 Sekunden Belichtungszeit erschienen mir optimal, um sowohl Dynamik als auch noch einigermaßen definierte Welle abzubilden. Bei längerer Belichtung war das gesamte Wasser einfach nur weiß, bei kürzeren die unheimliche Kraft kaum sichtbar.

Nebel

Du hast dir vorgenommen, am Morgen fotografieren zu gehen, abends bereits alles vorbereitet und den Wecker voller Zuversicht auf eine für Normalbürger unmenschliche Zeit gestellt? Prima, das gefällt mir! Du stehst morgens auf, schaust vor dem Anziehen noch einmal aus dem Fenster, es dämmert bereits ganz leicht, und dann siehst du das: Nebel!

Vermutlich legt sich in diesem Moment die eine Hälfte der Fotografen sofort wieder ins Bett, halb verärgert, halb erleichtert. Die andere Hälfte hadert mit sich, was sie nun tun soll. Wenn du zu Letzteren gehörst, ist das meine ultimative Antwort: Ab in die Klamotten und raus in die Natur!

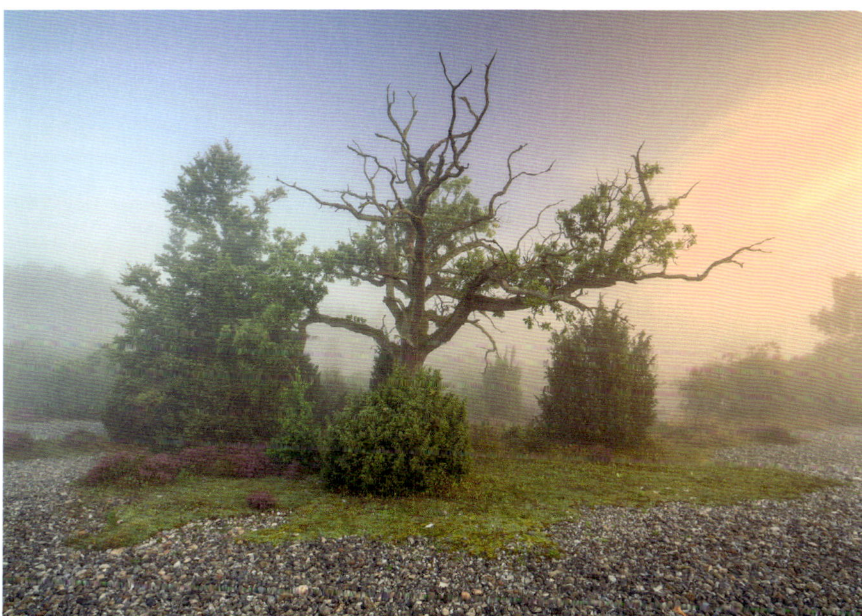

18 mm, f/10, 3,2 s, ISO 50, ND 0,6 soft – Der dicke bodennahe Nebel wirkt wie ein Diffusor für das Licht und bewirkt eine gleichmäßige Ausleuchtung des Motivs.

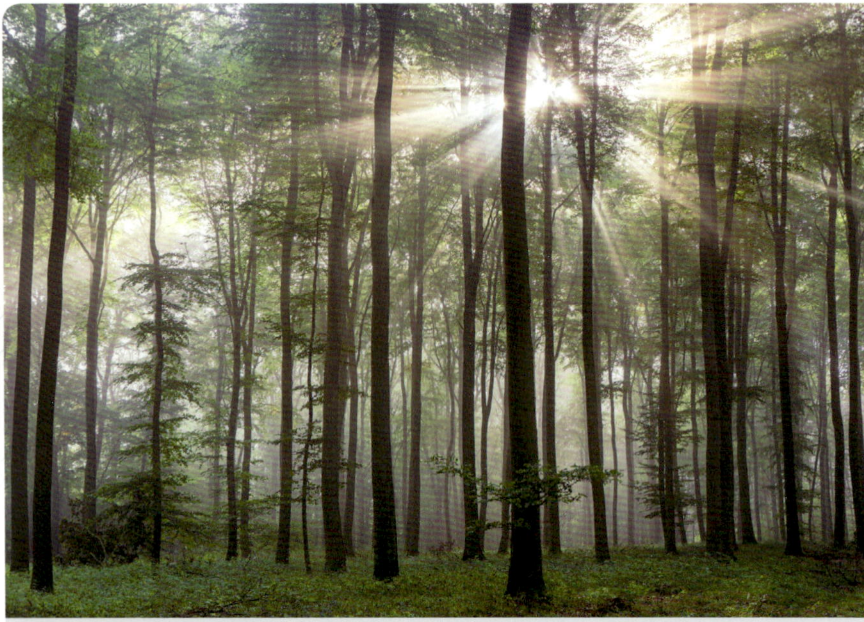

50 mm, f/10, 1/50 s, ISO 100 – Bodennebel im Wald, darüber Sonnenschein – Sunbeams stellen sich überall dort ein, wo Sonnenlicht in den Wald einfallen kann.

Bodennebel

Nebel ist für die Fotografie ein wunderbares Medium und versetzt mich geradezu in fotografische Ekstase. Wenn ich im Folgenden von Nebel schreibe, ist damit immer der bodennahe Nebel und weniger der Hochnebel gemeint.

Optimale Bedingungen findest du vor, wenn zum dicken Bodennebel noch hinzukommt, dass darüber ein wolkenfreier Himmel zu entdecken ist. Ich fahre bei solchen Konstellationen, die man zumeist im Herbst von Ende August bis Ende Oktober vorfindet, in den häufigsten Fällen in Wälder mit altem Baumbestand und ruhigen Waldseen.

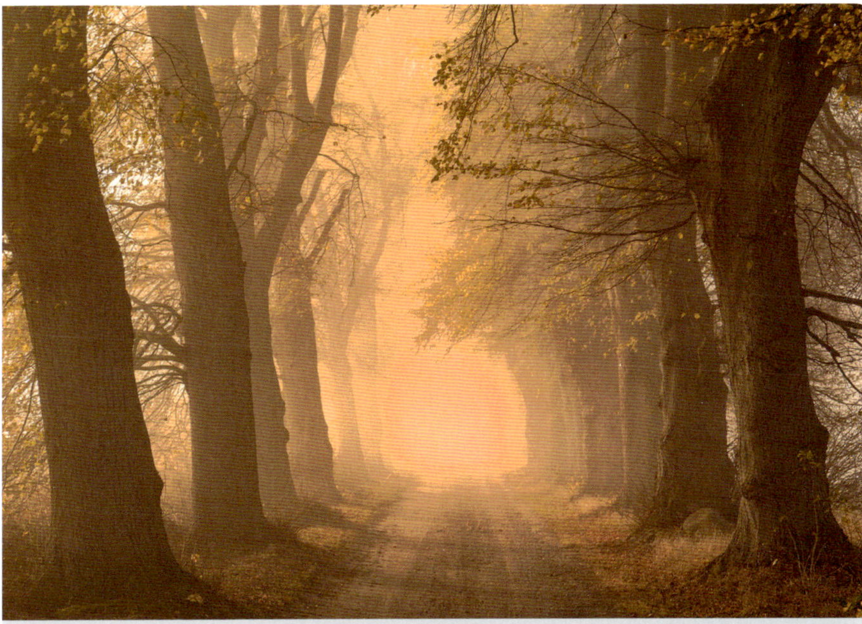

100 mm, f/5, 1/125 s, ISO 200, Polfilter – Nebelschwaden im seitlichen Gegenlicht zaubern ein diffuses, goldenes Morgenlicht in die Lindenallee.

Nebel im Wald

Solange die Sonne noch nicht zu sehen ist und der dicke Nebel in den Bäumen hängt, bleib im Wald und nutze die Tatsache, dass der Nebel die Bäume freizustellen scheint. Wenn sich später die Sonne ihren Weg durch den Nebel kämpft, ergeben sich im Wald oft fantastische Nebelspuren, ähnlich den berühmten Sunbeams in amerikanischen Canyons.

Nach und nach wird der Nebel von der Sonne aufgelöst, und dann ist es umso wahrscheinlicher, dass du sonnendurchflutete Nebelschwaden auf der Wasseroberfläche fotografieren kannst. Diese sehen vor allem im Gegenlicht des frühen Morgens märchenhaft aus, sodass gute Bilder fast von alleine gelingen.

Auf Langzeitbelichtungen bewirkt ziehender Nebel ganz diffuses und weiches Licht, fast so, als wäre die Welt in einen Wattebausch eingepackt. Probiere es unbedingt einmal aus, besonders im goldenen Morgenlicht.

Nebel von oben

Natürlich bieten sich auch hügelige oder bergige Landschaften bei Bodennebel unheimlich gut an. Von einem Standpunkt oberhalb des Nebels finden sich motivisch wunderschöne Perspektiven mit sich wiederholenden Erhebungen und Senken. Im Gegenlicht wirkt der Nebel als gigantischer Diffusor und erzeugt warme, satte Farben. Die diffuse Lichtverteilung taucht die gesamte Landschaft in das entsprechende Licht.

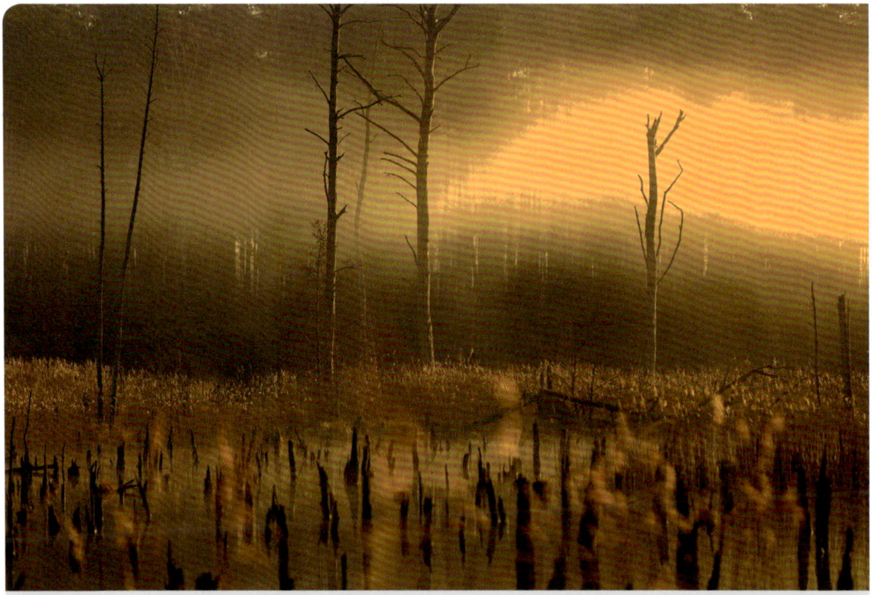

135 mm, f/4, 15 s, ISO 50, Polfilter, ND 64 – Durch die lange Belichtung wirkt es so, als wäre die Welt in einen Wattebausch eingepackt. Das goldene Morgenlicht verwandelt die Szenerie in eine Märchenkulisse.

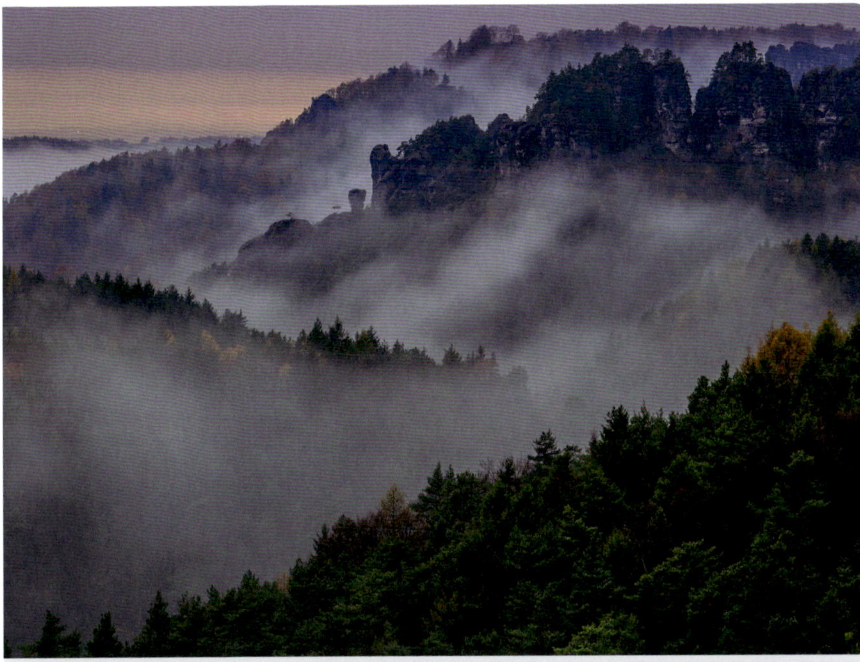

100 mm, f/10, 1,3 s, ISO 100 – Der Nebel trennt die verschiedenen Ebenen im Bild perfekt auf und schafft dadurch Perspektive und Tiefe.

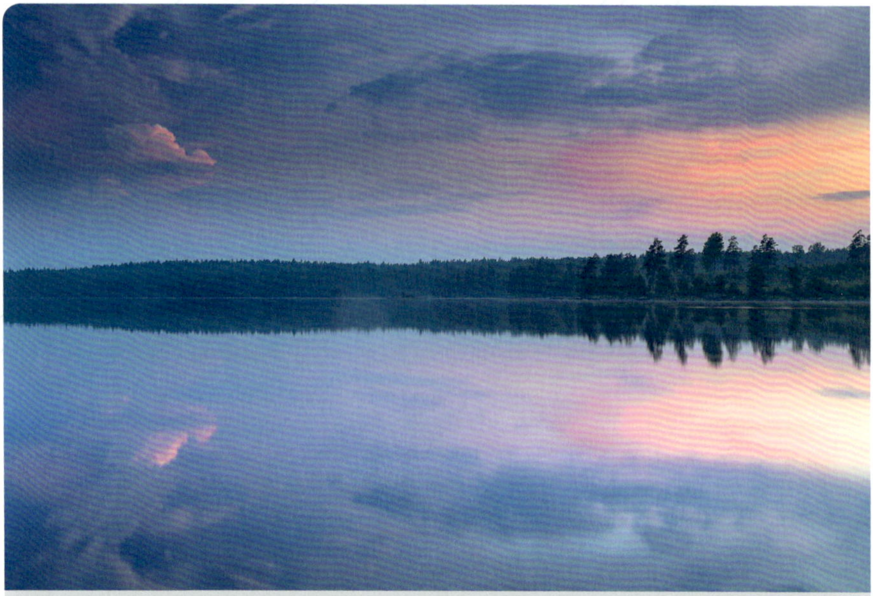

25 mm, f/10, 25 s, ISO 100, ND 0,6 hard – Der Inbegriff einer perfekten Spiegelung. Pastellfarben zur blauen Stunde und ein leichter Nebelschleier an einem schwülen Gewitterabend runden die Bedingungen ab.

Reflexionen

Eines meiner persönlichen, motivischen Highlights sind spiegelglatte Seen mit perfekten Reflexionen des Himmels darin. Ich liebe es, gerade im Sommer laue Abende mit farbenfrohen Sonnenuntergängen an ruhigen und menschenleeren Waldseen zu verbringen. Nicht zuletzt deswegen gehört Schweden im Sommer zu meinen absoluten Lieblingsreisezielen. Das Abbilden der Reflexionen ist an sich keine komplizierte fotografische Sache. Es gibt allerdings zum Erreichen eines optimalen Bildergebnisses auch hier wieder ein paar Kleinigkeiten zu beachten.

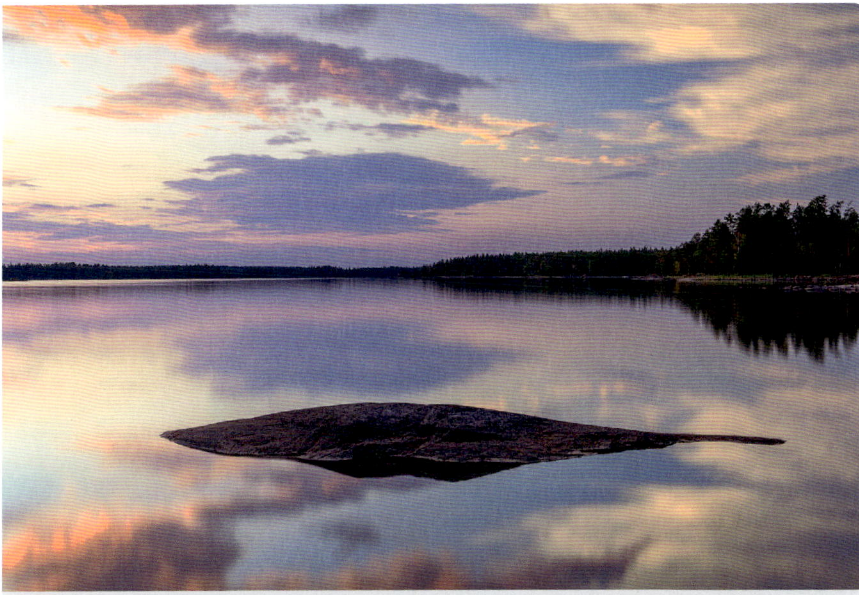

35 mm, f/8, 60 s, ISO 50, ND 0,9 hard – Der Stein wirkt wie ein Urwesen und lockert den strengen Bildaufbau auf. Bei nahezu vollständiger Windstille ist trotz der langen Belichtung kaum Bewegung erkennbar.

Den Vordergrund verfeinern

In puncto Bildaufbau kannst du versuchen, den Vordergrund trotz der Reflexion ein kleines bisschen vom Himmel abzugrenzen, indem du z. B. einen Polfilter nutzt und die Strukturen unterhalb der Wasseroberfläche – sofern vorhanden – andeutest. Auch das Einbeziehen einer die Spiegelung unterbrechenden Struktur ist denkbar, wie etwa ein Stein, der aus dem Wasser herausragt.

Die allgemeingültigen Gestaltungsregeln kannst du bei Spiegelungen gern außer Acht lassen, solange die Reflexion an sich Spannung birgt. Eine klassische 1/3-2/3-Aufteilung ist zumindest in der Höhe des Bildes somit nicht zwingend notwendig.

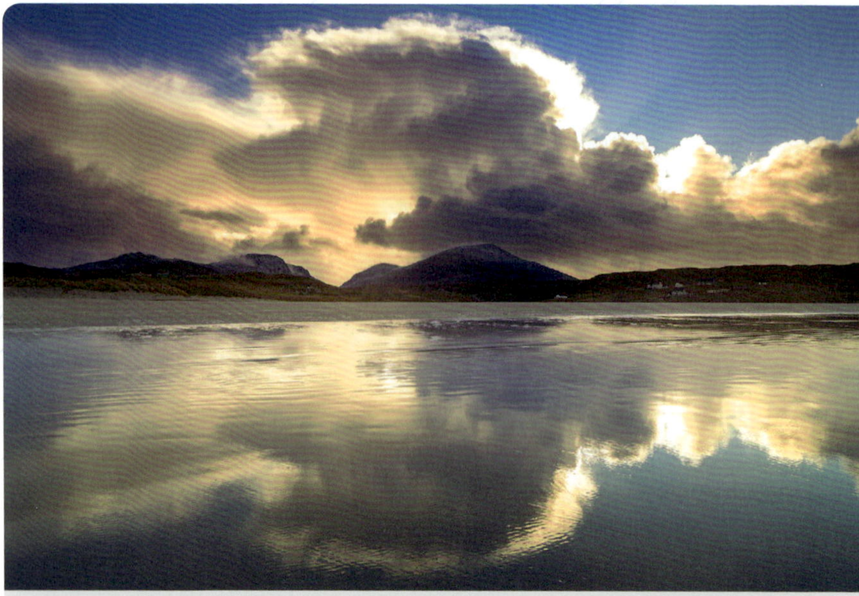

25 mm, f/10, 1/10 s, ISO 100, Polfilter, ND 0,6 soft – Trotz der genau hälftigen Unterteilung des Bildes in der Höhe wirkt der Bildaufbau harmonisch. In der Breite ist das Bild klassisch nach der Drittelregel mit optischem Schwerpunkt in der linken Bildhälfte unterteilt.

Helligkeiten ausgleichen

Eine andere wichtige Sache ist es, einen Verlaufsfilter zu nutzen, um den Himmel gegenüber der Wasseroberfläche abzudunkeln. Da das Wasser nur ca. 50 % des einfallenden Lichts reflektiert, wird ohne Verwendung eines Verlaufsfilters der Himmel immer heller dargestellt als die Reflexion auf der Wasseroberfläche. Die Kamera benötigt also im Gegensatz zum Auge die Unterstützung eines Filters, um gleiche Helligkeitswerte für beide Bildbereiche abbilden zu können. Da im Bild der Übergang von Realität zu Spiegelung sehr scharf durch die Wasseroberfläche getrennt wird, kannst du hierfür einen Filter mit hartem Grauverlauf wählen, der in etwa eine Blendenstufe abdunkelt.

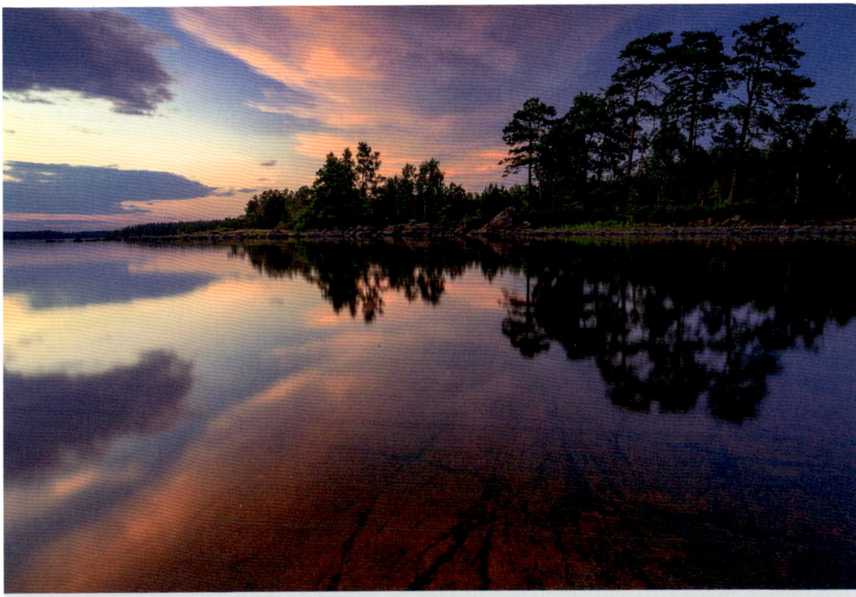

18 mm, f/18, 25 s, ISO 50, ND 0,6 hard, Polfilter – Durch den Einsatz des Polfilters kitzelt man die feinen Strukturen unter der Wasseroberfläche heraus. Damit sie besser zur Geltung kommen, habe ich mich beim Bildaufbau für eine Drittelung entschieden.

Meist ist es so, dass die Gewässer vor Sonnenaufgang am ruhigsten sind. Nach Sonnenaufgang beginnt sofort die Erwärmung der Luft und der Wasseroberfläche durch die Sonne, was zum Entstehen von Thermik und entsprechenden Winden führt. Diese wiederum kräuseln die Wasseroberfläche, sodass Reflexionen undeutlicher werden.

REFLEXIONEN: NICHT NUR AUF WASSER

Nicht nur Wasseroberflächen spiegeln das Licht und lassen Reflexionen entstehen. Auch Eis und befeuchtete Flächen wie z. B. ein von Wellen überspülter Sandstrand können interessante Spiegelungen bewirken und gleichzeitig einen tollen Vordergrund liefern.

Im Wald

Wenn der Himmel sich wolkenverhangen präsentiert, ist das noch lange kein Grund, deine Kamera in die Ecke zu legen. Wolken haben aus fotografischer Sicht in der Natur die Funktion eines überdimensionalen Diffusors, der das Licht filtert und gleichmäßig verteilt. Bei direkter Sonneneinstrahlung liegen harte Kontraste zwischen den Licht- und Schattenbereichen vor, die du vor allem im Wald nur sehr schwer fotografisch beherrschen kannst und die nur selten ein brauchbares Bildergebnis liefern. Insofern bietet es sich eher an, bei bedecktem Himmel und gleichmäßigem Licht in den Wald zu gehen.

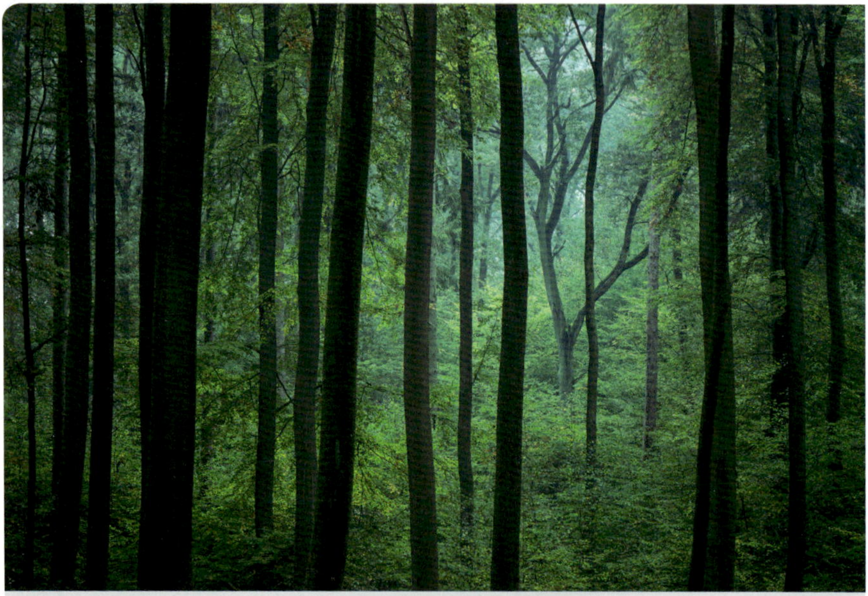

100 mm, f/4, 1/10 s, ISO 100 – Schau im Wald nach Formen und Helligkeitsunterschieden. Die in einer kleinen Lichtung stehende, gewunden wachsende Buche im Hintergrund sticht aus der Uniformität heraus und eignet sich als Blickfang im Motiv.

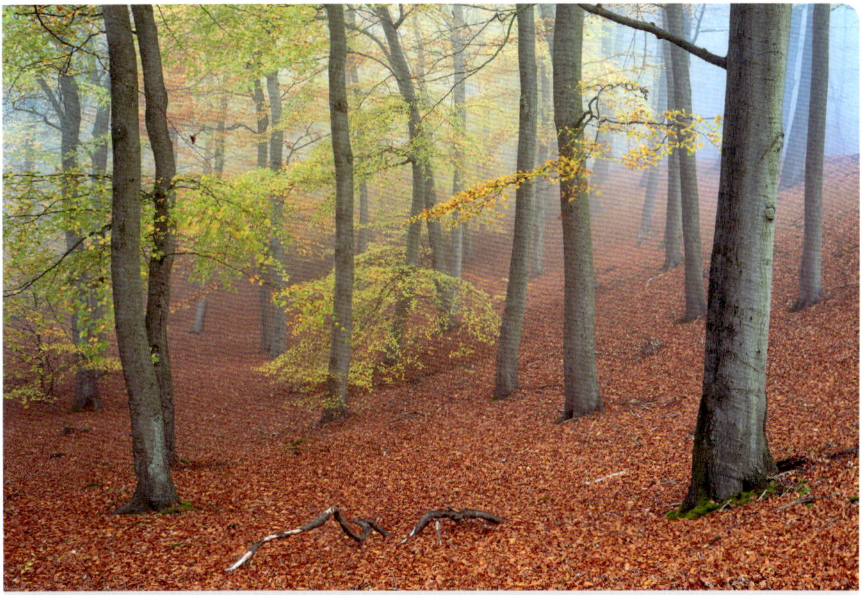

25 mm, f/8, 1/10 s, ISO 100, Polfilter, ND 0,3 soft – Sanftes, gleichmäßiges Licht nach einem Regenschauer im Wald. Die verdunstende Feuchtigkeit schafft einen mystischen Aspekt, der Polfilter bringt satte Farben in den Herbstwald.

Wälder sind zu jeder Jahreszeit besonders und bieten eine Fülle an Motiven. Alleine die verschiedenen Waldformen bilden eine unglaubliche Varietät für fast jeden Geschmack. Ich liebe z. B. Buchen- und Birkenwälder. In einigen lichten Buchenwäldern hat man das ehrfürchtige und inspirierende Gefühl, in einer natürlichen Kathedrale zu stehen. Die glatte Rinde der Buchen schimmert bei tiefstehender Sonne leicht rötlich oder bietet bei Feuchtigkeit wunderbare Kontraste durch die glänzenden Stämme.

Wenn du im Wald fotografierst, versuche Ordnung ins Chaos zu bringen. Wir Menschen können durch selektives Wahrnehmen und dreidimensionales Sehen auch dichtere Wälder problemlos optisch verstehen. Auf einem zweidimensionalen Bild wirken solche unruhigen Waldlandschaften jedoch selten gefällig. Mein Tipp ist es daher,

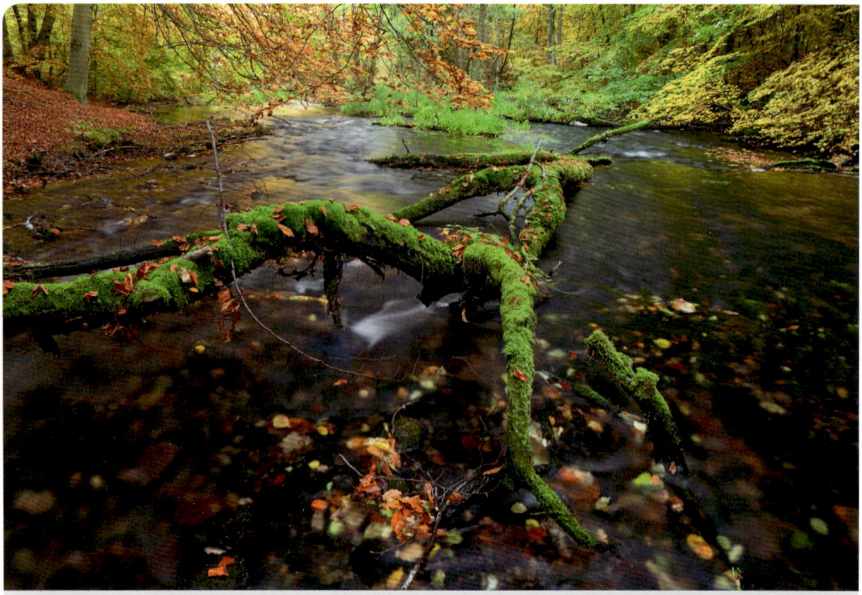

18 mm, f/10, 10 s, ISO 50, Polfilter – Satte Farben wie auf diesem Bild erreichst du bei Feuchtigkeit durch die Nutzung eines Polfilters. Flussläufe in herbstlichen Buchenwäldern gehören für mich zu den schönsten Motiven überhaupt.

gerade beim Einstieg in die Waldfotografie zuerst lichte Wälder mit wenig Bodenbewuchs aufzusuchen.

Im Wald versuche ich beim Bildaufbau grundsätzlich, zu helle Areale, wie sie z. B. bei einem Anschnitt des Himmels entstehen können, zu meiden, da diese einen zu großen Kontrast zum deutlich dunkleren Inneren des Waldes besitzen und der heimelige Charakter verloren geht. Durch die Auswahl der Brennweite und des Bildaufbaus kannst du dies jedoch sehr einfach erreichen. Achte bei der Belichtung darauf, dass die Kamera bei Verwendung der halbautomatischen Modi das Bild nicht zu hell im Vergleich zur Realität darstellt (vertraue also dem Histogramm). Gegebenenfalls musst du etwas unterbelichten, um den realen Bildeindruck zu erzielen.

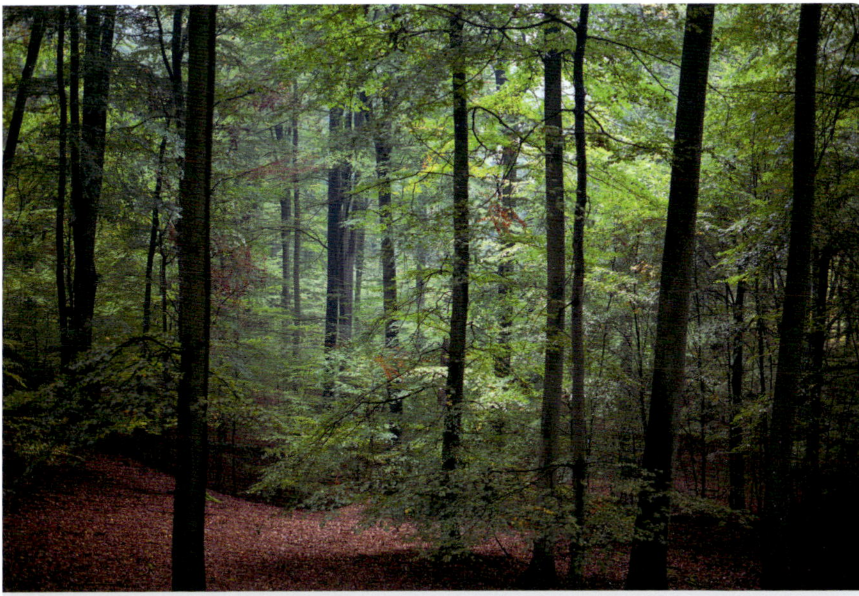

35 mm, f/5.6, 1/10 s, ISO 100, Polfilter – Der geringe Lichteinfall in zweiter Reihe reicht, um dem Bild Tiefe und Mystik zu verleihen. Beachte das Lichtspiel auf dem Boden. Wenn du durch den Wald gehst, schau nach solchen Orten.

Zudem empfehle ich, mit dem wenigen Licht im Wald zu spielen und zu experimentieren. Such dir dafür kleine Lichtungen im Wald. Orte, an denen etwas mehr Helligkeit durch das Blätterdach fällt, wirken auf den Bildern im Kontrast zum umgebenden Wald wie helle Oasen.

WÄLDER IM HERBST

Mein persönlicher Tipp: Suche Wälder vor allem im Herbst auf, wenn sich die Blätter färben und Nebel möglich ist. Die Kombination aus buntem Laub und warmem Herbstlicht übt Jahr für Jahr einen unheimlichen Reiz auf mich aus, sodass ich mittlerweile immer eine Woche Urlaub Mitte Oktober verplane, um zum Fotografieren durch die heimischen Wälder zu streifen.

Regen

Bei Regen zu fotografieren gehört sicherlich zu den Dingen, die jemand, der nicht fotografiert, für ziemlich bekloppt halten wird und die uns Naturfotografen den Ruf bescheren, etwas sonderbar zu sein.

Aber: Feuchtigkeit bringt Farbe ins Spiel. Das erklärt sich damit, dass, wenn etwas nass ist, die natürlichen Farben deutlich stärker und kräftiger zur Geltung kommen. Wenn du dir trockenes Laub anschaust, wirkt es vor allem staubig und fahl. Wenn es allerdings nass ist, fangen die Farben an zu leuchten und zu glänzen. Auf Bildern wirken solche Momente oft, als seist du bei der Nachbearbeitung in einen Farbtopf gefallen, wobei eigentlich alles der Realität entspricht. Nutzt

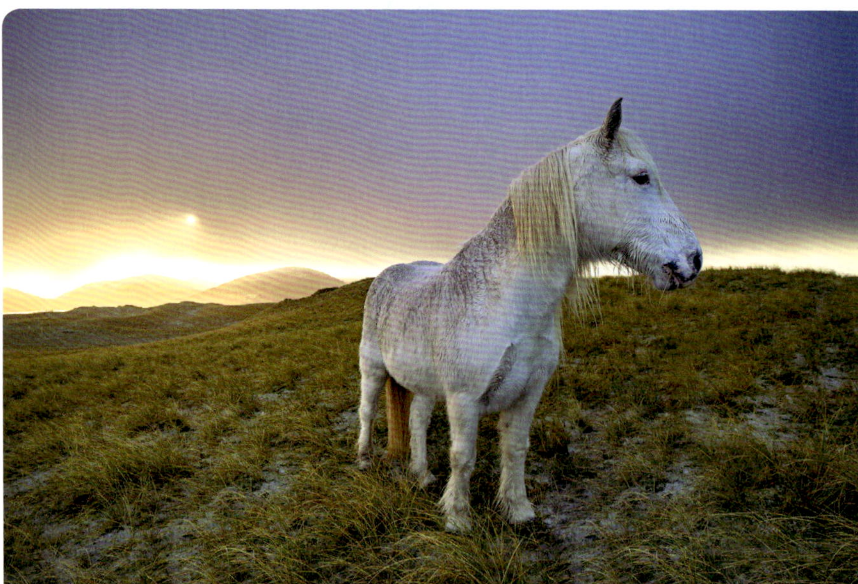

18 mm, f/5, 1/200 s, ISO 500 – Stoisch stand dieses Highland-Pony im Regen und harrte der Dinge. Am Hintergrund ist zu ahnen, dass noch fünf Minuten zuvor die Sonne schien. Solche Lichtnuancen sind nur in Extremsituationen erreichbar.

du zusätzlich noch einen Polfilter, der die Reflexionen von den spiegelnden, nassen Oberflächen nimmt, ist der Farbenrausch perfekt.

Regen wirkt als Diffusor

Vielleicht wirst du nun sagen, dass du solche Bilder doch auch unmittelbar nach einem Regenschauer machen kannst, ohne dich nassregnen lassen zu müssen. Das stimmt auch. Doch es gibt noch mehr Vorteile von Fotografie im direkten Regen. Regen schafft ein sehr gleichmäßiges, diffuses Licht. Gerade zu Beginn eines Regenschauers, wenn noch helles Restlicht des abziehenden Wetters einfällt, ergeben sich mystische Stimmungen. Zudem vermag Regen bei langen Belichtungen ähnlich wie Nebel Objekte optisch freizustellen.

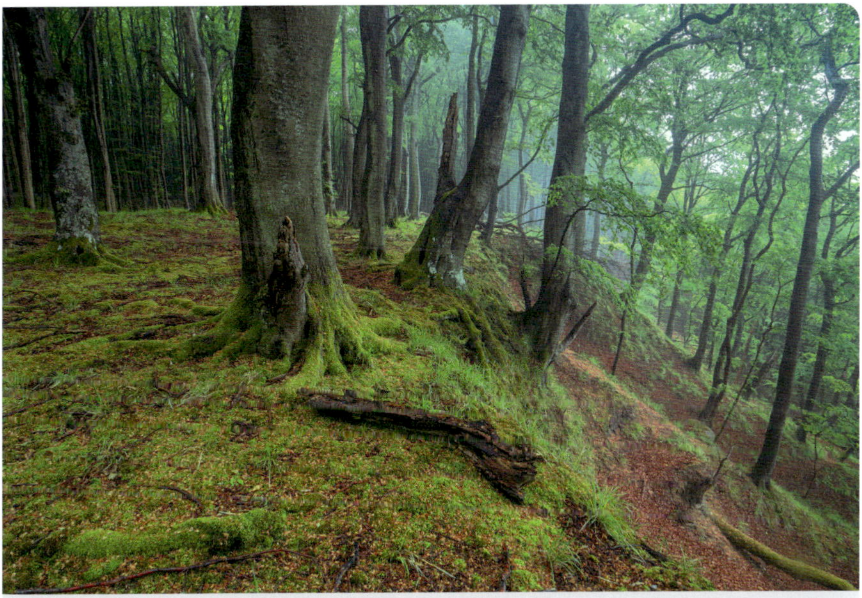

18 mm, f/10, 4 s, ISO 100, Polfilter – Intensive Farben erreichst du durch den Einsatz des Polfilters. Der leichte Nebel, der in der Luft zu liegen scheint, ist durch den Regen bedingt. In der Nähe großer Bäume stehst du meistens gut geschützt.

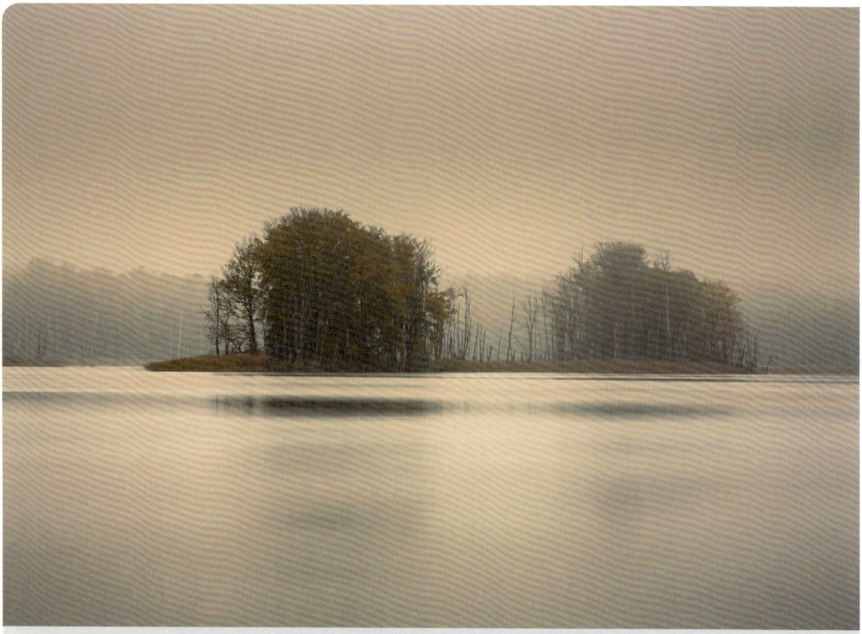

135 mm, f/4, 30 s, ISO 50 – Durch den Regen wirkt diese kleine Insel im Müritz Nationalpark wie freigestellt. Der Bildeindruck vermittelt auch hier das Gefühl von Nebel bzw. Dunst. Das diffuse Licht wirkt trotz des Regens bei Sonnenaufgang warm und angenehm.

Die Kamera schützen

Natürlich musst du beim Fotografieren in dieser Wetterlage sehr vorsichtig und umsichtig mit der Technik umgehen. Objektivwechsel versuche ich bei Regen zu vermeiden, damit keine Feuchtigkeit in die Kamera eindringen kann. Ich habe über der Kamera auf dem Stativ immer eine riesige, durchsichtige Duschhaube, damit die Technik nicht nass wird und ich die Kamera weiterhin komfortabel bedienen kann. Mein wichtigster Ausrüstungsgegenstand ist jedoch ein saugfähiges Mikrofasertuch, das keine Wischspuren hinterlässt und viel Wasser aufnehmen kann. Gerade auf den Glasfiltern sind immer wieder einzelne Tropfen zu sehen.

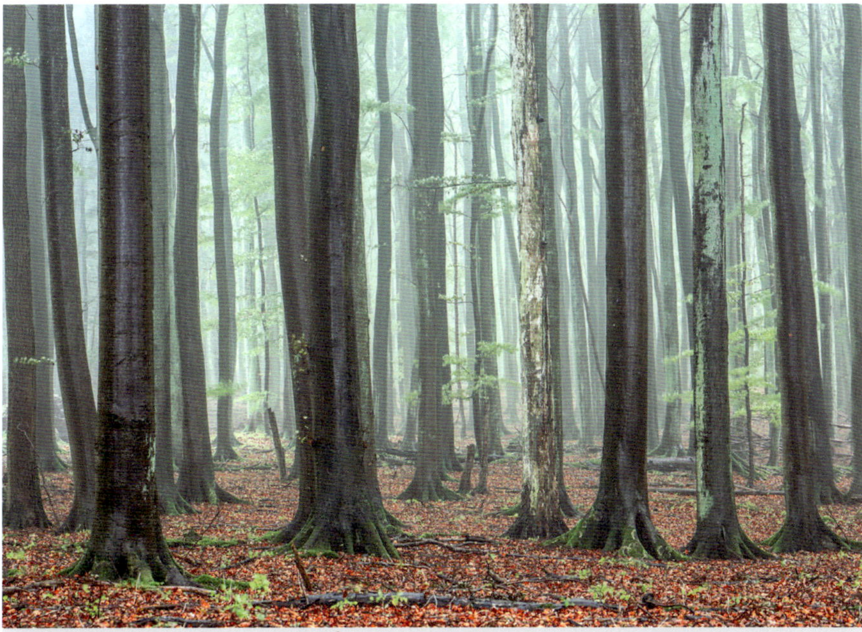

100 mm, f/10, 1 s, ISO 50, Polfilter – Stundenlanger Regen lässt die Feuchtigkeit an den Stämmen herunterrinnen. Die satten Farben (Polfilter) und die glänzenden Stämme runden den Eindruck des Regens ab, der in der Tiefe des Bildes wiederum wie Nebel wirkt.

REGENSCHUTZ FÜR DEINE AUSRÜSTUNG

Ein Regenschutz für die Kamera und die Filter ist essenziell! Am einfachsten und billigsten bietet sich hierfür eine große durchsichtige Duschhaube an. Nur wenn du ein Bild machst, hebst du die Haube vorne an und fotografierst, so bleibt deine Ausrüstung geschützt.

Twilight

Wie bereits in vorangegangenen Kapiteln dieses Buches erwähnt, bietet dir die blaue Stunde in der Dämmerung ein ganz eigenes und überaus fotogenes Licht. Wenn sich das Licht des Tages mit der Dunkelheit der Nacht vermischt, gleichen sich Licht- und Schattenbereiche auf wundersame Art und Weise auf den Bildern aus.

Die unheimlich starken Kontraste unmittelbar nach Sonnenuntergang bzw. vor Sonnenaufgang gibt es in der blauen Stunde nicht. Zur Qualität des Lichts an sich kommt dazu, dass der endende bzw. beginnende Tag eine ganz eigene Stimmung vermittelt, die mich auch ohne Kamera in ihren Bann zieht und wegen der allein ein Ausflug schon lohnt. Du hattest einen stressigen Tag? Dann auf in die blaue Stunde!

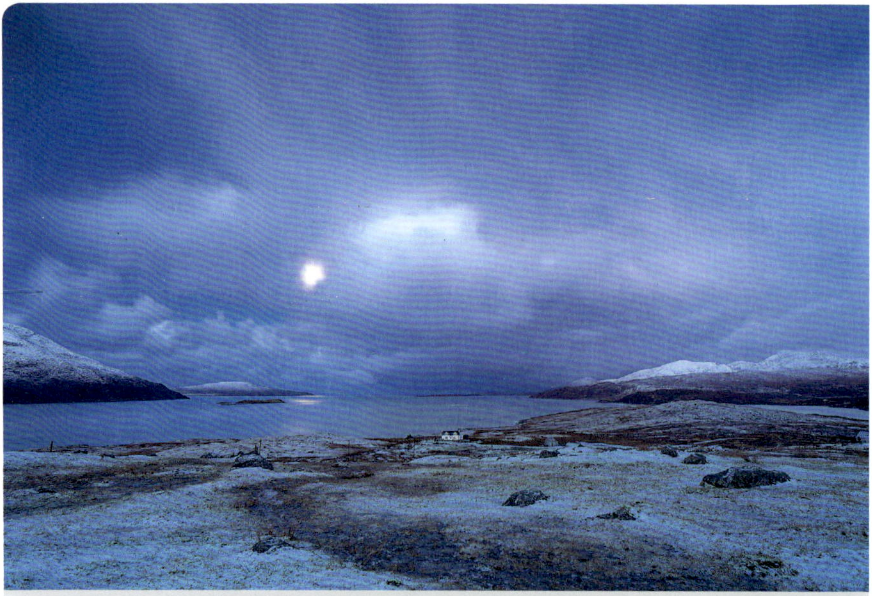

18 mm, f/9, 30 s, ISO 100, ND 0,6 soft – Halb Tag, halb Nacht. Obwohl es noch dunkel ist, kann man bereits alle Details der Landschaft erkennen. Das einsame Haus, über dem schützend der Mond wacht, lässt den Betrachter gedanklich im Bild versinken.

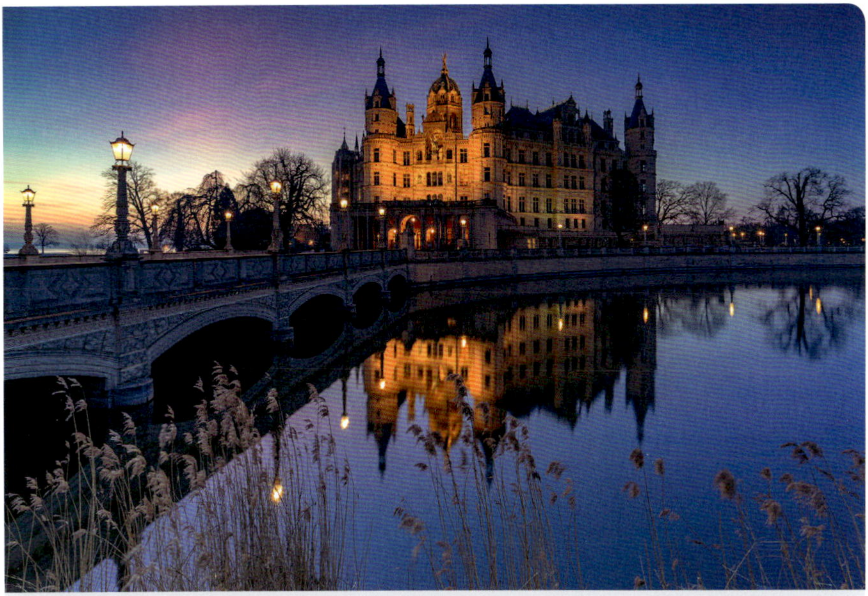

35 mm, f/10, 30 s, ISO 100, ND 0,9 hard – Gegenlicht in der blauen Stunde erfordert durch die geringe Umgebungshelligkeit eine kräftige Abdunkelung des Himmels gegenüber dem Vordergrund – hier mit einem harten Grauverlaufsfilter mit drei Blendenstufen.

Die blaue Stunde in Bestform

Am schönsten kannst du die blaue Stunde an klaren Tagen und wolkenlosem Himmel erleben. Während am Tag und zu Sonnenauf- bzw. -untergang ein strahlend blauer Himmel eher langweilig wirkt, ist er in der blauen Stunde umso beeindruckender. Du kannst am Firmament bereits Sterne bestaunen, während gen Horizont schon bzw. noch die Farben des Tages leuchten. Meist sind diese Streifen aus rotgoldenem Licht und die vom Horizont zum Himmel an Intensität und Dunkelheit zunehmenden Blautöne eine wunderbare Symphonie aus Helligkeits- und Farbnuancen. Besonders gut erlebst und fotografierst du dieses Schauspiel an Orten mit weitläufigem Blick.

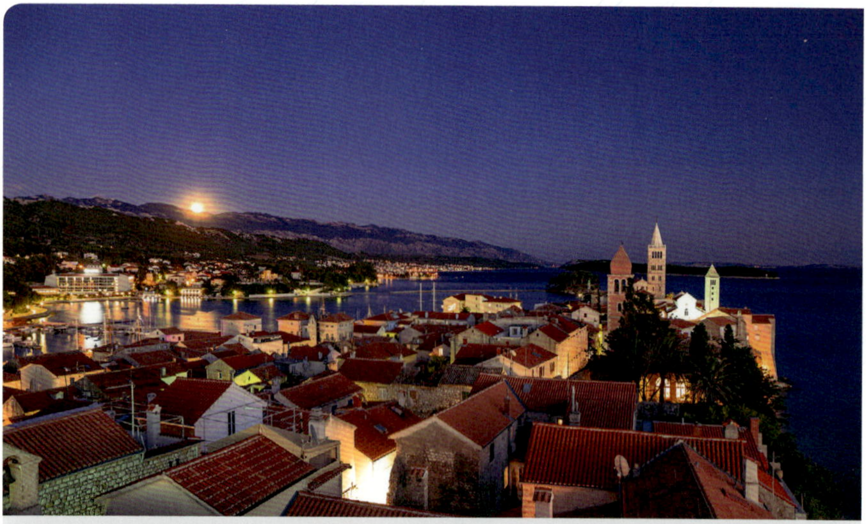

25 mm, f/8, 30 s, ISO 100 – Das letzte Tageslicht lässt die Landschaft noch erstrahlen, während die Lichter der Stadt beginnen, sich der Dunkelheit zu widersetzen. Über den Bergen geht der Vollmond auf.

Wenn du das letzte bzw. erste Leuchten des Tages im Rücken hast und in die Gegenrichtung fotografierst, benötigst du eigentlich keine Filter oder sonstigen Hilfsmittel, da du eine sehr gleichmäßige Helligkeitsverteilung hast. Wenn du allerdings gegen das Licht – also in Richtung der aufgehenden bzw. untergegangenen Sonne belichten willst, musst du einen starken Filter mit hartem Verlauf nutzen, der dir den hellen Horizont deutlich im Vergleich zum restlichen Bild abdunkelt.

Besonders angeleuchtete Gebäude fotografierst du in der blauen Stunde besonders stimmungsvoll. Das letzte Licht des Tages wird perfekt ergänzt durch die meist an Prunkbauten übliche Beleuchtung. Die Mischung aus natürlichem und Kunstlicht harmoniert prächtig und gehört zu den Favoriten vieler Landschafts- und Reisefotografen.

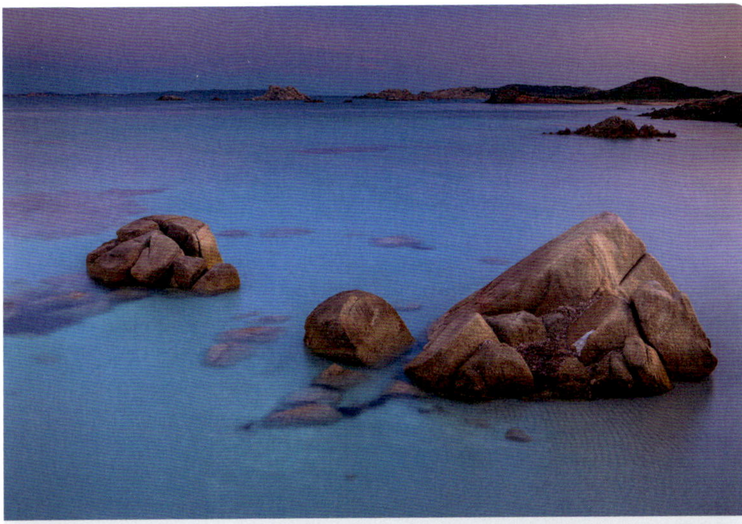

35 mm, f/20, 15 s, ISO 50, ND 0,6 hard, Polfilter – Mit dem Licht im Rücken werden die Steine wundervoll beleuchtet, Schatten gibt es im Grunde keine mehr. Jedes Detail kommt perfekt zur Geltung.

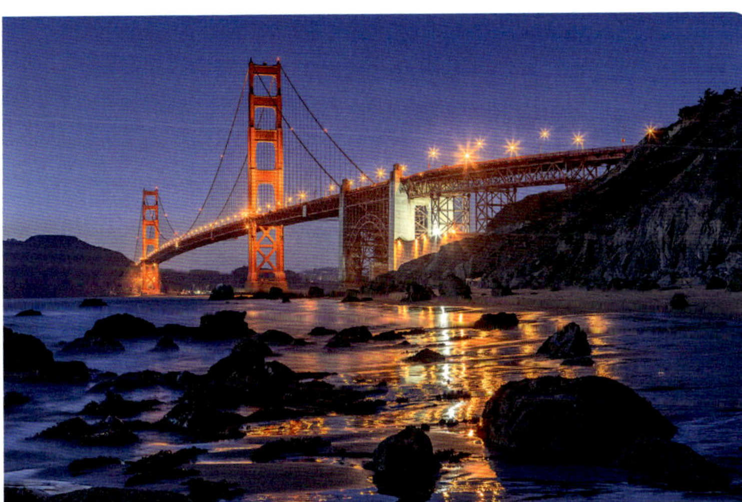

50 mm, f/10, 15 s, ISO 100, ND 0,6 soft – Die perfekte Kombination aus restlichem Tages- und erstem Kunstlicht. Zusammen wirken die Helligkeiten sehr gefällig und harmonisch.

Mondlicht

Eine absolute Leidenschaft von mir ist das Fotografieren bei Mondlicht. Der Mond kann in klaren Nächten als Reflektor des Sonnenlichts eine erstaunliche Helligkeit bewirken. Spätestens wenn also die Tage rund um Vollmond mit sternenklaren Nächten zusammenfallen, ist es Zeit, deine Schuhe zu schnüren und fotografieren zu gehen.

Manchmal ist es nachts so hell, dass du die Landschaft mit bloßem Auge bis zum Horizont erfassen kannst und das Mondlicht sogar Schatten wirft. Der Sternenhimmel ist dann zwar nicht so schön detailreich wie in dunklen Nächten, zum Fotografieren der Landschaft ist dies allerdings ein Traum.

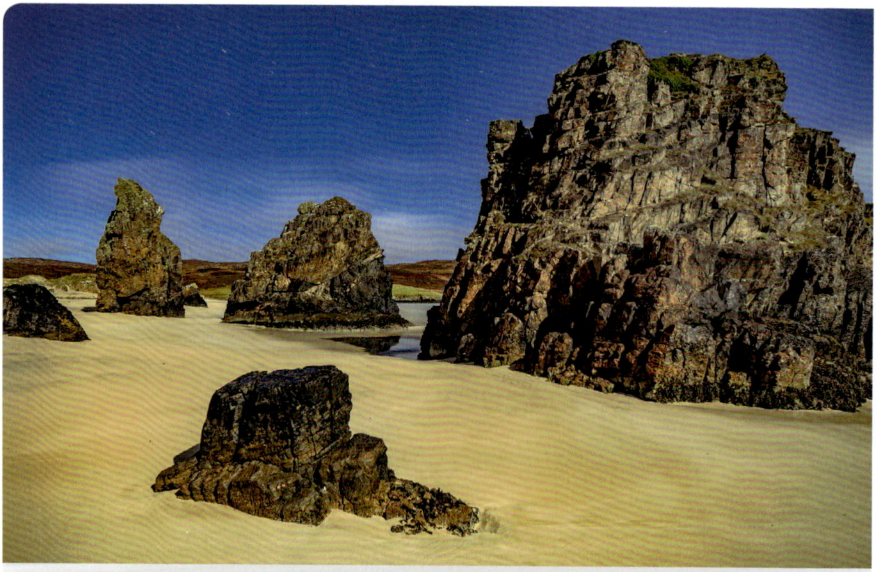

18 mm, f/5, 180 s, ISO 200 – In sehr klaren Nächten kann der Vollmond scharfe Schatten bewirken. Landschaften wie diese im Norden Schottlands wirken dann wie von einem anderen Stern. Beachte die Startrails, die dir unmissverständlich zeigen, dass es sich um eine Nachtaufnahme handelt.

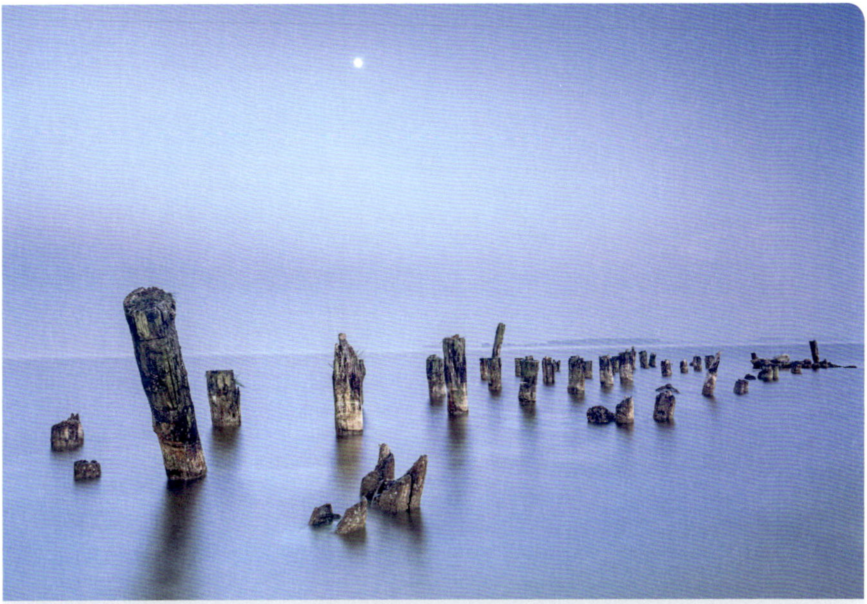

25 mm, f/8, 240 s, ISO 200 – Eine deutliche Überbelichtung der Szenerie bewirkt Helligkeiten wie am Tag. Jedes Detail wird bei weichen Kontrasten herausgearbeitet.

GESTOCHEN SCHARFE NACHTBILDER

Da es für den Autofokus nachts meist zu dunkel ist, empfehle ich dir, den Fokus auf manuell zu stellen. Wenn es dir über den Live-View nicht möglich sein sollte, eine optimale Schärfe herzustellen, gibt es zwei Möglichkeiten: Entweder leuchtest du mit einer Taschenlampe ein Objekt in der Landschaft an und fokussierst es dabei, oder du stellst den manuellen Fokus am Objektiv auf unendlich und drehst es dann einen kleinen Hauch zurück. Diese ziemlich unwissenschaftliche Methode ist das Ergebnis jahrelanger Versuche und hat mir bislang sehr zuverlässige Dienste für gestochen scharfe Nachtbilder geleistet. Probiere es aus!

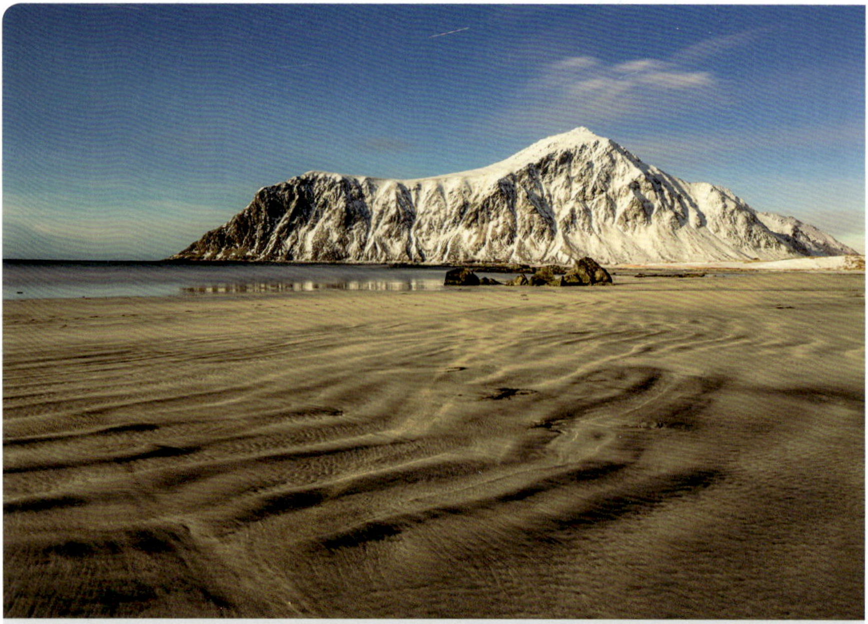

28 mm, f/8, 900 s, ISO 100 – Die Nacht wird zum Tag. Nach 15-minütiger Belichtung ist es schwer zu sagen, zu welcher Tageszeit die Aufnahme entstanden ist.

Mach die Nacht zum Tag

Was den Bildaufbau bei Nacht angeht, ist es oft so, dass deine erste Aufnahme beim Betrachten auf dem Display noch Verbesserungspotenzial aufweisen wird, da du einige Teilbereiche des Bildes bei Dunkelheit schlichtweg nicht ordentlich sehen und einstellen kannst. Orientiere dich dann am ersten angefertigten Bild und korrigiere die zweite Aufnahme anhand dieser – du wirst sehen, dass du spätestens nach dem zweiten Bild deinen gewünschten Bildaufbau erreicht hast.

Ich belichte die Bilder bei Nacht im BULB-Modus meistens ein bisschen über, sodass ich fast taghelle Aufnahmen erhalte. Ich liebe in diesen Bildern die gleichmäßige Helligkeitsverteilung mit sehr weichen Schatten und intensiven Farben.

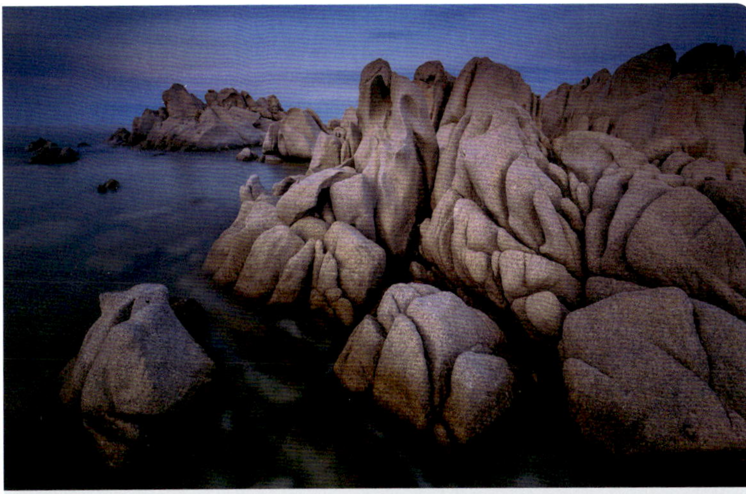

18 mm, f/10, 600 s, ISO 250 – Erst beim dritten Versuch waren die Felsen im Vordergrund vollständig erfasst, da ich beim Einstellen nichts erkennen konnte. Anhand der Testbilder gelang mir der Bildaufbau letztendlich jedoch problemlos – und vor allem zügig.

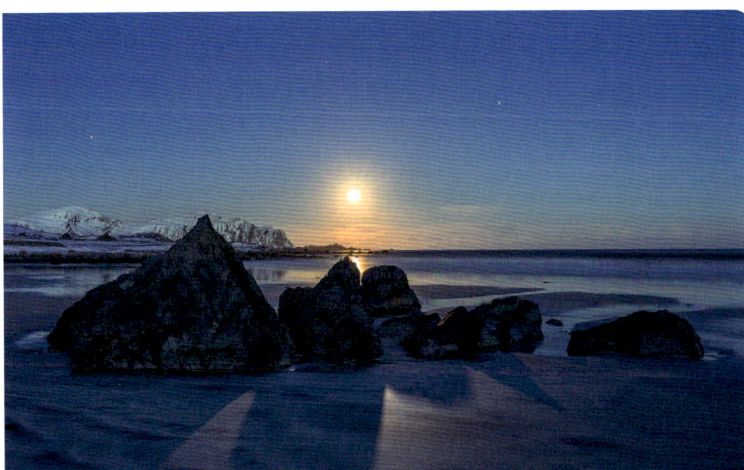

28 mm, f/4, 30 s, ISO 500 – Der Mond wirft Schatten durch eine Felsgruppe im Vordergrund. Die nahende Dämmerung beleuchtet den Vordergrund der Szenerie.

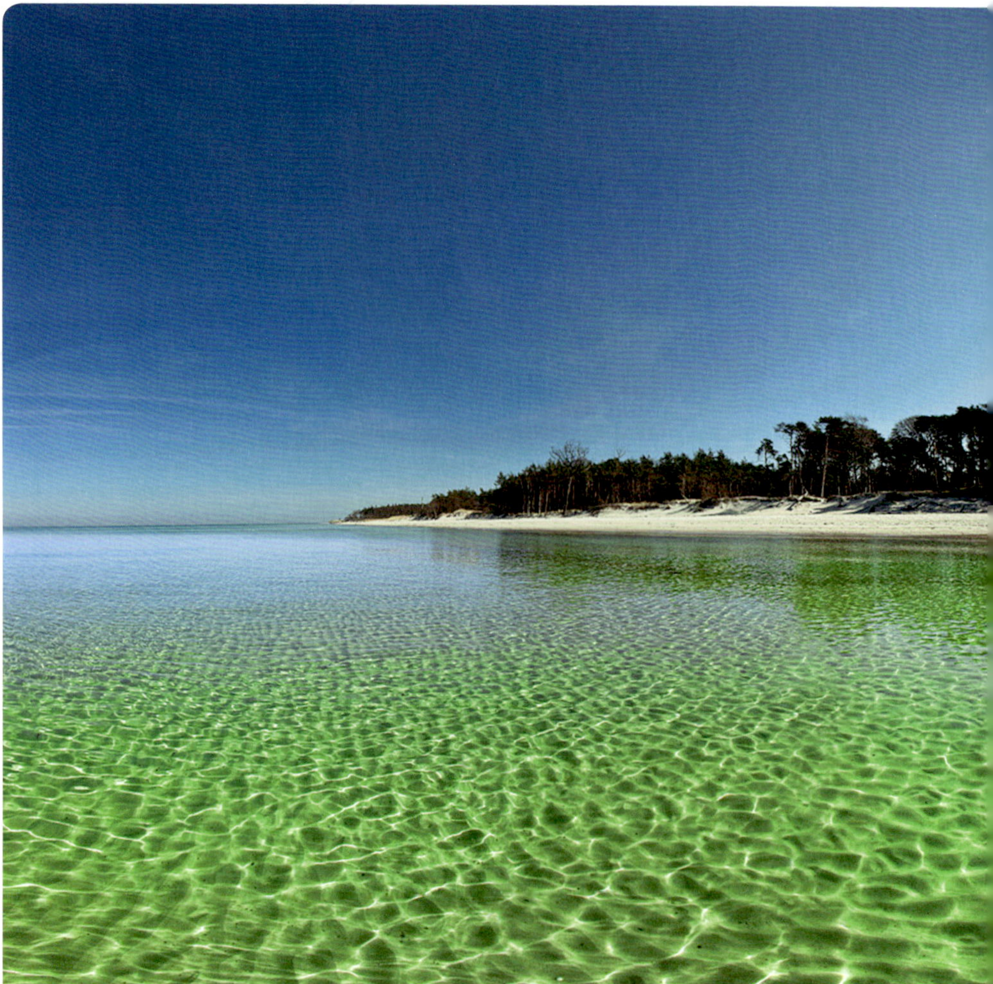

Panorama-Aufnahmen

Manchmal passt das Wunschmotiv einfach nicht auf das Bild. Anstatt sich darüber zu ärgern oder gar für viel Geld ein noch extremeres Weitwinkelobjektiv anzuschaffen, bedienst du dich lieber dank moderner Nachbearbeitungstools der Panoramafotografie.

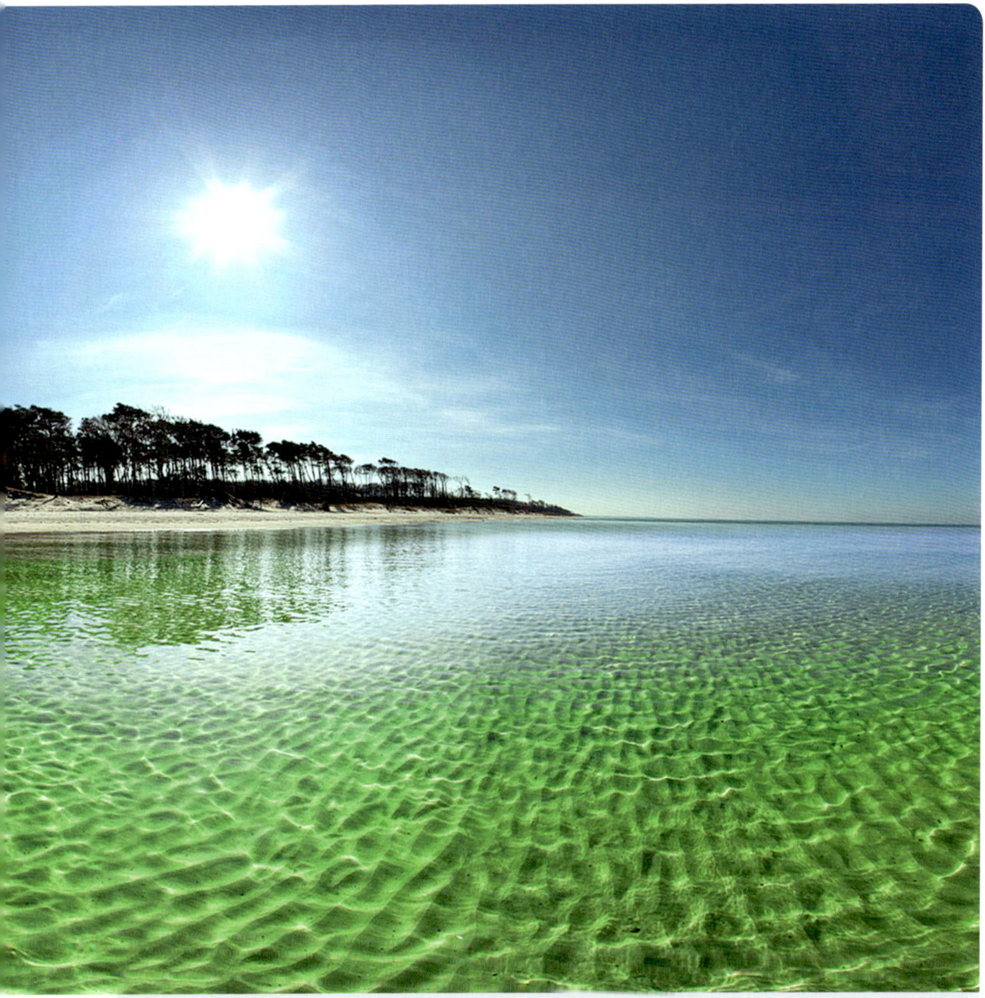

20 mm, f/16, 1/200 s, ISO 200 – Ein 180-Grad-Blick auf den Weststrand auf dem Darß. Das Bild ist aus sechs Einzelaufnahmen zusammengesetzt, durch die entstandene Perspektive entsteht der Eindruck einer Insel. Auf die Bedingungen zur Umsetzung habe ich über drei Jahre gewartet.

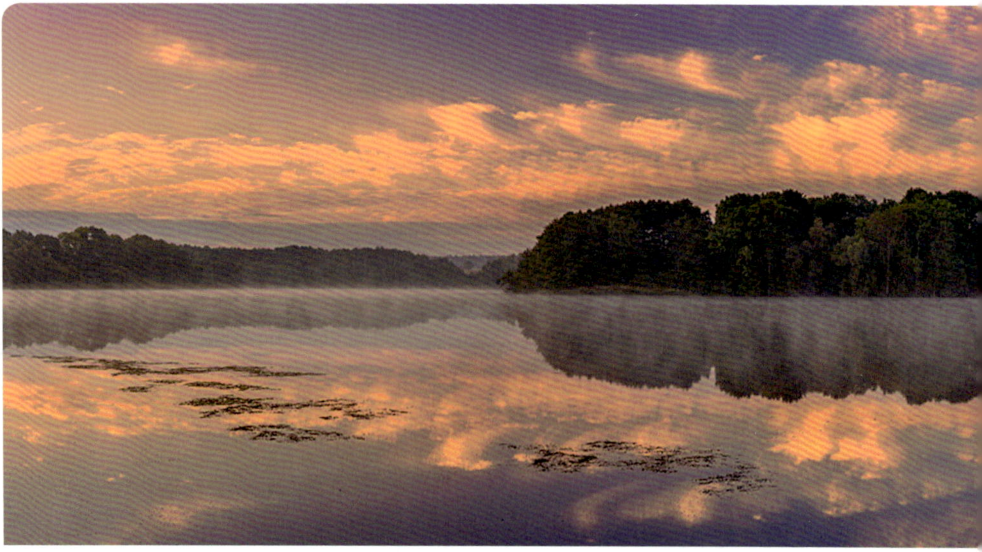

Zu groß? Gibt's nicht!

Hierbei gibt es – wie ja eigentlich immer – einige Dinge für dich zu beachten. Das Wichtigste sind die Kameraeinstellungen, die für jedes einzelne Bild des Panoramas gleich sein müssen, da du sonst beim zusammengesetzten Bild Helligkeits- oder auch Farbsprünge sehen würdest. Im Gegensatz zu meinen sonstigen Gewohnheiten nutze ich zum Erstellen eines Panoramas grundsätzlich den manuellen Modus und lasse zumindest hierfür die Halbautomatiken hinter mir. Warum? Weil ich nur so sicherstellen kann, dass auch wirklich alle Teilbilder die gleichen Parameter und die exakt gleiche Belichtung aufweisen.

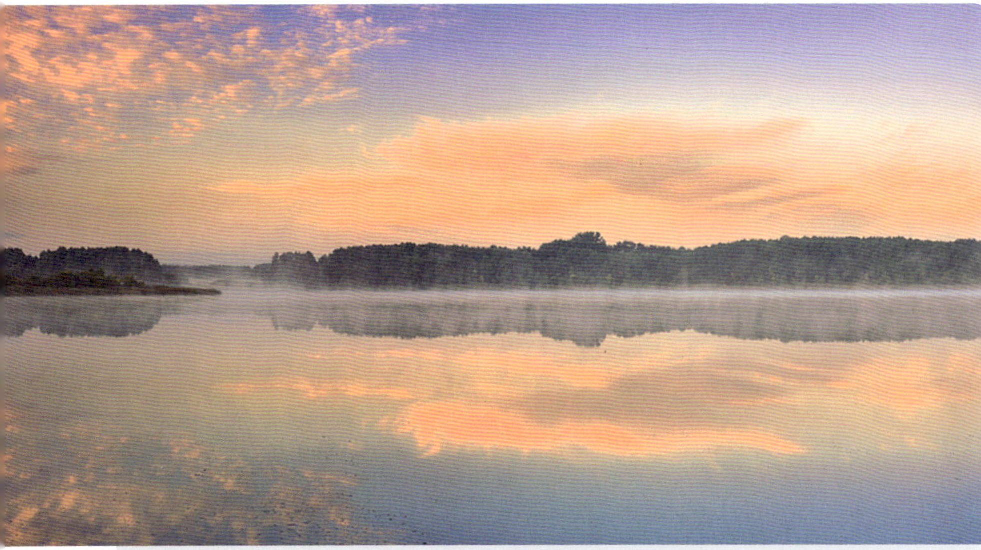

50 mm, f/13, 0,4 s, ISO 100, Polfilter, ND 0,6 hard – Manchmal reicht ein Foto eben nicht aus – für diese Aufnahme habe ich fünf Einzelaufnahmen zusammengefügt. Alle Teilbilder sind exakt mit den gleichen Parametern belichtet, damit beim Zusammensetzen keine Helligkeitsunterschiede entstehen.

DER WEG ZUM PERFEKTEN PANORAMA

Am besten fertigst du ein Testfoto an, dessen Histogramm du zur Überprüfung der richtigen Einstellungen nutzt. Wenn alles stimmig ist, kannst du diese Einstellungen für alle Teilbilder deines Panoramas übernehmen. Und: Es sollten immer alle Bearbeitungsschritte der Einzelbilder hundertprozentig identisch sein, damit es beim Zusammensetzen der Bilder keine Artefakte gibt!

Der nächste wichtige Punkt ist der Fokus. Auch diesen nutze ich ausschließlich im manuellen Modus, da nur so sichergestellt ist, dass die Kamera nicht von alleine den Fokuspunkt während der Datenakquise ändert. Dies würde zur Folge haben, dass du die Übergänge der einzelnen Teilbilder ineinander im fertigen Panorama deutlich erkennen würdest.

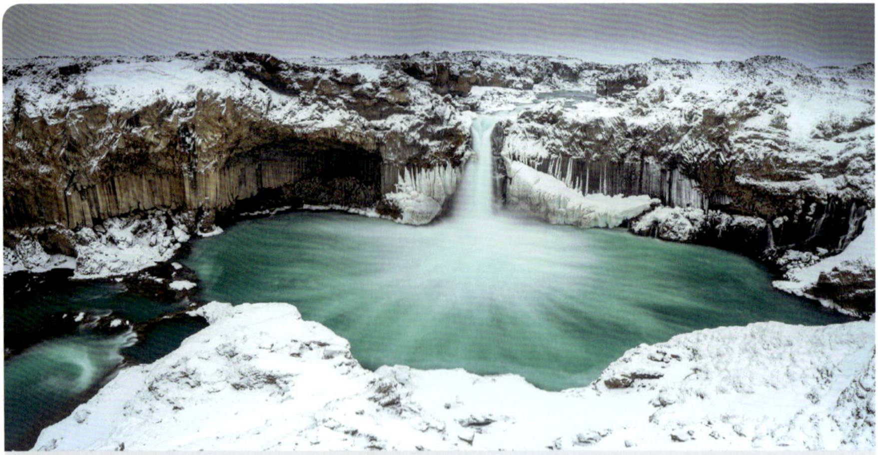

18 mm, f/10, 10 s, ISO 50, Polfilter, ND 0,6 soft, vier Einzelaufnahmen – Durch die lange Belichtung der Einzelbilder erhältst du in allen Bildern gleichmäßige Strukturen im Wasser. Einzelne Wellenbewegungen haben so keinen Einfluss auf das fertige Panorama, und es entstehen keine Artefakte.

Ein weiterer Tipp betrifft die Voreinstellung der Blende. Diese solltest du nie zu groß wählen, da es sonst bei den Einzelbildern zu bauartbedingten Vignettierungen kommt. Alle Objektive haben bei Offenblende (so wird die größtmögliche Blende bezeichnet) eine mehr oder weniger stark ausgeprägte Vignettierung, also Abschattung in die Bildecken hinein.

Bei einem Einzelbild wirst du das nicht unbedingt als störend empfinden, und manchmal ist es sogar ein gewolltes Stilmittel, um den Fokus des Betrachters auf die Mitte des Bildes zu lenken. In einem fertig zusammengesetzten Panorama werden dir die Vignettierungen jedoch negativ als dunkle Übergänge der Einzelbilder auffallen, was du vor allem in homogenen Flächen wie z. B. dem Himmel deutlich sehen würdest.

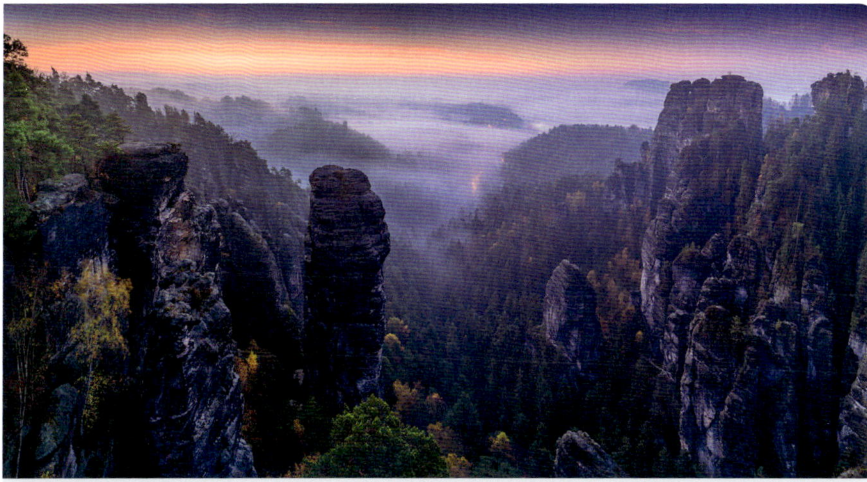

18 mm, f/4.5, 30 s, ISO 200, ND 0,9 hard – Zur Steigerung der Dramatik habe ich für diese Aufnahme eine extreme Perspektive mit acht Hochkantaufnahmen und einem 18-mm-Weitwinkel aufgenommen.

Der Nodalpunktadapter

Das optimale Bildergebnis ohne jegliche Stitching-Fehler erhältst du nur dann, wenn du die Einzelbilder aus der exakt gleichen Position aufnimmst. Der Punkt, der dabei zählt, ist die Frontlinse des Objektivs. Selbst wenn du also auf der Stelle stehst und einmal im Halbkreis fotografierst, änderst du den Aufnahmepunkt, wenn du die Kamera um den Kopf herumführst. Richtig wäre es, dich mitsamt der Kamera um die Frontlinse zu drehen, was in der Realität allerdings schwer umsetzbar ist.

Für dieses Problem gibt es den sogenannten Nodalpunktadapter, den du auf dem Stativ nutzt, um ein fehlerfreies Zusammensetzen der Bilder zu gewährleisten. Wenn dich die Verwendung dieser Technik interessiert, findest du viele Tutorials und Erfahrungsberichte auf Youtube.

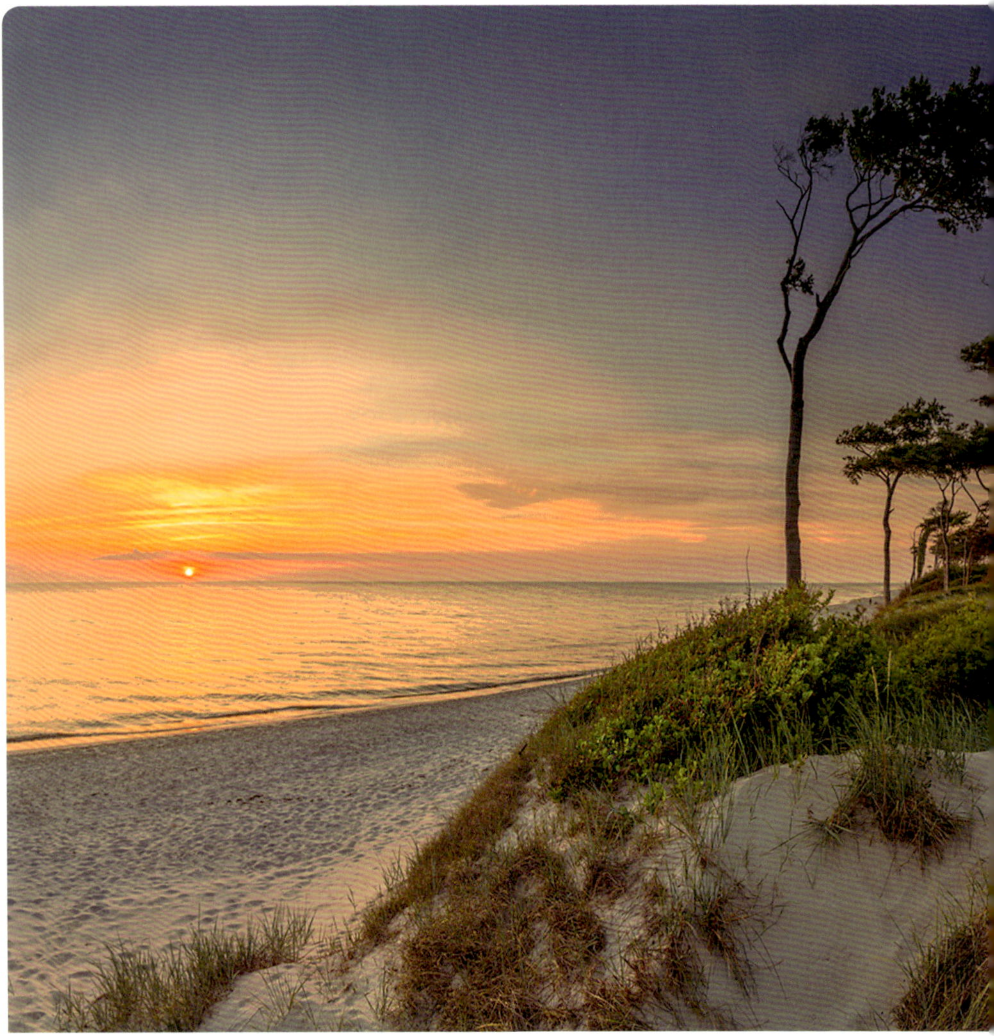

Wenn du keinen Nodalpunktadapter hast oder zusätzliches Gewicht auf Wanderungen etc. sparen möchtest, solltest du für ein funktionierendes Zusammensetzen der Einzelbilder nicht zu dicht an einen möglichen Vordergrund herangehen (Mindestabstand 1 m), damit keine perspektivischen Fehler durch die unterschiedlichen Aufnahmepunkte entstehen.

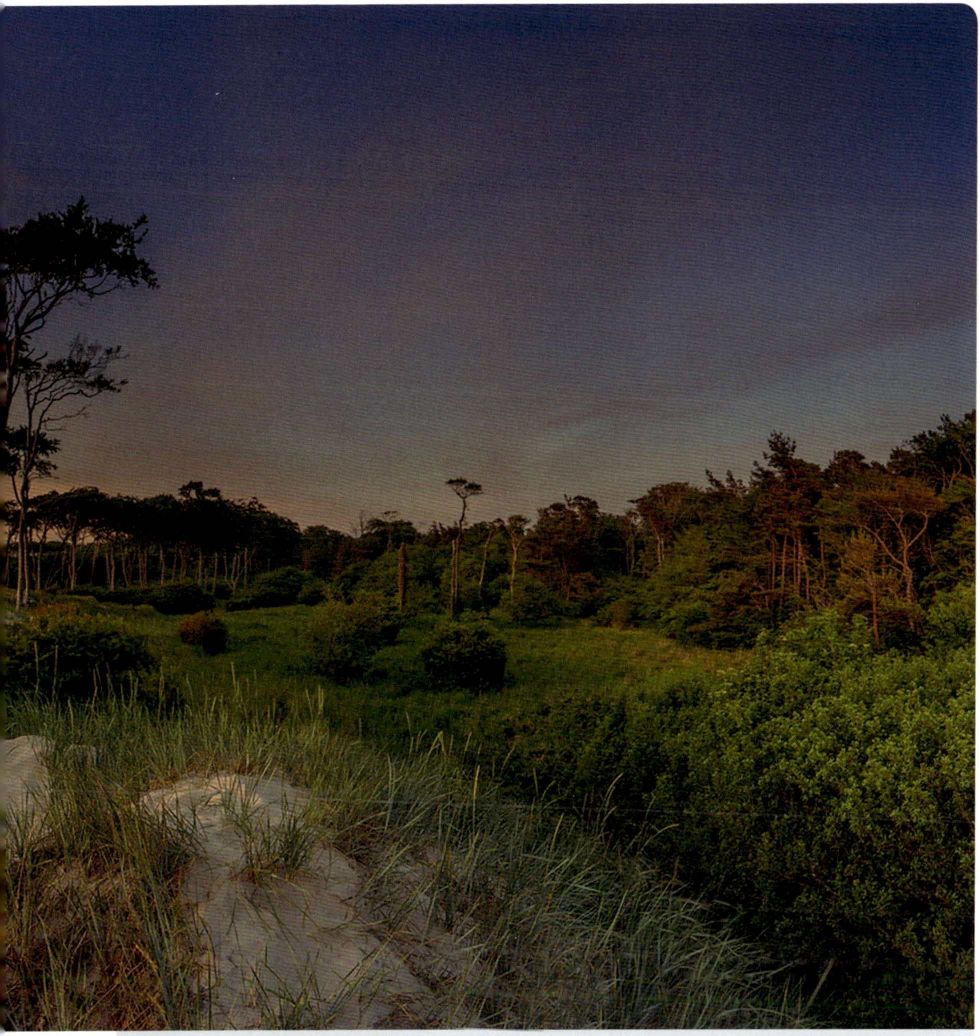

21 mm, f/10, 1/8 s, ISO 50, ND 0,6 hard – Um keine Stitching-Fehler zu haben, ist diese Aufnahme unter Zuhilfenahme eines Nodalpunktadapters entstanden. Gerade die Gräser im Vordergrund sind so ohne fehlerhafte Übergänge abgebildet.

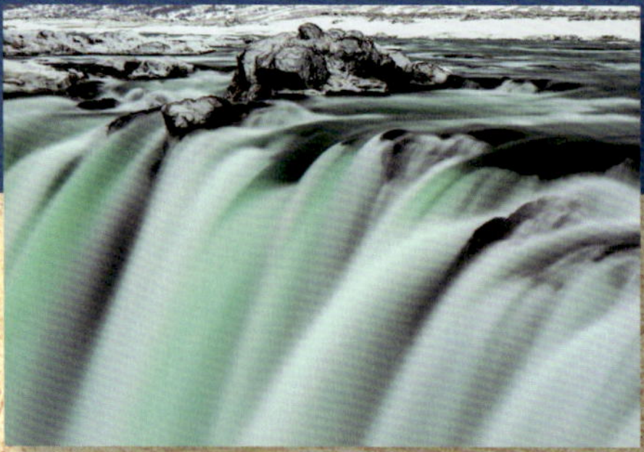

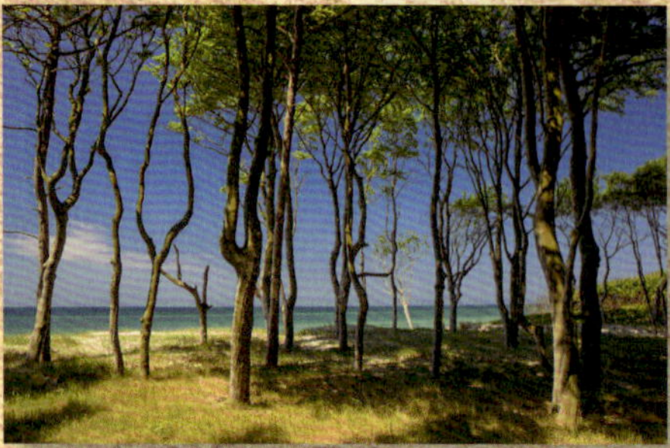

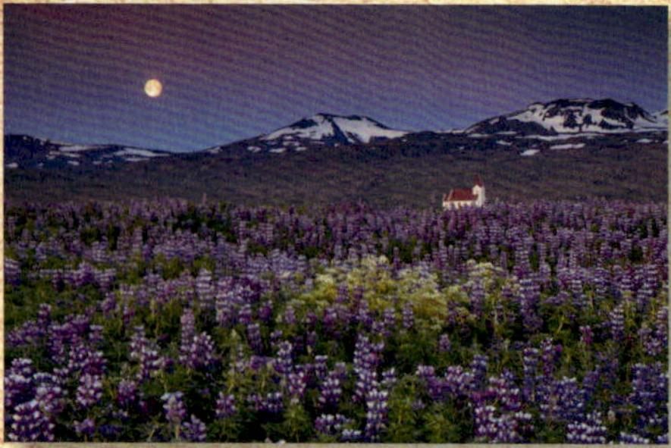

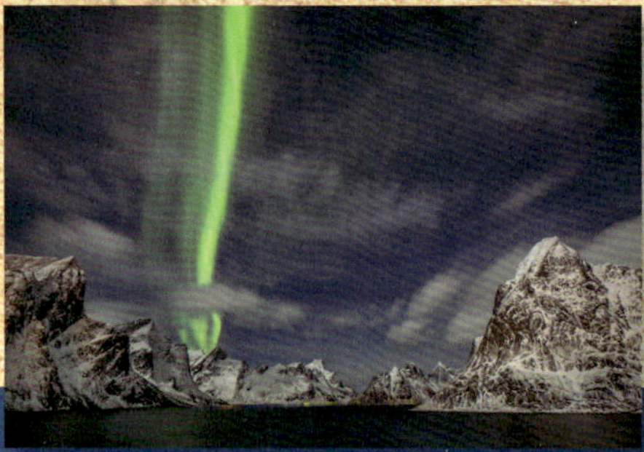

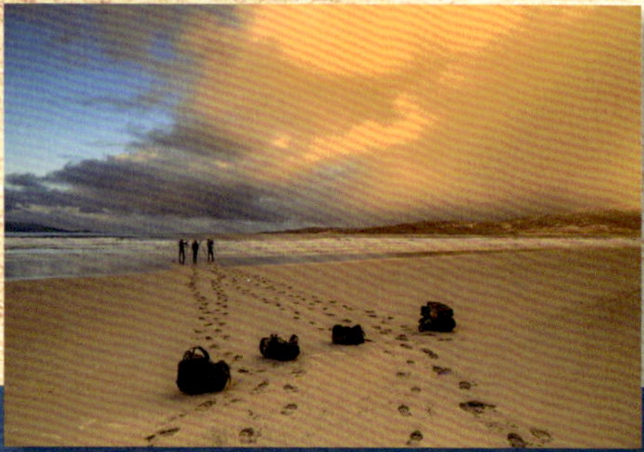

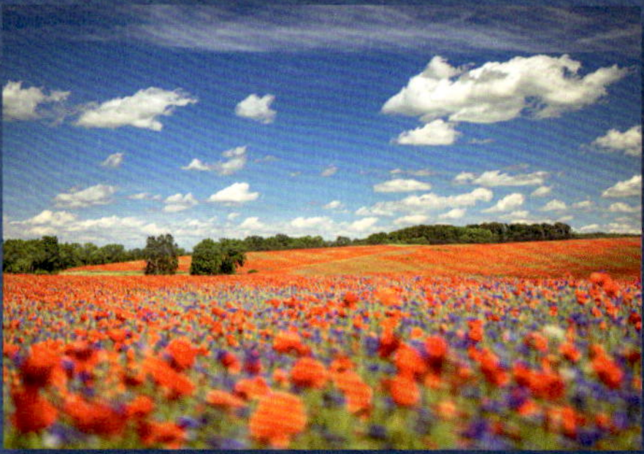

AUF REISEN

So schön wir es in der Heimat auch haben mögen: Früher oder später packt jeden von uns das Fernweh, und Reiselust kommt auf. Insbesondere für uns Landschaftsfotografen gibt es auf der Welt zahlreiche Sehnsuchtsorte, die auf der persönlichen Bucket List stehen. In diesem Kapitel helfe ich dir, die wenige Zeit, die du an diesen Orten in der Regel haben wirst, effektiv zu nutzen. Eine gezielte Vorbereitung verschafft dir den Vorteil, keine bösen Überraschungen zu erleben und das Maximum aus deinen Erlebnissen und Bildern herauszuholen.

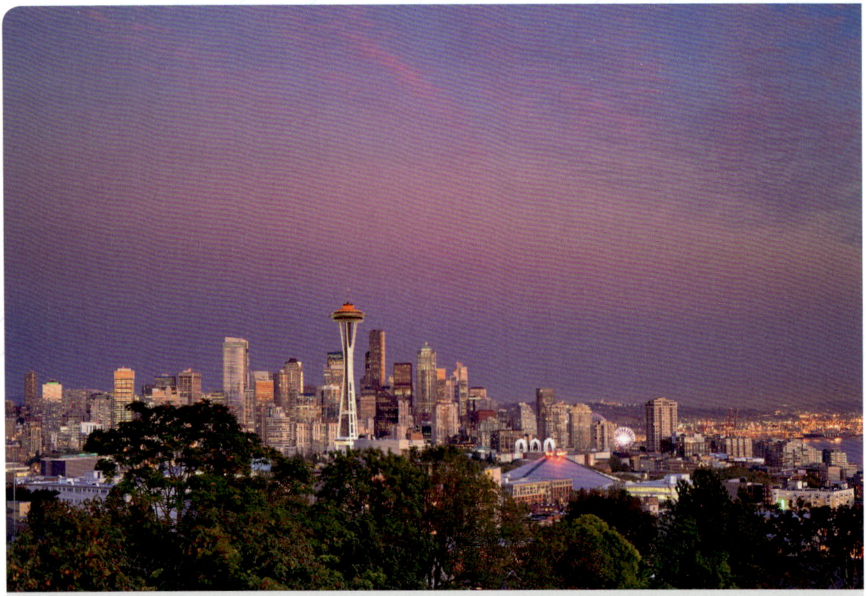

50 mm, f/13, 6 s, ISO 100, ND 0,6 soft, Downtown Seattle – Zur richtigen Zeit am richtigen Ort: Die wunderschöne Skyline leuchtet im sanften Abendlicht der gerade beginnenden blauen Stunde.

Planung ist alles

Für Landschaftsfotografen ist das Reisen das Salz in der Suppe. Ich ertappe mich oft bei kurzen Tagträumen, die mich in weit entfernte Länder und Regionen führen, auf die ich schon lange mein fotografisches Auge richte. Nicht selten habe ich dann bereits fertige Bilder im Kopf. Der Haken an dieser Sache ist jedoch, dass die Liste der Wunschziele seit Jahren schneller anwächst, als ich es schaffe, die bereits geplanten Destinationen zu bereisen. Genau aus diesem Grund ist es umso wichtiger, dass du die dir zur Verfügung stehende Zeit sinnvoll im Voraus verplanst und effektiv nutzt. Um im Urlaub nicht von einem Fotomotiv zum nächsten zu hetzen, kannst du durch vorausschauende Vorbereitungen den Stress vor Ort vermeiden, da du Locations bereits im Kopf und Bildideen innerlich formuliert hast.

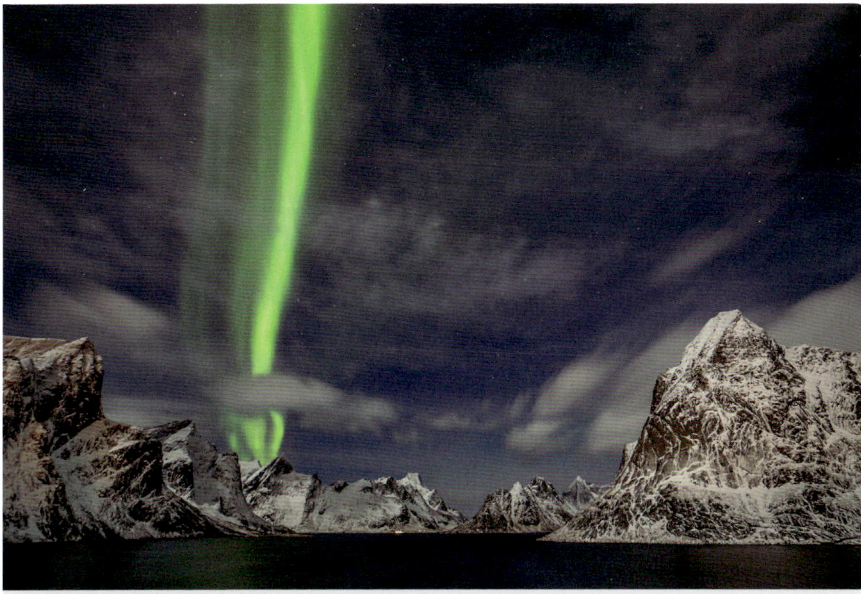

15 mm, f/4, 30 s, ISO 400, Reine, Lofoten – Kaum eine Landschaft rahmt Nordlichter so imposant ein wie die spitzkegeligen Bergketten der Lofoten.

BLEIB REALISTISCH: REISEZEIT UND REISEZIEL

Achte bei einer Fotoreise unbedingt darauf, Reiseziel und Reisezeit gut zu wählen. Wenn du beispielsweise Nordlichter sehen möchtest, musst du eine Reise zwischen Anfang Oktober und Ende März einplanen und dich an Urlaubsregionen orientieren, die eine Sichtung wahrscheinlich machen.

Für den Otto-Normal-Fotoreisenden bieten sich Destinationen an, die über eine vernünftige Infrastruktur verfügen. So romantisch es auch klingen mag, an einer einsamen Bucht in Ostgrönland Nordlichter im Winter zu fotografieren, so unmöglich ist es, allein dorthin und dort zurechtzukommen. Einen ersten Anhalt dafür, ob ein Reiseziel zu einer bestimmten Jahreszeit touristisch genutzt werden kann, bietet dir eine Recherche, ob überhaupt Flüge und Mietwagen zu erschwinglichen Preisen verfügbar sind.

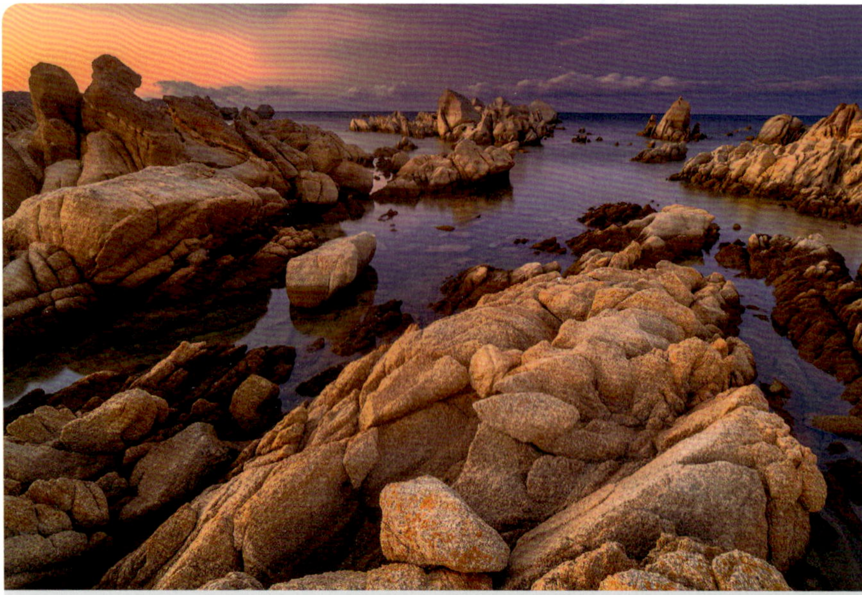

18 mm, f/11, 20 s, ISO 50, Polfilter, ND 0,6 hard, Costa Smeralda, Sardinien – Im Sommer überlaufen, in der Nebensaison verlassen und zudem sehr preiswert: Solche Küstenabschnitte hat man im Spätherbst für sich alleine.

Reise gegen den Strom

Apropos erschwinglich: Einige Reiseziele werden aus verschiedensten Gründen massiv gehypt und erleben einen wahren Reiseboom. Ein perfektes Beispiel ist das ebenso schöne wie derzeit überrannte Island. Seit meinem ersten Besuch 2008 haben sich die Touristenzahlen innerhalb von zehn Jahren versiebenfacht. Die Infrastruktur hat es nicht geschafft, Schritt zu halten, sodass alle Leistungen mittlerweile vergoldet werden. Am schlimmsten ist allerdings, dass die sehr fragile, subarktische Natur den Ansturm kaum verkraften kann.

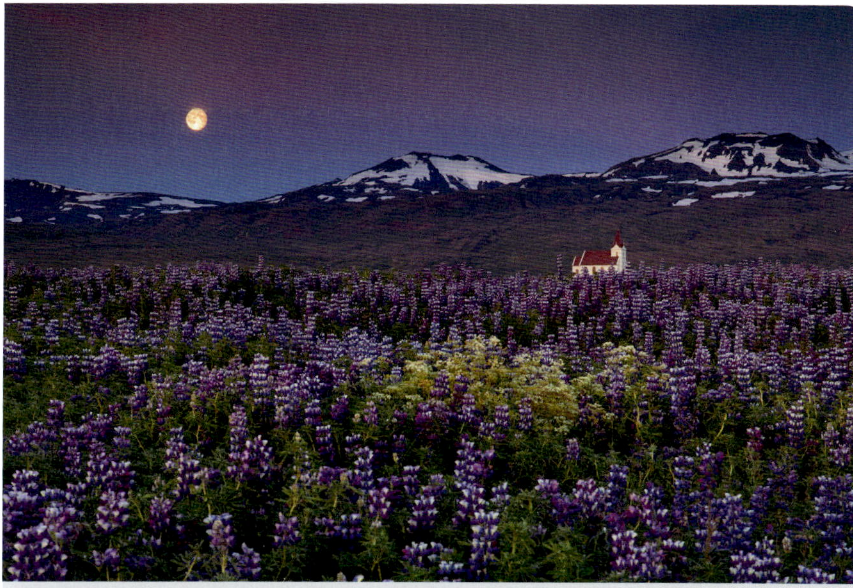

100 mm, f/16, 10 s, ISO 50, Reykjanes-Halbinsel, Island – Durch exakte Planung ist es möglich, blaue Stunde, Vollmond und Traumkulisse zusammenzubringen.

Ein Trampelpfad im Gras ist in Mitteleuropa nach spätestens einem Jahr ohne Nutzung wieder zugewuchert. Auf Island benötigen die sehr langsam wachsenden Gräser dafür erheblich länger, sodass du dir vorstellen kannst, wie es in Zukunft an Top-Locations aussehen wird, wenn diese dann überhaupt noch frei zugänglich sein werden. Überleg dir also gut, wo du hinfahren willst, und meide angesagte Ziele, damit dir nicht gleich beim Buchen und Zahlen der Mondpreise die Lust vergeht.

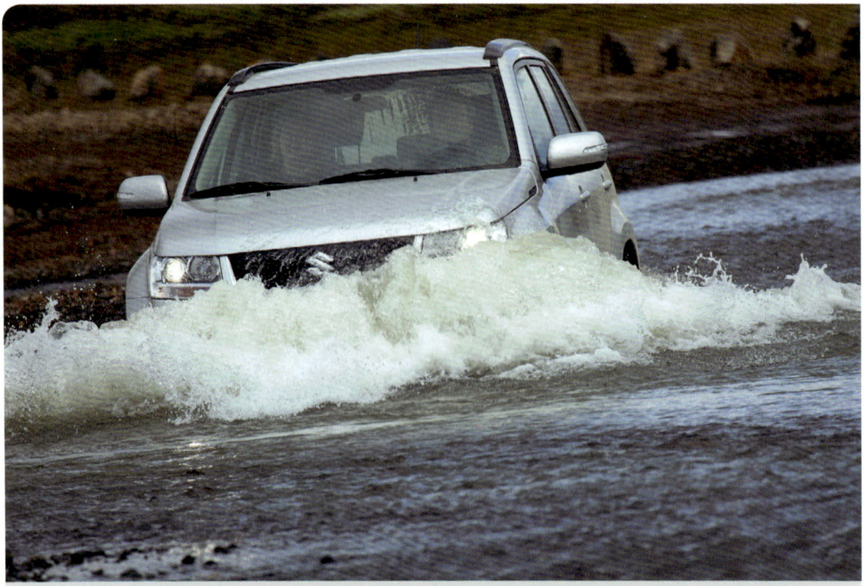

Erkundige dich im Vorfeld, was dich auf deiner Fahrt für Bedingungen erwarten, damit du ein entsprechendes Fahrzeug buchen kannst.

Kenne deine Locations

Nachdem du dich für ein Reiseziel entschieden hast, sollte das Buchen der Flüge und eines passenden Mietwagens oberste Priorität besitzen. Danach kannst du damit beginnen, deine Fotolocations herauszusuchen. Das Internet bietet hierfür ein unerschöpfliches Informationsangebot. Doch wie kommst du an die richtigen Details?

Ein Beispiel: Starte eine Bildersuche bei Google und gib nur das grobe Reiseziel ein, wie z. B. „Lofoten Winter", und schau, was dir angezeigt wird. Wenn dir ein Bild gefällt und du die Location interessant findest, versuche über den Begleittext herauszufinden, wo genau das Bild aufgenommen wurde. Dies ist manchmal die schwie-

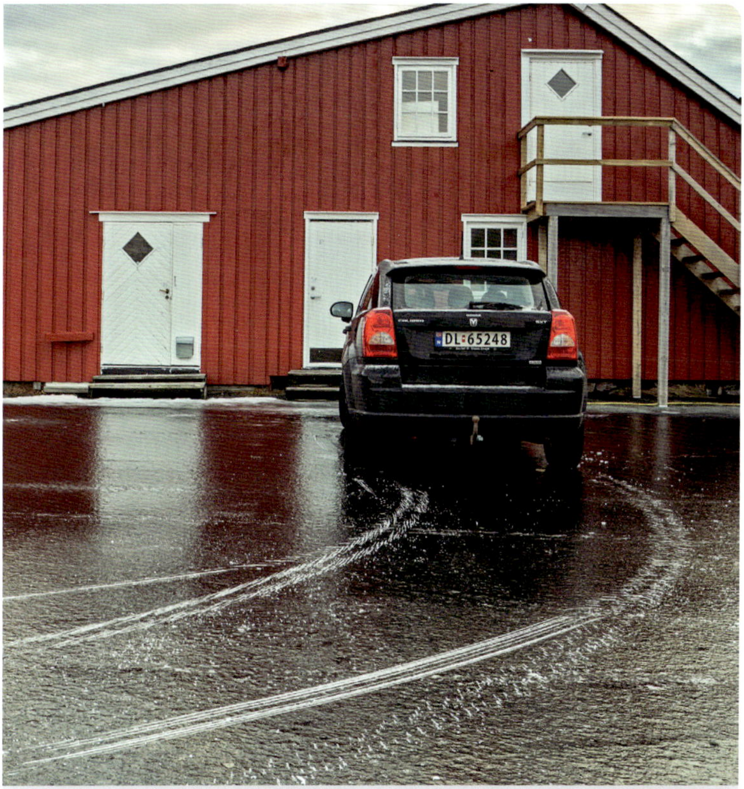

Wenn du im Winter in den hohen Norden reist, wirst du häufig mit Straßenverhältnissen konfrontiert, die in Mitteleuropa undenkbar erscheinen. In solchen Fällen benötigst du ein Fahrzeug mit Spike-Reifen und bestenfalls Allrad.

rigste Aufgabe, ich konnte sie bislang aber immer und für jede Location lösen. Achte bei den Bildern weniger auf die Güte der Fotos an sich als vielmehr auf den Informationsgehalt über die Bedingungen vor Ort. Wenn du die Location ausfindig gemacht hast, suche noch einmal speziellere Informationen heraus, indem du z. B. „Hamnøya" googlest.

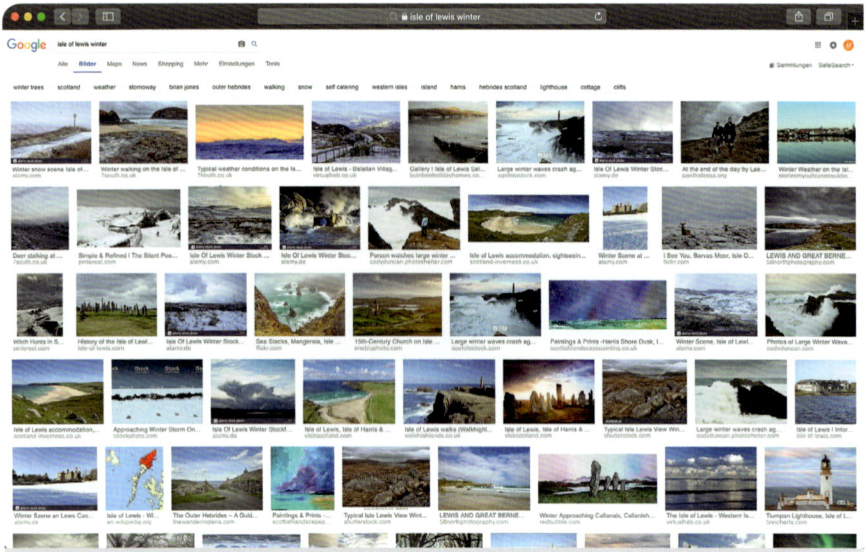

Die schrittweise (Bilder-)Suche bringt dich den Informationen zu den Locations Stück für Stück näher. Google dir die Finger wund!

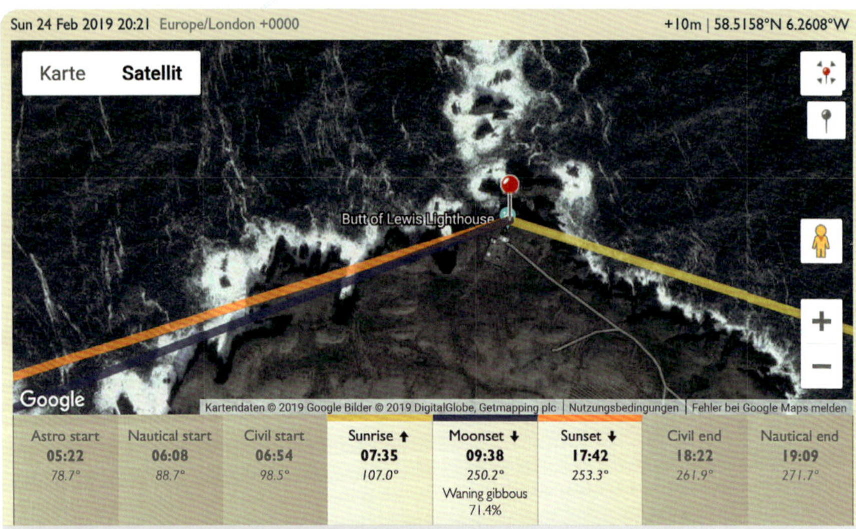

Nachdem du weißt, wo du hinwillst, ist es Zeit, dir das Terrain anzuschauen und herauszufinden, zu welcher Tageszeit du dort optimal Bilder machen kannst (Screenshot von „The Photographer's Ephemeris", meiner bevorzugten Planungs-App für Fotografen).

Auf diese Weise suche ich vor meinen Reisen nach und nach Infos zu Locations heraus, die versprechen, interessant zu sein. Zumeist trage ich mir die Orte im Anschluss als markierte Standpunkte in die Karten-App meines Smartphone sein, sodass ich jederzeit bei der Reise darauf zugreifen kann. Ein alternativer Weg, Locations zu finden, besteht darin, bei Google Maps die Satellitenansicht zu durchstöbern. Auch auf diesem Weg habe ich schon oft wunderbare Plätze zum Fotografieren ausfindig machen können.

Bleib flexibel

Wenn du alle Locations in einer Karte markiert hast, ergibt sich die mögliche Reiseroute (bei Rundreisen) oder der optimale Platz für eine zentrale Unterkunft meist von selbst. Wenn das Fotografieren der alleinige Reisegrund ist, buche die Unterkünfte grundsätzlich ohne Verpflegung. Die Zeiten, zu denen es in den allermeisten Fällen Frühstück oder auch Abendbrot gäbe, kollidieren meist genau mit denjenigen, zu denen du vermutlich fotografieren möchtest – nämlich morgens und abends zu Sonnenauf- und -untergang. Dazu kommt, dass du dich durch Mahlzeiten örtlich bindest, was ebenfalls nachteilig für spontane Fotosessions ist.

CHECKLISTE: WAS MUSS ICH ÜBER EINE UNBEKANNTE LOCATION HERAUSFINDEN?

- Zu welcher Tages-/Jahreszeit habe ich das beste Licht?
- Wie lange fahre ich mit dem Auto zur Location?
- Wo kann ich parken und wie lange laufe ich von dort noch?
- Muss ich auf z. B. Gezeiten oder andere Umstände achten?
- Ist der Ort öffentlich zugänglich oder z. B. Teil eines Nationalparks mit Öffnungszeiten?

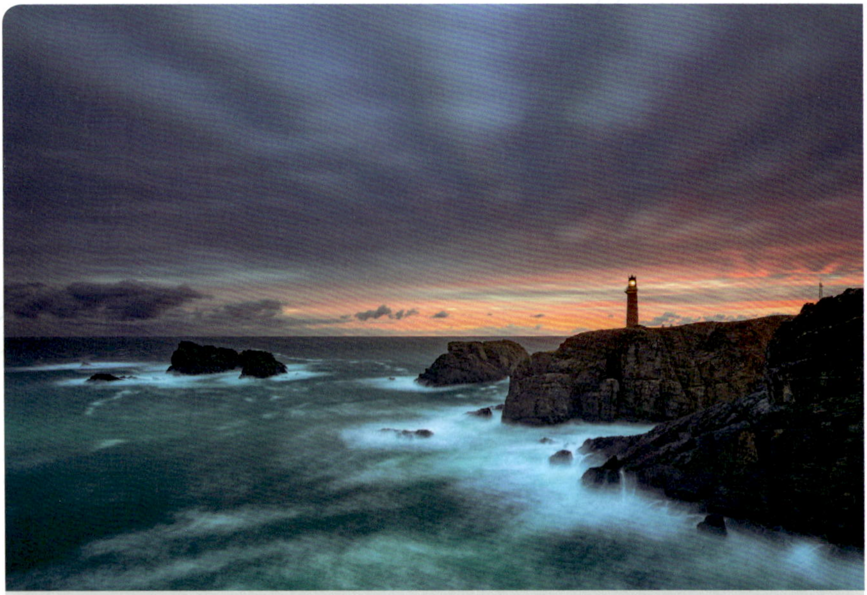

18 mm, f/14, 30 s, ISO 100, ND 0,9 hard, ND 1000, Butt of Lewis, Schottland – Das fertige Bild! Nach Monaten der Planung und Vorfreude ist es ein erhebendes Gefühl, eine Bildidee tatsächlich umzusetzen.

Das perfekte Handgepäck

Wir haben uns bereits am Anfang des Buches Gedanken über die Dinge gemacht, die man grundsätzlich im Fotorucksack haben sollte. Auf Flugreisen bestimmen hingegen nochmals andere Bedingungen, wie viel von deinem Equipment du wirklich mitnehmen kannst bzw. solltest.

Zum reinen Gewicht deines Rucksacks und der Fotoausrüstung kommen in den meisten Fällen noch ein PC oder Tablet, diverse Ladegeräte und die eine oder andere Kleinigkeit, die man auf Reisen so benötigt.

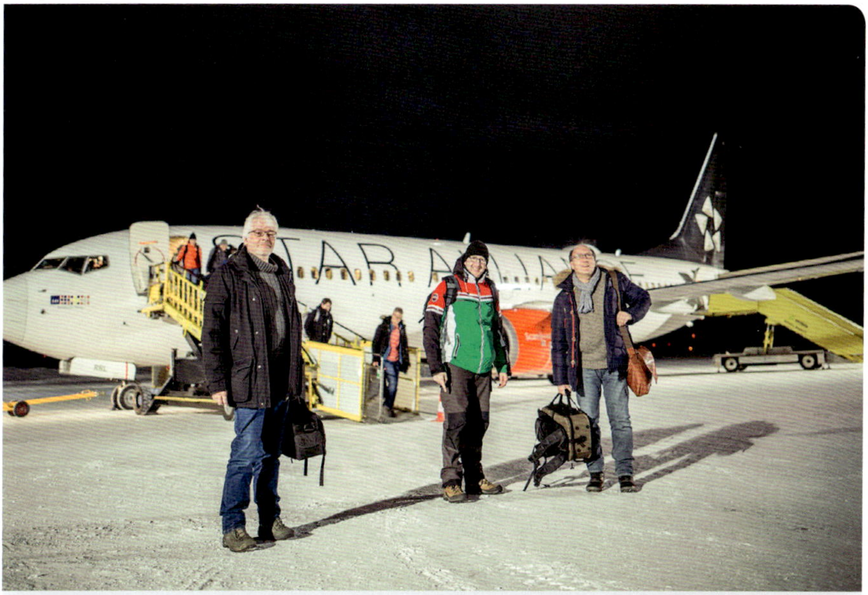

Erkundige dich im Vorfeld einer Flugreise, welche Handgepäckvorschriften deine Airline hat. Nicht selten kannst du neben z. B. einem Fotorucksack noch eine kleine Laptoptasche mitführen.

PRÜFE DAS PACKMASS

Die meisten Fototaschen bzw. -rucksäcke haben ohnehin Handgepäckformat. Dennoch ist es immer ratsam, dies noch einmal im Vorfeld zu überprüfen, damit es keine bösen Überraschungen am Terminal gibt. Mittlerweile weisen alle gängigen Hersteller beim Kauf auf dem Produktschild ein Symbol aus, wenn die Tasche handgepäckkonform ist.

Und: Lass dir immer kleine Platz- und Gewichtsreserven im Handgepäck für etwas Proviant und Dinge des persönlichen Bedarfs.

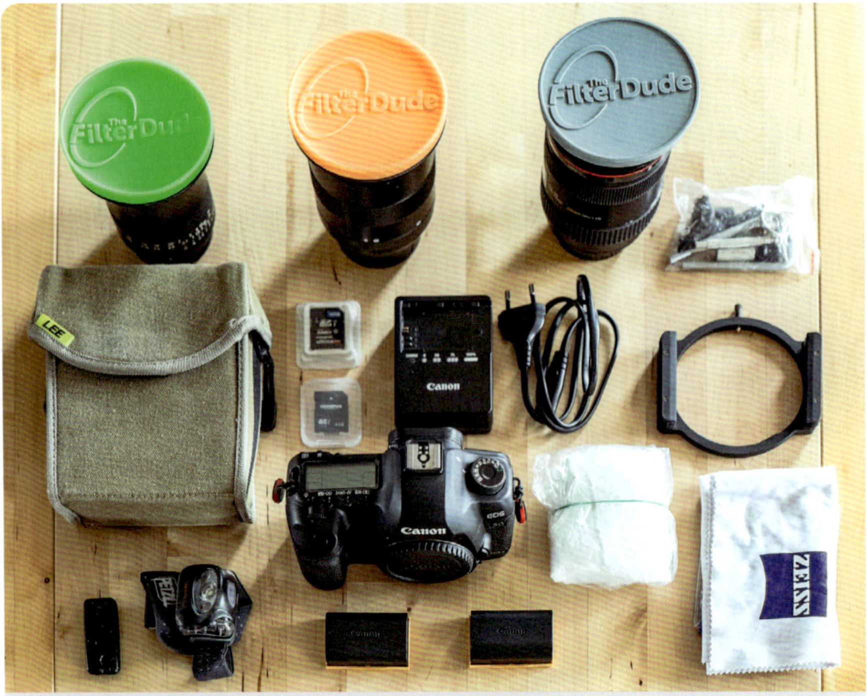

Erinnerst du dich noch an das Bild mit meinem Standard-Equipment zu Anfang des Buches? Dagegen geht das Fotoequipment auf Flugreisen als Leichtgepäck durch ...

Reduziere dein Equipment auf Flugreisen drastisch auf das wirklich Unverzichtbare. Eine Kamera muss natürlich dabei sein, Ersatzakkus und Ladegeräte selbstverständlich auch. Die Objektive sind auf jeden Fall die Ballaststoffe im Gepäck, kombiniere deine Linsen darum so, dass du mit der minimalen Anzahl an Objektiven die bestmögliche Abdeckung der Brennweiten erreichst, um Gewicht zu sparen. Für deine am häufigsten genutzten bzw. meistverwendeten Brennweiten kannst du dir für optimalen Fotogenuss auch ein oder zwei Festbrennweiten gönnen.

Zudem habe ich für Flugreisen ein kleines, leichtes Stativ, das über ein unheimlich kompaktes Packmaß verfügt, sodass ich es bequem

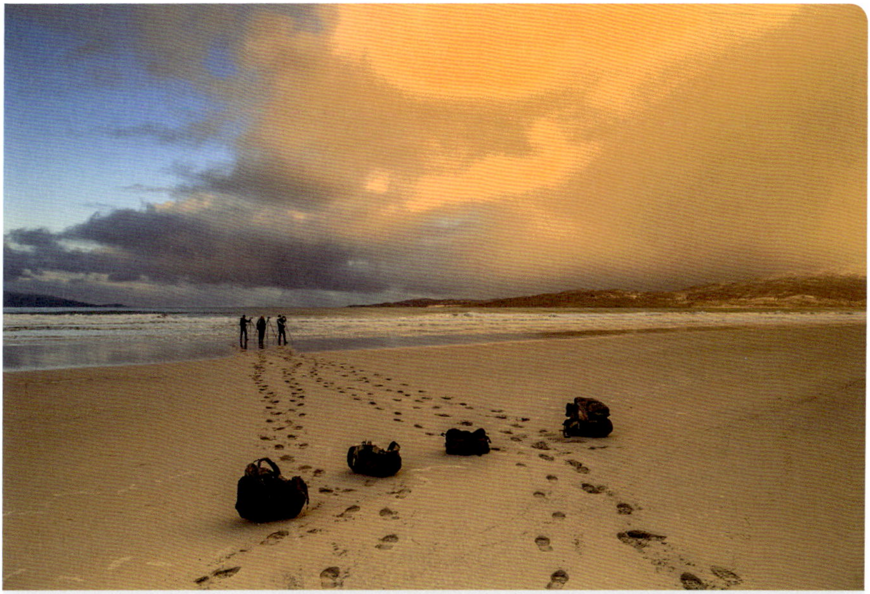

Endlich angekommen im Norden Schottlands! In Momenten wie diesen zahlen sich alle Reisestrapazen aus. Gut, wenn du dann an alles gedacht hast, was du für das perfekte Bild benötigst.

im Koffer unterbekomme. Mein Alltagsstativ bekommt nicht zuletzt aufgrund seines Gewichts eines Pause.

Das packe ich bei Flugreisen in meinem Fotorucksack:

- Kamera + Ersatzakkus
- 24–70 mm Standardzoom
- 70–300 mm Telezoom
- 18 mm Festbrennweite
- Filter und Filterhalter
- Fernauslöser, Regenschutz (Duschhaube)
- Ladegeräte
- Laptop
- Dinge des persönlichen Bedarfs (Portemonnaie etc.)

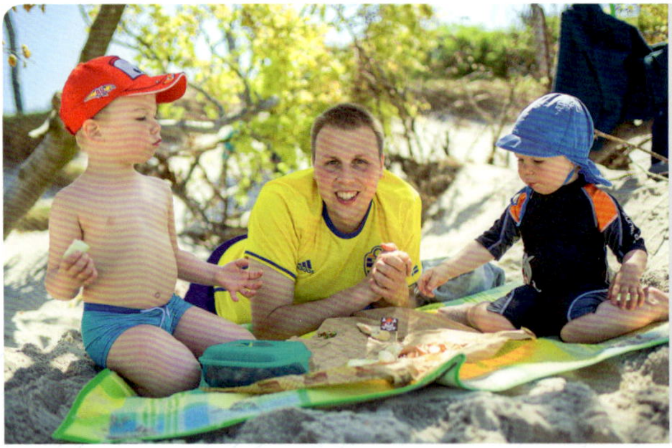

Buddeln, Picknicken und Fotografieren: ein perfekter Strandtag für die gesamte Familie. Den – natürlich rein zufällig – besonders fotogenen Strand durfte Papa aussuchen ...

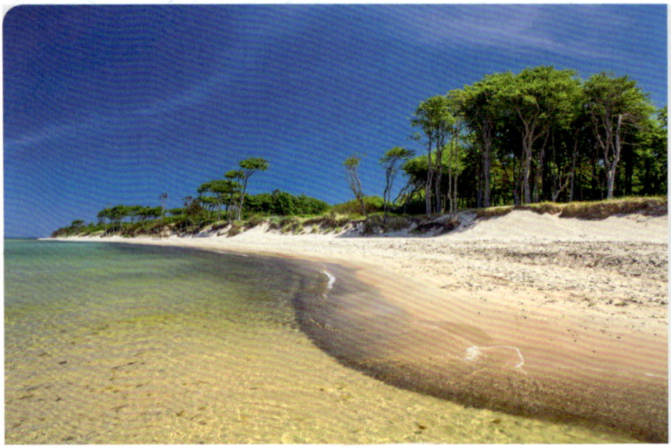

24 mm, f/10, 1/80 s, ISO 200, Polfilter – Der Weststrand auf dem Darß ist für die gesamte Familie ein absolutes Highlight.

Familienurlaub und fotografieren?

In diesem Abschnitt gibt es gleich am Anfang eine klare Antwort: Ja, das geht! Urlaub ist eine unheimlich wertvolle Zeit, die du sicherlich gerne mit der Familie verbringen möchtest. Doch auch die liebsten Hobbys, zu denen die Fotografie natürlich zweifelsfrei zählt, gehen im Urlaub ohne Alltagssorgen besser von der Hand, sodass es sich geradezu anbietet, im Urlaub der Fotografie nachzugehen.

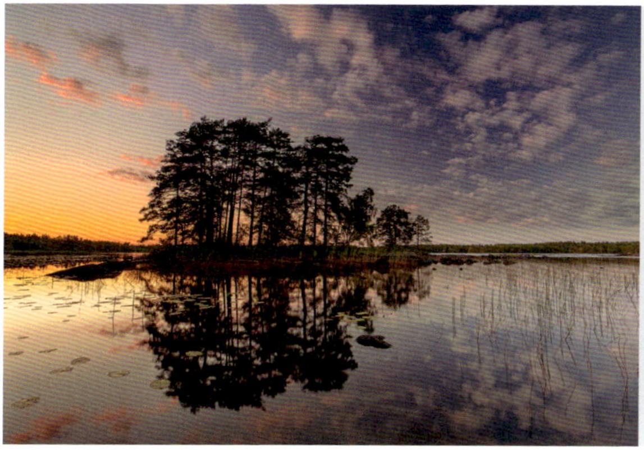

18 mm, f/14, 4 s, ISO 50, Polfilter, ND 0,6 soft – Auch für ...

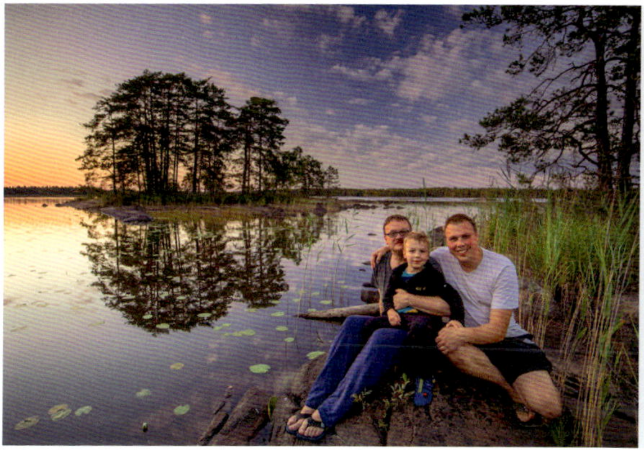

... einen kleinen Begleiter kann es eine unheimliche Motivation sein, zu einem Fotoabenteuer mitkommen zu dürfen, wie hier an einem der ungezählten Seen im südschwedischen Småland.

In mir hat diese Tatsache in der Vergangenheit oft einen großen Zwiespalt bewirkt, der die Vorfreude auf den Urlaub zeitweise stark eingeschränkt hat. Einerseits möchtest du den Erwartungen der Familie und natürlich speziell der Kinder gerecht werden und eine spannende, nicht allzu anstrengende Zeit verbringen. Andererseits willst du natürlich auch die eigenen Erwartungen erfüllen und zu passenden Zeiten deinem Hobby nachgehen und tolle Bilder machen.

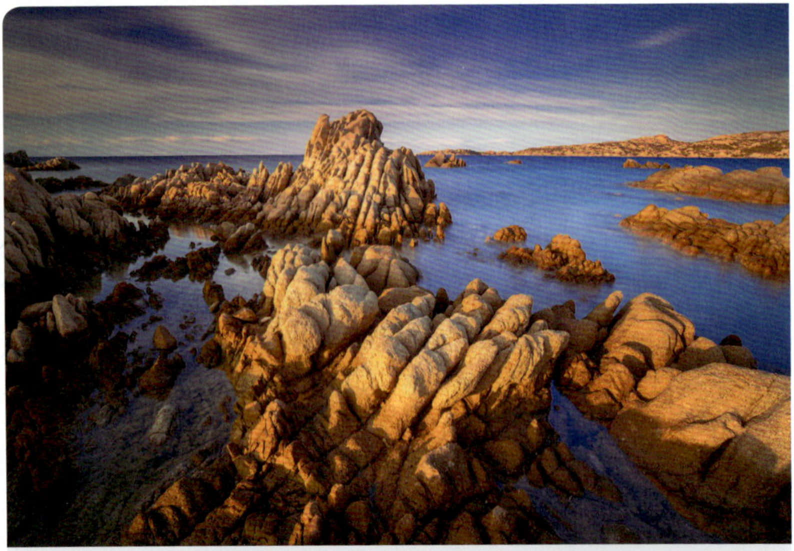

18 mm, f/8, 90 s, ISO 50, ND 1000, Polfilter, ND 0,6 hard – Abenteuer und Entdeckungslust pur: Auf felsigem Terrain an der sardischen Küste …

Mach den Urlaub zum gemeinsamen Abenteuer

Spätestens an dieser Stelle wird dir klar: Die Wanderung auf den Mount Everest oder die Trekking-Tour durch den Amazonas gehören nicht zu den kinder- und familientauglichen Unternehmungen dazu. Das braucht dich aber nicht zu ärgern, da es unzählige tolle Alternativen gibt. Das Geheimnis des perfekten Reiseziels liegt – wer hätte es gedacht – wie immer in der Planung. Wenn du vorher weißt, was es vor Ort für die Familie zu erleben gibt, wo welche Fotospots sind und wann die besten Zeiten zum Fotografieren sind, dann kannst du die Urlaubstage anhand dieser Fakten perfekt im Vorfeld planen. Solange du diese Vorbereitungen stemmst und ein spannender Urlaub für Groß und Klein dabei herauskommt, wirst du immer der Gewinner sein.

Niemand kann erwarten, dass Kinder stundenlang verharren, um den Sonnenuntergang abzuwarten. Wenn sie aber nebenbei z. B. im

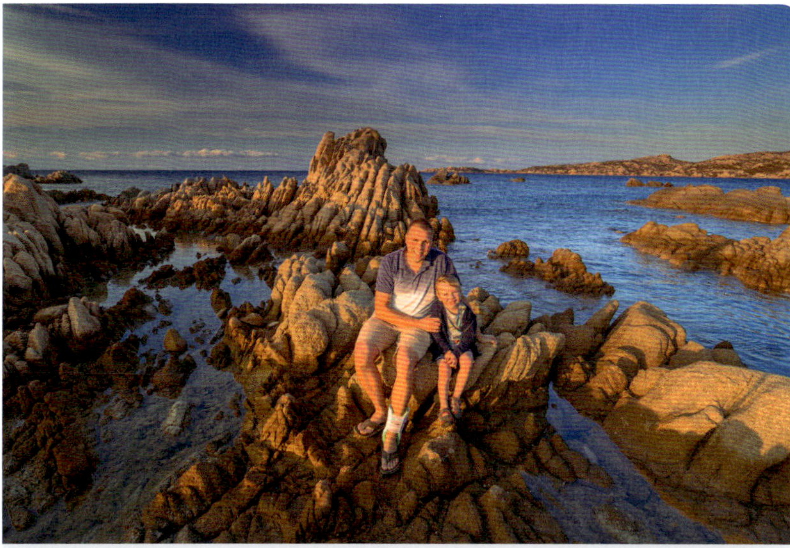

... können sich kleine Kletterer behaupten und jede Menge Spaß haben.

Mittelmeer baden, Muscheln suchen oder ein gemütliches Picknick machen können, gestaltet sich die Situation schon wieder gänzlich anders. Jede Familie ist verschieden und hat andere Bedürfnisse im Urlaub, aber bei dir wird es wahrscheinlich ziemlich ähnlich sein wie bei mir: Wenn man allen Familienmitgliedern Wünsche erfüllt und mit Freude bei der Sache ist, werden umgekehrt auch die entscheidenden Momente der Fotografie toleriert. Glaub mir, du wirst es sehen!

Ein Muss hierfür ist die offene Kommunikation im Vorfeld der Reise innerhalb der Familie. Bereits bei der Planung sollten alle Reiseteilnehmer ihre Vorstellungen einbringen und sich aktiv an der Planung beteiligen. Flechte die Ideen und Wünsche für Unternehmungen in den Reiseablauf ein und berücksichtige sie tatsächlich, sodass im Endeffekt alle das Gefühl haben, die Reise aktiv mitgestaltet zu haben. Im Übrigen ist es auch für Nicht-Fotografen schön, die Wunder dieser Erde zu erleben. Und wenn man die Liebsten zu den besten Zeiten an außergewöhnliche Orte führt, kommt selten Langeweile auf.

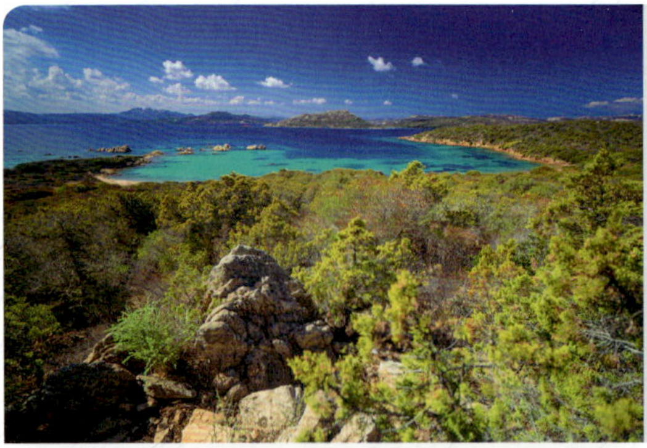

18 mm, f/2.8, 1/400 s, ISO 100, Polfilter – Sardinien in der Nebensaison

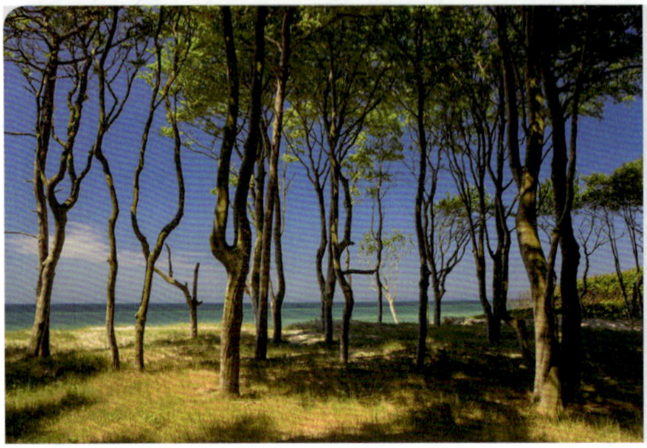

24 mm, f/10, 1/100 s, ISO 200, Polfilter – Badeurlaub auf dem Darß

WENN NICHTS MEHR GEHT

Mit einem Augenzwinkern zu verstehen: Eine Powerbank, ein Telefonladekabel und ein mobiles Entertainment-Programm bzw. eine solide Datenflatrate sind zwar aus pädagogischer Sicht durchaus hinterfragbar, stellen allerdings in manchen Situationen einen äußerst verlässlichen Rettungsanker dar.

Beispiele für gute Kombinationen aus Familien- und Fotourlaub:

- Sardinien in der Nebensaison: azurblaue Buchten, Bade- und Schnorchelspaß, verträumte kleine Fischerorte, schmackhaftes Essen und bonbonfarbene Sonnenuntergänge – für jedes Familienmitglied ist hier was dabei, und Fotomotive liegen hinter jeder Kurve.

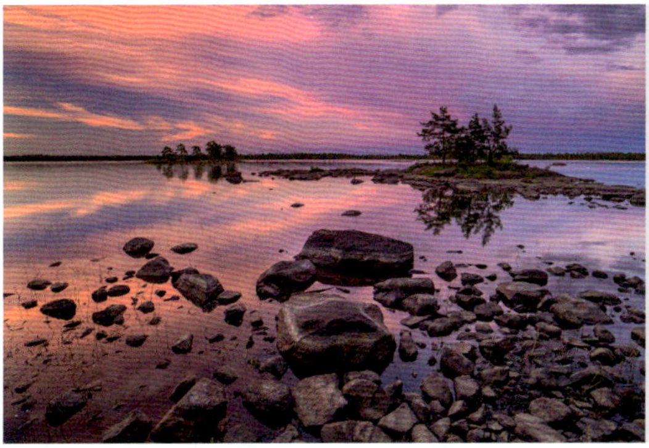

18 mm, f/10, 4 s, ISO 50, Polfilter, ND 0,6 hard – Südschweden im Sommer

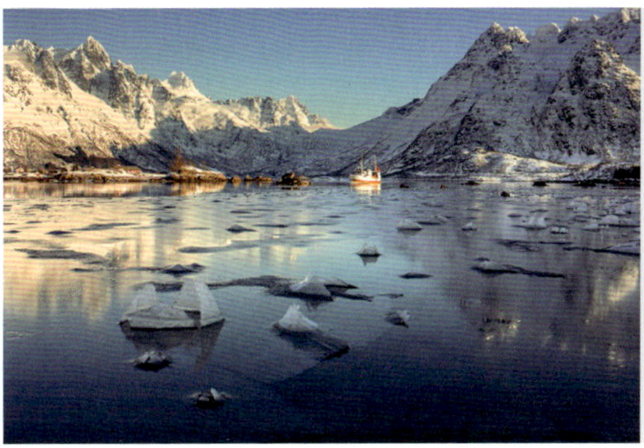

35 mm, f/10, 1/800 s, ISO 500, Polfilter – Winter in Nordnorwegen

- Badeurlaub auf dem Darß: kilometerlange Sandstrände, Familienaktivitäten an jeder Ecke und zwei Nationalparks in unmittelbarer Umgebung: zufriedene Familie und perfekte Bedingungen für Fotografen.
- Südschweden im Sommer: endlose, menschenleere Natur mit nur kurzen Nächten, Familienspaß in Bullerbü und Gastfreundschaft ohne Grenzen: Hier macht sogar den Kindern der Fotoausflug Spaß, wenn sie nebenbei Blaubeeren naschen und Pfifferlinge sammeln können. Ein Urlaub für kleine und große Abenteurer!
- Winter in Nordnorwegen: dick verschneite Landschaften, Nordlichter bei Nacht, Iglubaukurs und Hundeschlittenfahren bei Tag, Schneemobiltouren und Skifahren: Hier kommen Groß und Klein auf ihre Kosten.

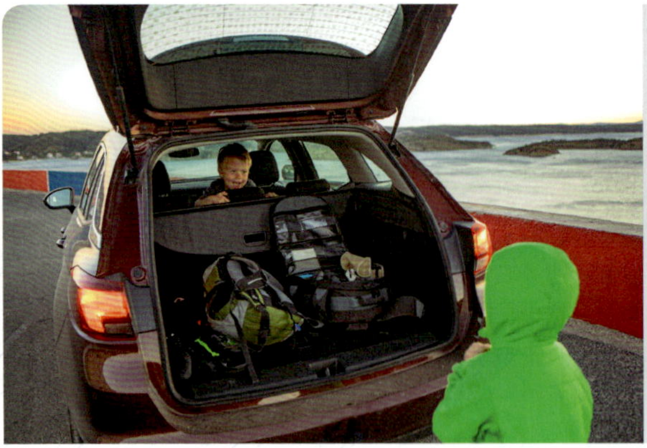

Kofferraum auf und los: Bei vormontierter Kamera hast du dein Bild schneller im Kasten, als Langeweile aufkommen kann.

Wenn die Familie drängelt

Nun weißt du, dass du mit deiner Familie auf Reisen gehen und trotzdem ambitioniert fotografieren kannst. Damit es auch in Zukunft die Einwilligung zum Foto-Familienurlaub gibt, solltest du jedoch einige Dinge im Hinterkopf haben und die Geduld deiner Familie nicht überstrapazieren.

Mein erster Tipp diesbezüglich ist, dass du die Kamera und auch das Stativ jederzeit griffbereit hast. Ich lege die fertig montierte Kombination meistens in den Kofferraum, die Kamera mit einer Jacke oder einem anderen weichen Gegenstand stoßsicher umwickelt. Ein Polfilter ist immer vormontiert (vor allem bei Ausflügen am Tag).

Ein Klassiker beim Fotografieren ist, dass immer wieder viel Zeit verloren geht, wenn die Kameraeinstellungen noch auf die des letzten Shootings gestellt sind. Ich kann nur wiederholen, dass es Gold wert ist, wenn du deine Kamera *nach* und nicht vor dem Fotografieren wieder in die persönlichen Standardeinstellungen zurücksetzt. So kannst du selbst nachts um drei aus dem Schlaf hochschrecken und die Kamera sofort nutzen. Hast du etwas Tolles entdeckt oder ist das Licht für einen Moment besonders, ärgert es dich umso mehr, wenn du die

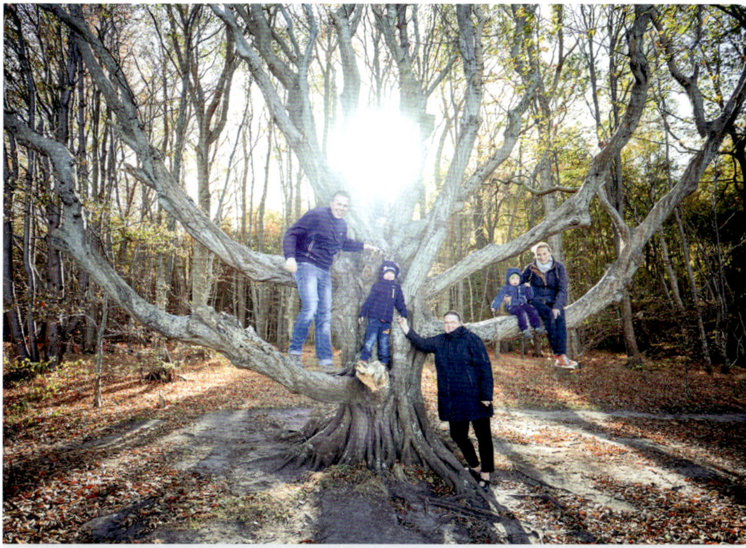

Halte deine Familie bei Laune. Bäume wie dieser verkürzen speziell den Kindern die Wartezeit, bis du ...

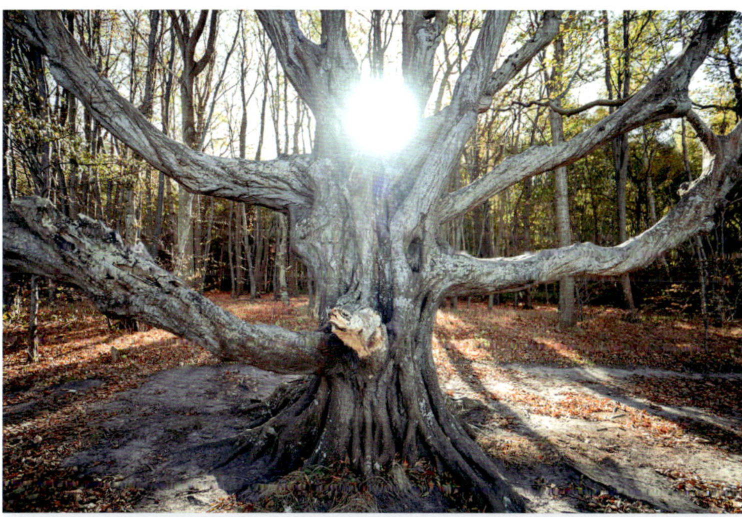

... dein Foto gemacht hast. Zudem bekommst du so von Zeit zu Zeit tolle Familienfotos: 18 mm, f/2.8, 1/80 s, ISO 100.

ersten Minuten mit dem Neueinstellen verbringst und nicht gleich loslegen kannst. Ich habe so manchen Moment im Gedächtnis, in dem ich aufgrund dieser Problematik das bessere Bild verpasst habe.

Außerdem solltest du immer auf dein Standard-Objektiv zurückwechseln, da die Wahrscheinlichkeit groß ist, dass du dieses verwenden wirst und es ähnlich viel Zeit kostet, es im Ernstfall wechseln zu müssen.

Wenn ich auf Reisen ein fotogenes Plätzchen entdeckt habe, läuft bei mir im Kopf übrigens immer dasselbe Schema ab, das ich mittlerweile in- und auswendig kenne. Auch so spare ich Zeit, da ich nichts vergesse und nicht erst nach den ersten Bildern feststelle, was ich noch machen muss bzw. was fehlt.

CHECKLISTE: WENN'S SCHNELL GEHEN MUSS

- Kamera und Stativ immer griffbereit
- Kamera in den persönlichen Grundeinstellungen, Standard-Objektiv drauf
- besonderen Vordergrund und Perspektive ausfindig machen
- Bildaufbau und Belichtung festlegen, ggf. Objektivwechsel, wenn notwendig
- Filter platzieren (durch den Sucher)
- Kontrolle des entstandenen Bildes (inkl. Histogramm)

Nimm das Wetter, wie es kommt

Wenn du weißt, wie deine nächste Reise ablaufen wird und an welchen Orten du zu welchen Zeiten sein wirst, also deine Planungen abgeschlossen sind, beginnst du sicherlich auch schon damit, dich bereits an diese Orte zu denken und die ersten Bilder im Kopf zu machen. Geprägt durch die Fotos, die dir während der Recherche begegnen, manifestiert sich nicht selten im Kopf eine genaue Vorstellung von den Bedingungen vor Ort. Wenn du dann aber wirklich da bist, gestalten sich die Bedingungen meist ganz anders. Ich habe mich darüber oft geärgert, da ich genau wusste, dass ich nur an diesem einen Abend oder Morgen an diesem Spot sein werde. Um Stress und Frust vorzubeugen, musst du lernen, die Bedingungen und Tatsachen zu akzeptieren und es als Herausforderung zu betrachten, trotzdem bzw. erst recht ein gutes Bild zu machen.

Ich möchte dir hierzu eine kleine Anekdote erzählen. Vor einigen Jahren war ich mit meiner Familie im Südwesten der USA unterwegs. Die Routenplanung verlangte von uns eine durchfahrene Nacht, die mit einem Sonnenaufgang über der Horseshoe Bend gekrönt werden sollte. Ich hatte mir im Vorfeld von dieser Location so unglaublich viele und vor allem qualitativ hochwertige Fotos angeschaut, dass ich jeden kleinen Felsvorsprung schon kannte und genau wusste, von wo aus und wie ich mein Bild aufnehmen wollte: Die Sonne sollte hinter dem großen Felsen gegenüber aufgehen und genau in diesem Moment mein Bild mit feinen sternförmigen Strahlen entstehen.

Als wir am Parkplatz ankamen, war es noch stockfinster. Wir hatten noch knapp zwei Stunden bis zum ersten Licht, sodass wir im Auto alle noch einmal einschliefen. Als der Wecker klingelte, war es immer noch dunkle Nacht. Ich sah nach, ob ich mich in der Zeit geirrt hatte. Nein, alles stimmte. Ich stieg aus und schaute in den Nachthimmel: alle Sterne weg, nur Wolken. So ein Mist!, dachte ich. Natürlich gingen wir trotzdem los. Für amerikanische Verhältnisse war der Fußmarsch von 800 Metern zum Canyon enorm weit und uneben, und zu allem Überdruss begann es jetzt auch noch zu regnen. Zwar nur kurz und nicht wirklich schlimm, dennoch ausreichend, um meine Laune in den Keller sacken zu lassen. Bei ca. 30 Regentagen im Jahr durften wir also ausgerechnet mitten im Sommer einen davon erleben – toll. Doch als ich am Standort alles aufgebaut hatte, es endlich dämmerte und die Sonne sich hinter den Wolken in den

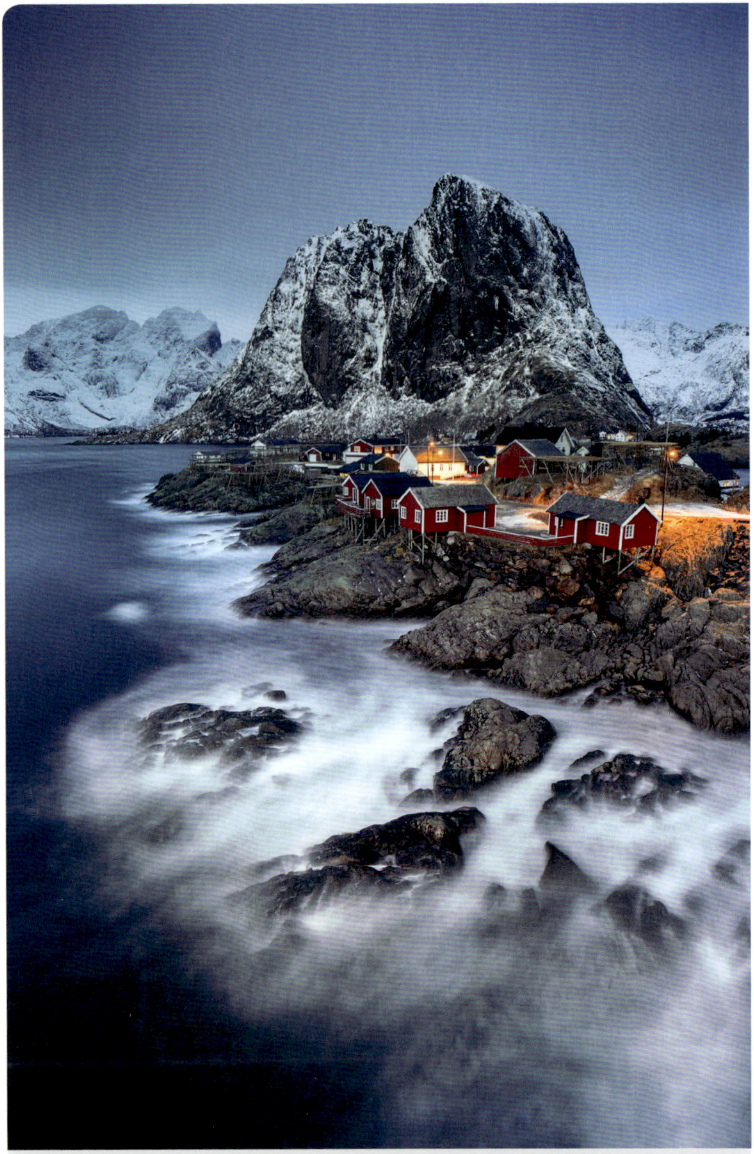

18 mm, f/10, 120 s, ISO 200, ND 0,6 soft, Hamnøya, Lofoten – Grauer Himmel, Schneeregen und Sturm. Was anfangs nach tragischen Bedingungen aussah, wurde zu einer Symphonie nordischen Lichts.

Tag erhob, bot uns die Wolkendecke mit den einziehenden Schauern eine derart dramatische Stimmung, dass es mir kalt den Rücken herunterlief. Ich machte meine Bilder, und wir gingen zum Auto zurück. Auf dem Weg dorthin wurden wir richtig durchnässt, aber Ärger darüber verspürte ich nicht. Vielleicht auch aufgrund dieser Geschichte, nicht zuletzt aber wegen des Ergebnisses kann ich behaupten, dass ich bis zum heutigen Tag nie ein schöneres Bild des Horseshoe Bend gesehen habe als mein eigenes. Es ist vielleicht die einzige Fotografie von mir, bei der ich das behaupten würde.

Lass dich also niemals vom Wetter entmutigen und nutze die Möglichkeiten, die du bekommst. Ändern kannst du sie vor Ort ohnehin nicht, und du siehst, dass auch scheinbar ungünstige Bedingungen zu mitunter unerwartet guten Bildergebnissen führen können. Ärger und Stress sind tödlich für deine Kreativität und zudem äußerst lästige Reisebegleiter, lass sie also besser zu Hause.

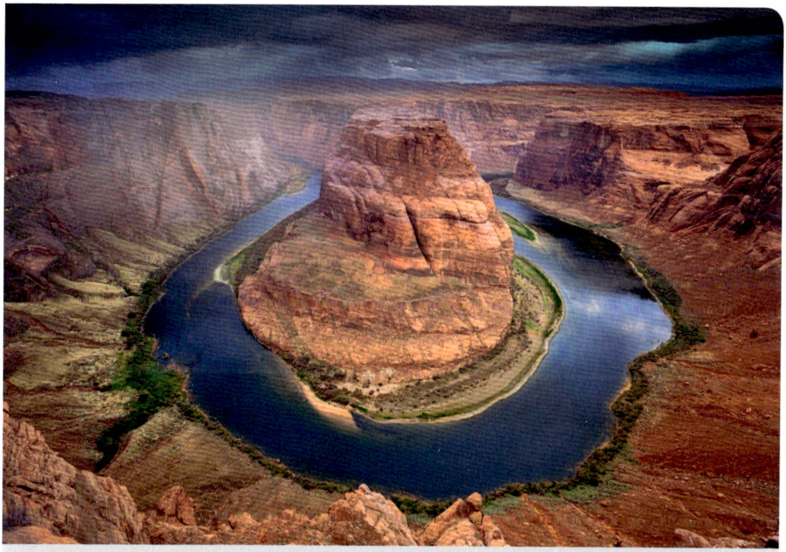

18 mm, f/10, 1 s, ISO 100, Polfilter, ND 0,6 hard, Horseshoe Bend, Arizona, USA – Mit kaum einem Bild verbinde ich mehr als mit diesem.

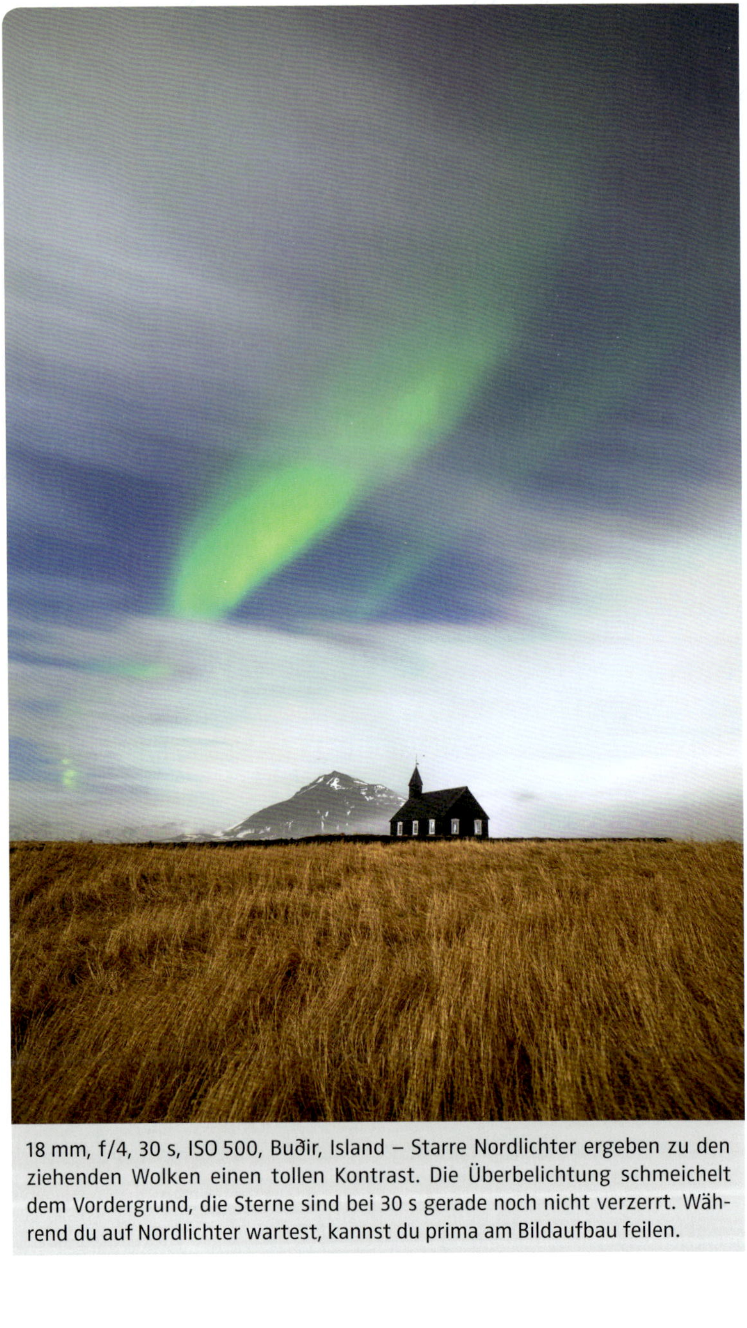

18 mm, f/4, 30 s, ISO 500, Buðir, Island – Starre Nordlichter ergeben zu den ziehenden Wolken einen tollen Kontrast. Die Überbelichtung schmeichelt dem Vordergrund, die Sterne sind bei 30 s gerade noch nicht verzerrt. Während du auf Nordlichter wartest, kannst du prima am Bildaufbau feilen.

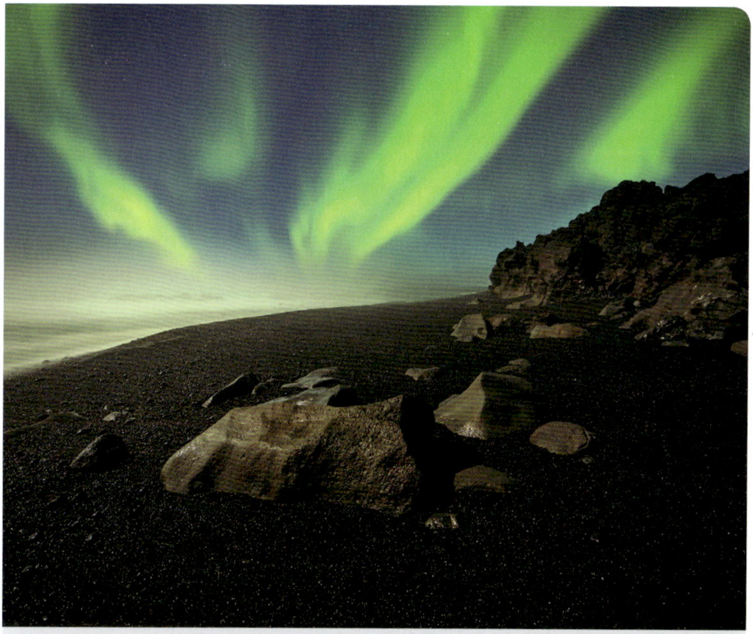

18 mm, f/5.6, 20 s, ISO 800, Reykjanes, Island – Das schwarze Lavagestein bildet einen tollen Kontrast zum leuchtenden Himmel und ist zugleich ein attraktiver Vordergrund.

Nordlichter einfangen

Ich kann den Wunsch persönlich nur allzu gut nachvollziehen, in den winterlichen hohen Norden zu fliegen, um Nordlichter zu sichten und zu fotografieren. Diese ungewöhnliche, selbst mit wissenschaftlichen Erklärungen schwer greifbare Erscheinung ist – und das kann ich sicher sagen – das mit Abstand eindrucksvollste Naturschauspiel, das ich jemals erleben durfte. Ich bin der Aurora borealis, wie die Nordlichter wissenschaftlich heißen, zutiefst verfallen und verspüre wie so viele andere auch den unstillbaren Drang, die winterliche Pilgerfahrt am liebsten jährlich anzutreten. Die einschlägigen Reiseziele in Nordnorwegen, auf Island und auch in Lappland sind in der dunklen

Jahreszeit allerdings schon lange keine Geheimtipps mehr. Die einheimische Infrastruktur ist vielerorts in puncto Gästezahlen an ein ähnlich bedenkliches Limit gekommen wie die aufgerufenen Preise.

Doch was musst du wissen und an Ausrüstung mitnehmen, wenn du Nordlichter fotografieren möchtest? Eigentlich nicht viel. Du benötigst nur die Kamera, ein Stativ sowie ein lichtstarkes Weitwinkel. Dein wichtigstes Equipment sind allerdings jede Menge Geduld sowie warme Klamotten und Schuhe, denn selbst bei Temperaturen, die „nur“ um den Gefrierpunkt liegen, packt die Kälte beim langen Warten unerbittlich zu. Ich empfehle dir daher, die Wartezeit dazu zu nutzen, deine Fähigkeiten im Umgang mit der Kamera bei Nacht zu verbessern.

Eine große Schwierigkeit liegt darin, dass du natürlich niemals weißt, wann und vor allem auch wo sich ein Nordlicht zeigen wird. Mein absoluter Tipp ist jedoch, dass du bei aller Aufregung niemals vergisst, vorher einen vernünftigen Bildaufbau zu realisieren. Ich habe viele Bilder mit tollen Nordlichtern gemacht, die jedoch nach dem Abflachen der Begeisterung über die Sichtung schnell an optischem Reiz verloren, da ich einfach kopflos in den Himmel fotografiert und keinen guten Bildaufbau umgesetzt habe.

Mondlicht – gut oder schlecht?

Überlege dir vor dem Antritt einer Reise, wann genau du fahren möchtest. Der Einfluss des Mondes auf die Lichtverhältnisse in der Nacht ist gewaltig. Vollmondnächte im verschneiten Norden können Helligkeiten erreichen, die an die Dämmerung denken lassen. Du kannst Nordlichter dann entsprechend weniger stark sehen, sie ergeben aber im Zusammenhang mit den klar im Mondlicht erkennbaren Landschaften wunderschöne Kombinationen. Wenn du jedoch dunkle Nächte mit deutlich besser definierten Nordlichtern bevorzugst, solltest du rund um Neumond deine Reise antreten. Der Rest ist ohnehin Glückssache, da niemand weiß, wann und wo sie auftre-

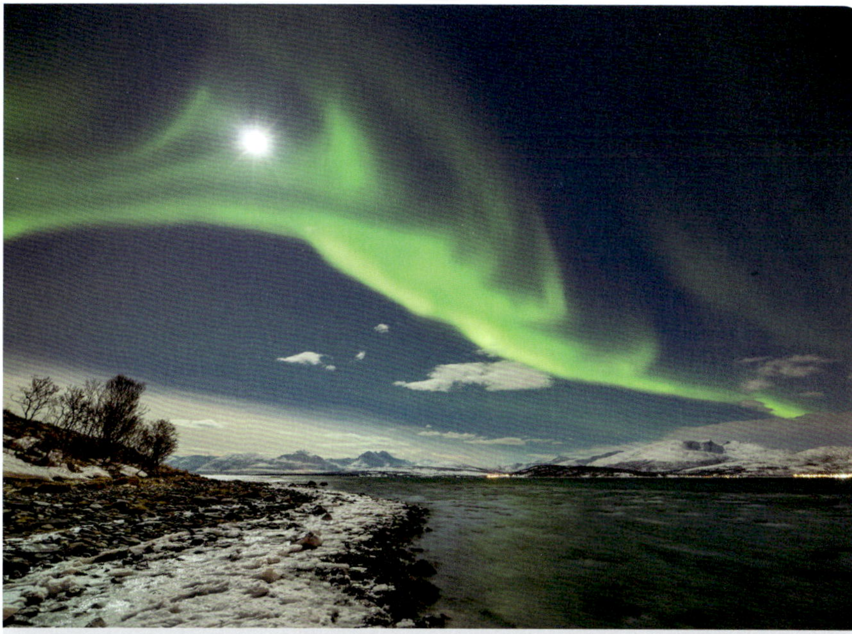

15 mm, f/4, 10 s, ISO 500 – Für kräftige Nordlichter ist Mondschein kein Hindernis, und in diesem Fall noch nicht einmal die Lichter der Stadt Tromsø. Ich liebe den Detailreichtum mondbeschienener Winternächte.

ten und ob das Wetter bei der Sichtung mitspielen wird. Lass dich nicht stressen und genieß die wunderschönen Landschaften, ob mit oder ohne Nordlicht.

Unter allen Beispielbildern sind wie immer die Kameraeinstellungen aufgeführt. Sie sollen dir eine Orientierung dafür bieten, wie du Nordlichter in etwa fotografieren kannst. Natürlich weichen die Werte vor Ort sicherlich etwas ab, einen Anhaltspunkt liefern sie dir aber allemal. Je kürzer du belichtest, desto definierter sind die Nordlichter dargestellt – durch die notwendige Erhöhung der ISO-Empfindlichkeit geht dies allerdings zulasten der Bildqualität. In mondbeschienenen Nächten sind kürzere Belichtungszeiten möglich als bei Neumond.

KAMERAEINSTELLUNGEN BEI NORDLICHT

Egal ob Mondlicht oder nicht:

- Benutze am besten eine Kamera mit hohem Dynamikumfang (Vollformat-Sensor), ein lichtstarkes Weitwinkel und selbstverständlich ein Stativ.
- Wähle den Bildaufbau immer so, dass er auch ohne Nordlichter wirken würde.
- Kundschafte die Locations optimalerweise bereits bei Tageslicht aus.
- Nimm warme Klamotten und wasserdichte, warme Schuhe mit.
- Pack ausreichend Akkus ein und trage sie am Körper, um vorzeitiger Entladung vorzubeugen.
- Benutze beim Warten und Sichten deiner Aufnahmen keine Taschenlampen, damit sich deine Augen an die Dunkelheit gewöhnen können.
- Stell das Display so dunkel wie möglich.
- Starte mit folgenden Standardeinstellungen und taste dich dann je nach Bedarf und Lichtsituation an deine optimalen Einstellungen ran: ISO 800, f/4, 15 s (versteh dies bitte wirklich nur als Richtwert und passe es den Bedingungen vor Ort an).

Deine persönliche Handschrift finden

Nicht zuletzt durch das Internet und Social-Media-Netzwerke wie Instagram haben sich viele Naturschauplätze rund um den Globus ins Bewusstsein nicht nur der Landschaftsfotografen gedrängt. Orte wie die Torres del Peine, die Gletscherlagune im Süden Islands, die scharfzackigen Berge der Lofoten oder auch einige Ausblicke in den Dolomiten sind nur ein Auszug aus der langen Liste an Fotomotiven, an denen man zu keiner Jahres- oder Tageszeit mehr alleine fotografiert. Die dadurch entstehenden Sehnsüchte sind durch die heutige Mobilität und Workshop-Angebote in den entlegensten Winkeln dieser Erde ohne große Anstrengungen und Mühen zu stillen. Das Ergebnis sind oft gleiche Bilder mit geringer persönlicher Handschrift.

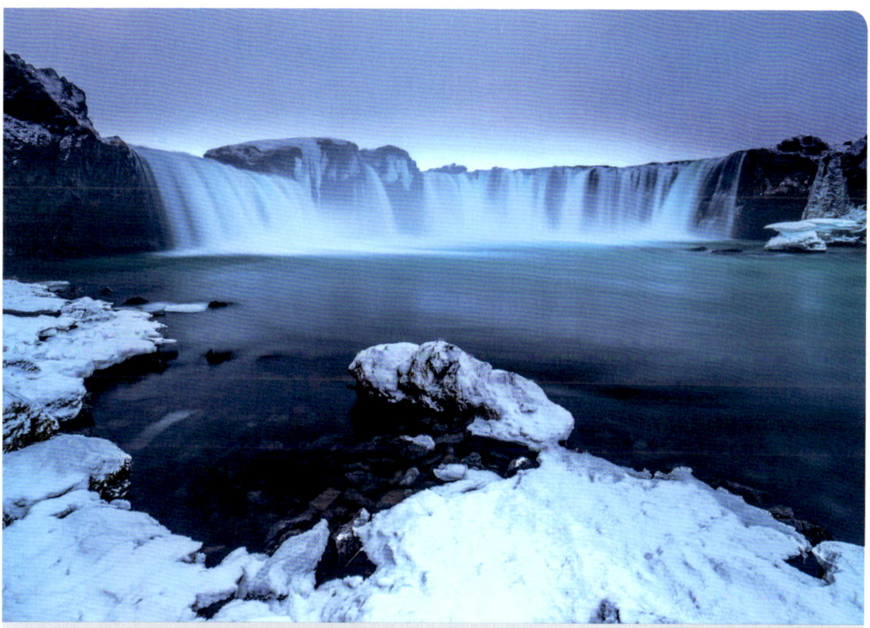

18 mm, f/5.6, 20 s, ISO 200, Polfilter, ND 0,6 soft, Goðafoss, Island – Eines der meistfotografierten Motive Islands aus einer tiefen Perspektive bei monochromem Licht aufgenommen.

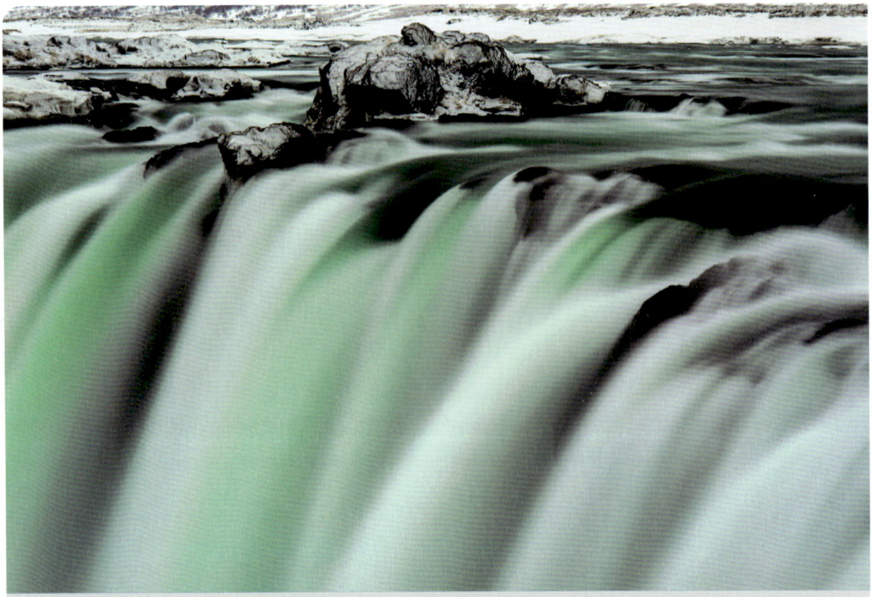

100 mm, f/10, ISO 100, 20 s – Mit einem Detail des herabstürzenden, eisigen Wassers kannst du überraschen, obwohl es von der bekanntesten Stelle des Wasserfalls aus aufgenommen wurde.

Ich behaupte, dass es dir trotzdem möglich ist, von der Norm abzuweichen und eine persönliche Note in die bekannten Motive zu bringen. Ich habe dir in diesem Buch viele kreative Möglichkeiten aufgezeigt, wie du auch bekannte Motive abstrahieren oder anders wirken lassen kannst. Wir alle können uns dem Zauber einiger dieser Orte nicht entziehen und möchten sie trotz bester Bekanntheit durch unsere eigenen Augen und den Sucher unserer Kamera sehen. Und wer tatsächlich mal eine neue, überraschende Perspektive entdeckt und diese im Internet zeigt, muss damit rechnen, dass auch dieser Blickwinkel bald ins Repertoire der Masse aufgenommen wird.

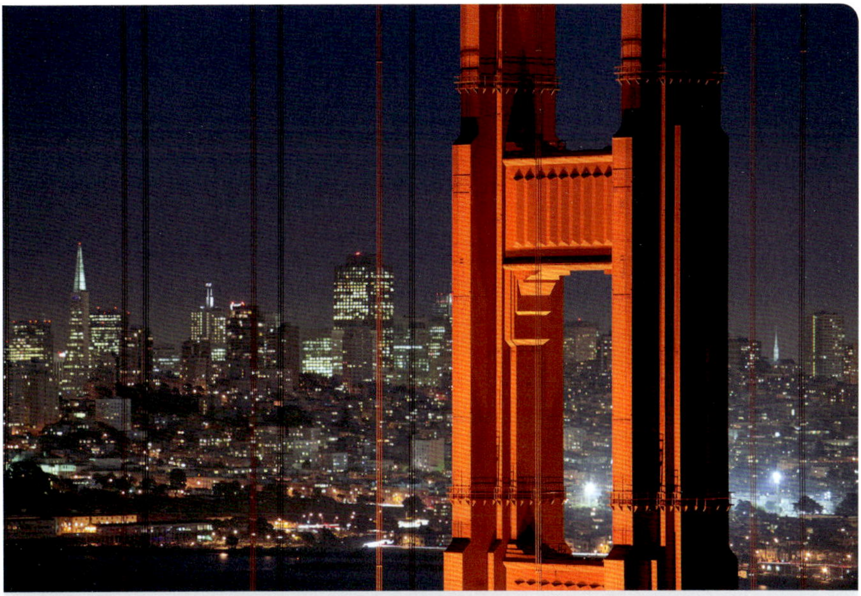

285 mm, f/7.1, 30 s, ISO 200, Golden Gate Bridge, Kalifornien, USA – Die legendäre Brücke wird aus jeder erdenklichen Perspektive täglich tausendfach fotografiert. Die Teleaufnahme aus der blauen Stunde überrascht jedoch mit Tiefe.

Komm mit der Landschaft ins Gespräch

Nimm dir viel Zeit, die Locations nach deiner Ankunft erst einmal zu sondieren und kennenzulernen. Fragen wie „Wo hat man den schönsten Blick?“ (Antwort: meist da, wo alle stehen und Bilder machen) oder „Kann ich den Bildaufbau variieren, indem ich dichter ran- oder weiter weggehe?“ sind erste Möglichkeiten, mit der Landschaft ins Gespräch zu kommen. „Verspricht ein tieferer Standpunkt mit Betonung des Vordergrundes einen anderen Bildeindruck?“ oder „Gibt es alternative Blicke auf die Szenerie?“ sind weitere Fragen, deren Antworten von alleine kommen. Wie du weißt, sind es oft Kleinigkeiten, die ein Bild besonders machen. Stichworte wie „Weißabgleich“, „Über- oder Unterbelichtung“ bzw. auch „Langzeitbelichtung“ sind Dinge, über die du dein Bild und das Motiv individualisieren kannst.

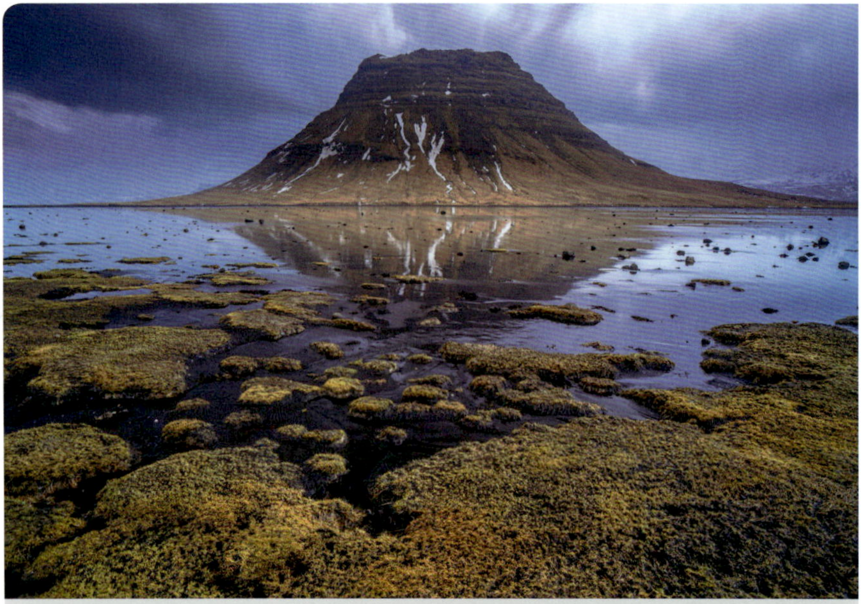

18 mm, f/11, 1/10 s, ISO 50, Polfilter, ND 0,6 hard, Kirkjufell, Island – Wenn du diesen Ort googlest, findest du hunderte Bilder mit dem gleichnamigen Wasserfall. Rund um Islands bekanntesten Berg gibt es allerdings noch zahlreiche andere Perspektiven, die entdeckt werden wollen.

KEIN BILD IST EIN LEBEN WERT!

Egal, was du im Endeffekt unternimmst – geh niemals Gefahren ein, um ein besseres Bild zu machen als die anderen. Jedes Jahr kommen z. B. auf Island etliche (Foto-)Touristen ums Leben, die den einen berühmten Schritt zu weit gehen und in die Tiefe stürzen.

Die meisten von uns fotografieren in erster Linie für sich und die eigene Festplatte, insofern sollen die Bilder primär *uns* gefallen und niemandem sonst. Selbst wenn es also bei bekannten Perspektiven bleibt, ist das bedeutend besser, als sich unnötigen Gefahren auszusetzen.

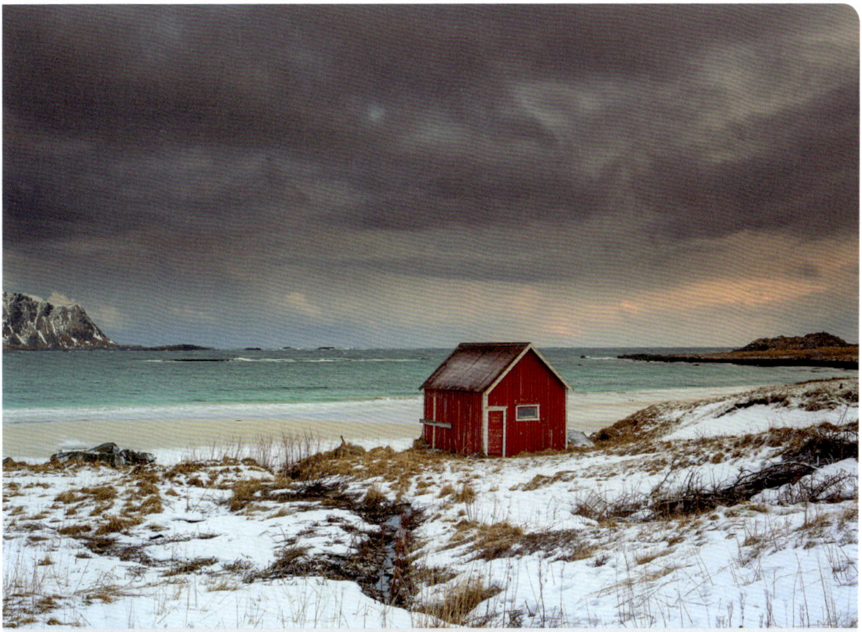

35 mm, f/10, 0,4 s, ISO 100, Polfilter, ND 0,3 hard, Lofoten – Ein Motiv wie gemalt. Das rote Haus ist ein äußerst fotogener Kontrast zum arktischen Blau des Meeres. Die Aufnahme ist nach einem zackigen Wendemanöver direkt am Straßenrand entstanden.

Der Weg ist das Ziel

Unbekannte Landschaften zu bereisen ist eine wunderbare Sache. Du weißt nun, wie du deine Reise gut planst und wie sich die Route meist automatisch ergibt, wenn du die einzelnen Ziele auf der Karte einträgst und miteinander verbindest. Wenn du dann auf Tour bist und von Hauptattraktion zu Hauptattraktion tingelst, solltest du jedoch auch der alten Weisheit folgen, dass oft der Weg das Ziel ist.

Während du die im Vorfeld recherchierten Locations bestens kennst und im Grunde digital schon dort gewesen bist, sind die unbekannten und oft wundervollen Landschaften am Wegesrand immer für

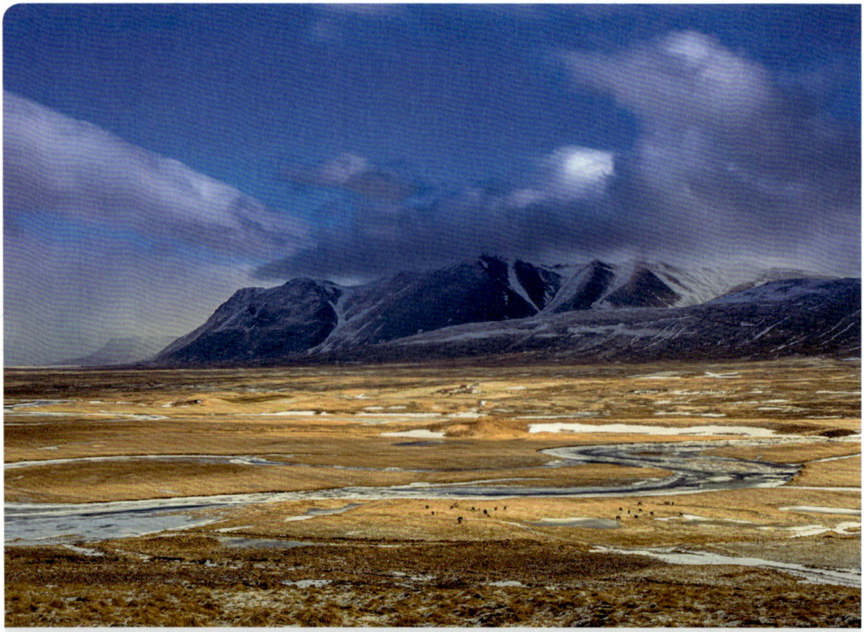

50 mm, f/10, 1/100 s, ISO 200, Polfilter – Licht und Schatten auf der Ringstraße im Nordwesten Islands. Das Bild lebt von den unglaublichen Dimensionen und dem Winterlicht in Islands Norden. Beachte die Größe der Pferde im Vordergrund.

eine Überraschung gut. Diese kleinen und oft feinen Zufallslocations sind weit weniger oder gar nicht bekannt und gehören einem fotografisch meist alleine. Halte den Verstand wach und die Augen offen. In Gegenden mit viel Fototourismus ist es mir schon häufig passiert, dass ich irgendwo angehalten und fotografiert habe und plötzlich viele weitere Leute stehen blieben, um ebenfalls dort zu fotografieren.

Ich beobachte oft, dass Leute im Auto auf ihre Handys oder Tablets schauen, fixiert auf den nächsten geplanten Stopp ihrer Reise, und die Perlen am Wegesrand nicht wahrnehmen. Ich empfehle dir darum, immer mindestens die doppelte Zeit für eine Fahrt von A nach B ein-

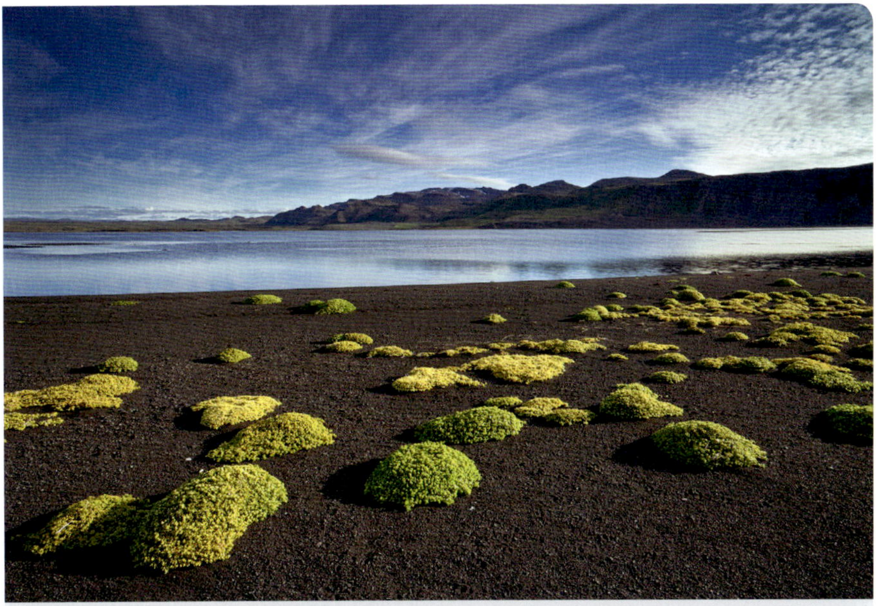

20 mm, f/22, 1/10 s, ISO 100, Polfilter, ND 0,6 soft – Irgendwo im Nirgendwo an einer Nebenstraße in der Nähe von Húsavik im wilden Norden Islands. Diese wunderschönen Pflanzen am Wegesrand habe ich ausnahmsweise aus der Hand fotografiert, da ich mitten auf der einspurigen Küstenstraße halten musste.

zuplanen, als die einschlägigen Routenplaner, z. B. Google Maps, errechnen. So ist gewährleistet, dass du trotz vieler kleiner Stopps und Fotopausen rechtzeitig am Ziel bist und die geplanten Streckenabschnitte jeweils pünktlich schaffst.

Ich schaue mir im Vorfeld sehr intensiv und genau Karten der Gebiete an, in die ich reise. Gibt es alternative Routen zwischen zwei Etappenzielen, die etwas abseits der Hauptstraßen Fotomotive versprechen könnten, etwa Nebenstraßen und alte Küstenstraßen, dann wähle ich sie. Auf diese Weise ergeben sich fast immer wundervolle fotogene Umwege, von denen ich fast nie enttäuscht werde.

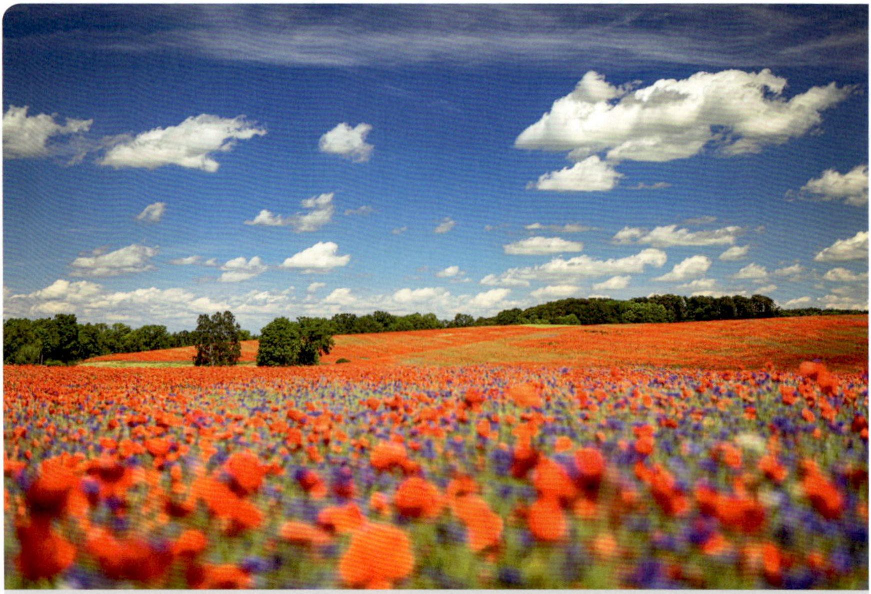

35 mm, f/1.4, 1/2000 s, ISO 100, Polfilter – Ein prachtvolles Mohnfeld am Straßenrand in der Mecklenburgischen Schweiz. Durch die offene Blende ist der Vordergrund bei erhaltener Farbe nicht zu detailreich, sodass das Auge in der Tiefe des Bildes Ruhe findet.

Wenn es mal nicht so läuft

Egal ob lang geplante Weltreise oder nur zum See um die Ecke – manchmal läuft es einfach nicht flüssig, und du versuchst und versuchst und versuchst – aber es will dir einfach nicht so gelingen, wie du das eigentlich gerne hättest und dir vorgestellt hast. In solchen Momenten zweifelst du sicherlich – genau wie ich – an dir selbst, an deinem Können oder auch der Technik. Du fragst dich, warum die Bilder der anderen immer besser sind als deine eigenen oder warum du nicht lieber ausgeschlafen hast.

Wenn du das kennst, gern mit dir haderst und schnell alles ins Negative verkehrst, dann sei dir gesagt: Absolut jeder, der fotografiert, kennt diese Tage. Und genauso, wie es manchmal von selbst läuft, läuft es eben manchmal nicht.

Für jeden Liebhaber der Landschaftsfotografie, der morgens früh aufsteht, Mühen und Kosten für sein Hobby in Kauf nimmt und dem es von Zeit zu Zeit genau so ergeht, habe ich nun den ultimativen letzten Tipp: Wenn du in so einer Situation bist, wende deinen Blick einmal von deiner Kamera ab, hol tief Luft und schau dich um. Du bist umgeben von unendlich vielen kleinen und großen Wundern, die überall darauf warten, entdeckt und fotografiert zu werden.

Das Erlebnis ist niemals das Bild an sich, sondern immer die Tatsache, dass du durch die Landschaftsfotografie Zeit in und mit der Natur verbringst. Du darfst teilhaben am Lauf der Dinge und begreifst, wie klein und unbedeutend du für das große Ganze eigentlich bist.

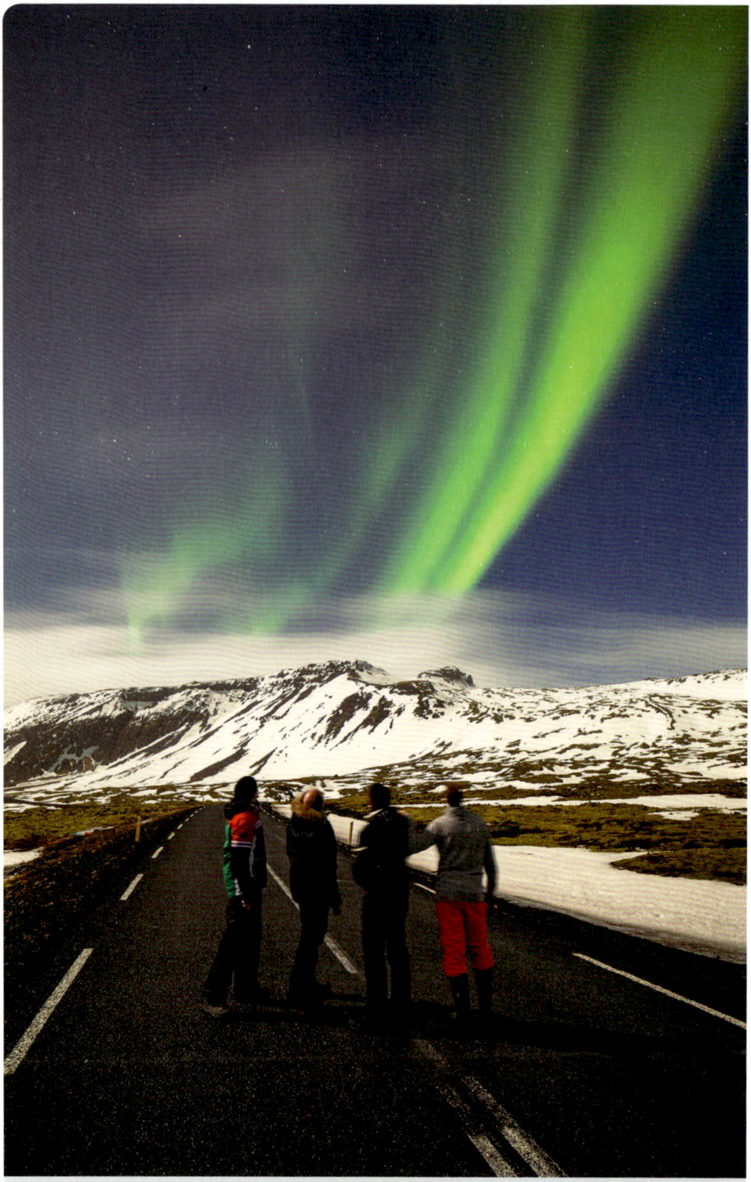

Das eigentliche Highlight ist nicht das Bild, sondern das Erlebnis in der Natur, am liebsten natürlich gemeinsam mit der Familie oder Freunden.

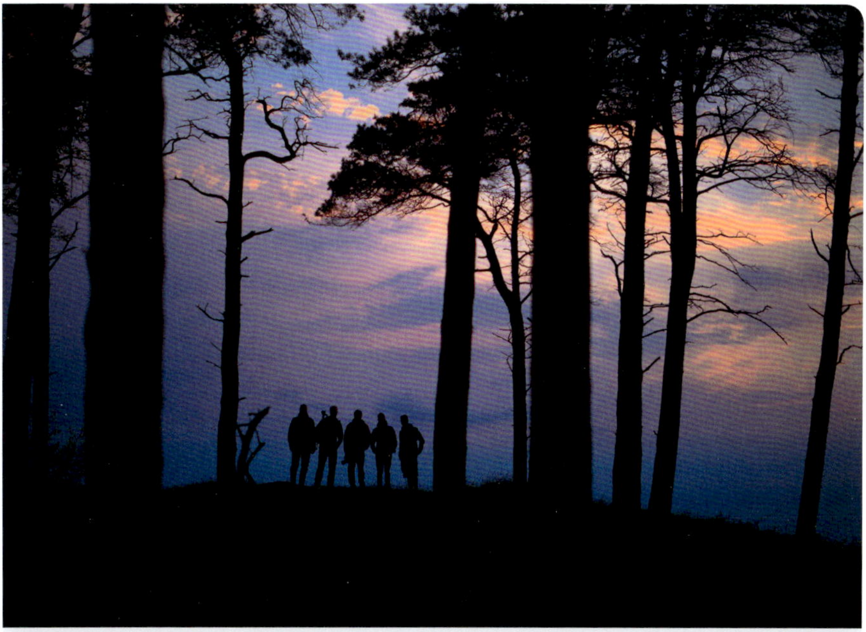

Fotografie verbindet: unterwegs mit lieben Freunden, die alle genau wie ich der Landschaftsfotografie bedingungslos verfallen sind. Das gemeinsame Erleben verbindet und erhöht ungemein den Spaßfaktor!

Ich habe viele tolle Leute durch die Fotografie kennengelernt, von denen ich heute eine Handvoll meine Freunde nennen darf. Uns alle verbindet das schlichtweg schönste Hobby der Welt, das mir auf Knopfdruck gute Laune und ein Lächeln ins Gesicht zu zaubern vermag. Wenn also mal so ein Tag kommt, an dem nichts gut wird oder gelingt, dann denk an meine Worte, leg deine Kamera zur Seite und beschau in aller Ruhe die Wunder der Natur.

ZUM SCHLUSS

Unglaublich, aber wahr: Ich habe tatsächlich ein Buch geschrieben. Und wie das vermutlich bei den meisten Büchern so ist, wäre dies niemals möglich gewesen ohne den wohlwollenden Einsatz einiger lieber Personen, denen ich im Folgenden dafür danken möchte.

Am allermeisten danke ich gleich am Anfang dir! Du hast dieses Buch gekauft oder geschenkt bekommen, in jedem Fall aber freiwillig bis zum Ende durchgelesen. Wenn du beim Lesen Freude hattest und nebenbei etwas für deine Fotografie mitnehmen konntest, dann hat es seinen Zweck mehr als erfüllt.

Ich danke von Herzen meiner Frau Marika, die mit ihrer Geduld und ihrem Langmut meine Passion ermöglicht und mir gleichzeitig die ehrlichste Kritikerin ist. Ich danke zudem meinen Söhnen Johann und Julius, die viel Verständnis für Papas Leidenschaft aufbringen und sich immer über neue Bilder freuen.

Auch meinen Eltern, Groß- und Schwiegereltern und unseren Freunden möchte ich danken, die es immer wieder akzeptieren, wenn ich sie wegen guten Lichts auf später vertröste oder mich erst gar nicht melde.

Ein spezieller Dank geht an meinen lieben Freund Andreas, der mir das Tor zur Fotografie und ihren Möglichkeiten weit geöffnet hat.

Ich danke zudem dir, lieber Roger, dass du mich als Chef nie in der Ausübung meines „zweiten" Berufes eingeschränkt und mir alle notwendigen Freiheiten gewährt hast.

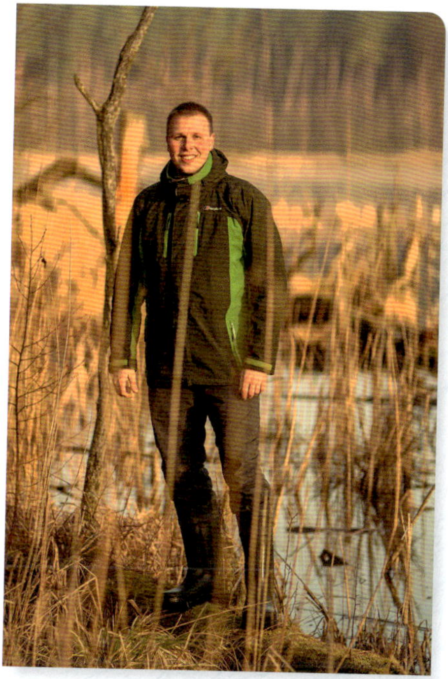

Mathias, Martin, Ronny und Papa: Dank euch ist die Landschaftsfotografie das geselligste Hobby der Welt. Auf viele weitere wunderbare Reisen und Erlebnisse in der Natur!

Insbesondere danke ich Mark Wachsmann und Linda Strehl sowie allen weiteren Beteiligten im Verlag für die gemeinsame Konzeption und Arbeit am Buch sowie den unerschütterlichen Glauben an mich und das Projekt, was mir definitiv über den einen oder anderen Zweifel hinweggeholfen hat.

Ich würde mich unheimlich freuen, dir in Zukunft weitere Bilder, Geschichten und Infos rund um die Fotografie zukommen zu lassen. Folge mir einfach auf Facebook sowie Instagram und schau auf www.timmallrich.de nach meinen aktuellsten Bildern und Workshops.

Dein

Timm Allrich

Magische Naturmomente!

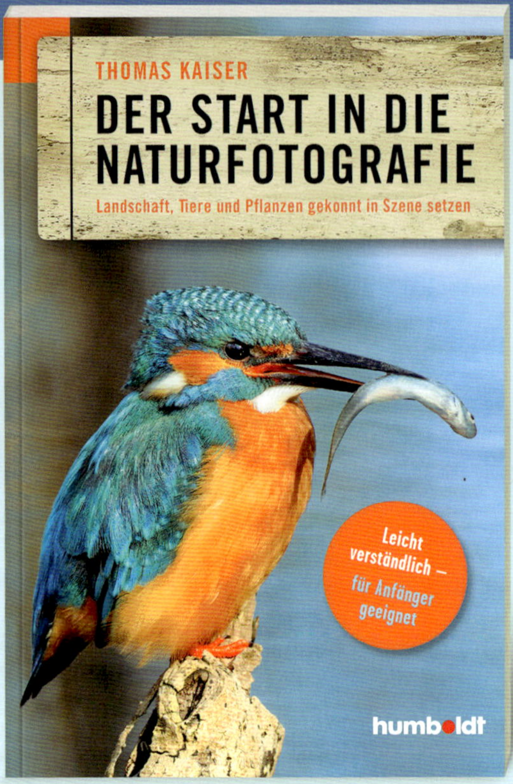

- Alle Grundlagen verständlich erklärt – mit Profitipps für die optimale Vorbereitung
- Großer Workshopteil mit Schritt-für-Schritt-Anleitungen zum Lernen und Nachmachen
- Der Autor ist ein ausgezeichneter Fotograf mit dem Zusatz-Talent, die Fotografie leicht verständlich erklären zu können

Thomas Kaiser

Der Start in die Naturfotografie

192 Seiten, ca. 120 Fotos
14,5 x 21,5 cm, Softcover
ISBN 978-3-86910-359-4
€ 26,99 [D] / € 27,80 [A]

Der Ratgeber ist auch als eBook erhältlich.

Stand 2019. Änderungen vorbehalten.

Bibliografische Information der Deutschen Nationalbibliothek
Die Deutsche Nationalbibliothek verzeichnet diese Publikation in der Deutschen Nationalbibliografie; detaillierte bibliografische Daten sind im Internet über http://dnb.ddb.de abrufbar.

ISBN 978-3-86910-096-8 (Print)
ISBN 978-3-86910-097-5 (PDF)
ISBN 978-3-86910-098-2 (EPUB)

Der Autor: Timm Allrich hat vor 15 Jahren mit dem Fotografieren begonnen – heute zählt er zu den beliebtesten Landschaftsfotografen des Landes. Seine Workshops strotzen vor hilfreichen Tipps – einer von vielen Gründen, warum er von Hobbyfotografen so geschätzt wird. Mit diesem Ratgeber legt er seine wertvollsten Tricks in die Hände aller, die die Schönheit unserer Landschaften mit faszinierenden Fotos festhalten möchten.

Fotos:
Timm Allrich
S. 31 (oben): Dr. Dirk Paukstat
S. 32 (oben): Wolfgang Gründer
S. 55 (oben): Martin Harms
S. 214 (oben): Marika Allrich
S. 243: Jörg Allrich

Originalausgabe

Eine Marke der Schlüterschen Verlagsgesellschaft mbH & Co. KG,
Hans-Böckler-Allee 7, 30173 Hannover
www.schluetersche.de
www.humboldt.de

Lektorat: wort & tat, Linda Strehl, München
Covergestaltung: ZERO, München
Coverabbildung: Timm Allrich, shutterstock/donatas1205, MicroOne, jafar07
Satz: PER MEDIEN & MARKETING GmbH, Braunschweig
Druck und Bindung: gutenberg beuys feindruckerei GmbH, Langenhagen